인간의 운명을 바꾸는
아비투스의 힘

Hier geht's hoch: 21 Strategien für den Aufstieg, egal wo Sie stehen
by Doris Märtin
Copyright © 2023 Campus Verlag GmbH

All rights reserved. No part of this book may be used or reproduced in any manner whatever without written permission except in the case of brief quotations embodied in critical articles or reviews.

Korean Translation Copyright © 2024 by GILBUT Publishing Co., Ltd.
Korean edition is published by arrangement with Campus Verlag GmbH, Frankfurt am Main through BC Agency, Seoul

이 책의 한국어판 저작권은 BC에이전시를 통해 저작권사와 독점 계약한 '길벗'에 있습니다.
저작권법에 의해 보호를 받는 저작물이므로 무단 전재와 복제를 금합니다.

주어진 환경에서 벗어나
최상층으로 올라간 사람들은
무엇이 다른가

HABITUS 21

인간의 운명을 바꾸는
아비투스의 힘

도리스 메르틴 지음 | 이지윤 옮김

더 퀘스트

"생명만으로는 충분치 않다.
햇살과 자유 그리고 작은 꽃 한 송이도 필요하다."
—

한스 크리스티안 안데르센, 《나비》

한국어판 서문

더 멀리, 더 높이 나아가고자 하는 이들에게

어느 계층에서, 어떤 환경에서 시작하든 한 사람의 도약은 결코 쉬운 일이 아니다. 내가 원하는 수준으로 도약을 하기 위해서는 사회적, 재정적, 문화적, 심리적 등 다양한 요소들을 고려해야 하기 때문이다. 상위 계층으로 올라가기 위해서는 돈이 전부는 아니다. 출신, 사회적 지위 또한 전부가 아니다. 당신이 어디에서 태어나고 무엇을 가지고 있든 노력하고, 배우고, 아비투스를 다듬는다면 원래 계층보다 더 멀리, 때로는 훨씬 더 멀리 나아갈 수 있다.

정상에 오르는 길에서는 누구나 땀을 흘리며 힘들어 한다. 심지어 나보다 높이 올라가고 있는 사람들과 차이가 눈에 띄며, 내 아래에 있는 사람들도 눈에 밟힐 것이다. 그리고 당신은 그 어딘가에 갇혀 있는 느낌이 들 것이다. 그럼에도 불구하고 목표를 '확고하게' 유지하라. 한 걸음 한 걸음 내딛을 때마다 당신의 세상은 확장되기 때문이다. 배우고, 성장하고, 시야를 넓히고, 더 창의적으로 생각하고, 더 많이 움직인다면 내 안에 있는 가능성과 도약의 기회를 알아챌 수 있을 것이다.

나는 이 모든 것을 출생이라는 로또에 의존해서는 안 된다고 생각한다. 모든 사람은 자신이 태어난 환경이나 가지고 있는 본성보다 더 크게 생각하고 더 많은 것을 원할 권리가 있다. 이 책은 당신이 운이나 운명에 따라 살기보단 스스로의 힘으로 도약할 수 있도록 돕는다. 기회와 선택의 폭을 넓히는 방법은 경제적 독립을 얻고, 미래를 상상하고, 자녀에게 아비투스 교육을 시키고, 더 높은 곳을 바라보는 것이다. 한국은 그럴 수 있는 가능성이 높은 나라임을 알고 있다. 이제 페이지를 넘겨보라. 지평선 너머에는 더 많은 것이 있다는 사실을 깨닫게 될 것이다.

들어가며

불편하지만 마주해야 할 인생의 진실

1912년 4월 14일 자정 무렵, 전등 수백 개로 환하게 불을 밝힌 타이타닉호가 캐나다 뉴펀들랜드 해안 동남쪽의 차가운 밤바다를 항해하고 있었다. 배에 탄 승객과 승무원 1,300명은 사흘 후면 목적지인 뉴욕에 도착할 예정이었다. 하지만 그 누구도 예상하지 못했던 사건이 발생했다. 배가 하중이 30만 톤에 이르는 거대 빙산과 충돌해 우현에 90미터 가량의 틈이 생긴 것이다. 당시 기술로서는 최고의 안전을 장담했던 타이타닉호였으나 이 사고로 바닷속 깊이 자취를 감추기까지는 불과 두 시간 반밖에 걸리지 않았다. 그리고 배와 함께 승객 809명과 승무원 4분의 3도 침몰했다.

사망자 중엔 내로라하는 부자들도 있었다. 백만장자 존 제이컵 애스터 John Jacob Astor, 광산 재벌 벤저민 구겐하임 Benjamin Guggenheim, 메이시스 백화점의 공동소유자 이시도르 슈트라우스 Isidor Straus와 아이다 슈트라우스 Ida Straus 부부가 이 사고로 목숨을 잃었다.

하지만 전체적으로 봤을 땐 재산이 많고 고급 객실에 탔을수록 생존율이 높았다. 몇몇 유명한 이름들이 사망자 명단에 오르긴 했지만 일등실 승객의 63퍼센트, 이등실 승객의 45퍼센트가 목숨을 구했다. 반면 삼등실에 탔던 승객들은 생명을 부지하기가 쉽지 않아서, 그들의 생존율은 24퍼센트에 불과했다.

타이타닉호의 선체를 세로로 자른 단면도를 한 번이라도 본 사람이라면 왜 그랬는지 쉽게 이해할 수 있다. 선상 생활은 마치 빅토리아 시대의 신분제를 집약해놓은 것 같았다. 가장 저렴한 삼등실 승객들은 배의 밑바닥, 즉 사고가 나자 제일 먼저 물에 잠겼던 선실에서 생활했다. 그 위에 이등실이 있었고 부자들은 갑판 바로 아래 스위트룸을 차지했다. 부자들은 몇 발자국만 걸으면 구명보트가 기다리는 A 데크에 닿을 수 있었다. 반면에 삼등실 승객들은 아비규환이 벌어진 복도를 가로지르고 까마득히 높은 계단을 기어올라야 겨우 구명보트를 구경할 수 있었다.

혹시 영화 〈타이타닉〉을 봤다면 구명보트를 발견한 삼등실 승객들조차 상황이 여의치 않았음을 알 것이다. 삼등실 승객들이 천신만고 끝에 갑판으로 올라왔을 때 이미 구명보트는 다른 객실 승객들이 타버렸고 그나마 남은 보트들은 배와 함께 물에 잠겨버린 뒤였다.

이렇게 물리적 높낮이로 사회계층을 구별하는 타이타닉호의 시스템이 고리타분한 과거의 유물에 불과하다고 생각하는 사람도 있을 것이다. 하지만 안타깝게도 내가 보기에 그 시스템은 여전히 건재하다. 우리는 비행기를 탈 때마다, 콘서트를 볼 때마다, 심지어는 자기 집에서조차 계층으로 나뉜 소우주를 경험한다. 이곳에서는 많이 가진 자가 더 앞에 서고 더 위에 앉으며 더 긴 지렛대를 잡는 것이 규칙이다. 가진 자들은 바로 여기서 기쁨을 얻는다.

노력의 산물이든 우연이든 필연이든 사람들은 자기 존재감이 긍정적으로 드러나는 걸 좋아한다. SNS 게시물에 '좋아요'를 뜻하는 빨간 하트의 숫자가 늘어나고 부러움을 표현하는 댓글이 달릴 때, 비즈니스석에 두 발을 뻗고 누워 종종걸음으로 통로를 지나가는 이코노미석 승객들을 구경할 때 우리의 뇌에선 도파민과 아드레날린이 분비되고 자신감과 활력이 솟구친다.

물론 정반대 상황도 있다. 우리의 뇌는 아주 사소한 일에도 쉽게 좌절한다. 친구들과 축구를 하려고 팀을 정할 때 마지막까지 지명을 받지 못한 사람은 일시적으로나마 집단에서 배제되는 수치를 온몸으로 실감한다. 그 순간만큼은 모든 의욕을 잃고 땅속으로 들어가고만 싶다. 비행기가 착륙한 지 한참이 지났지만 줄이 줄어들지 않는 이코노미석 복도에서도 우리는 비슷한 기분을 느낀다. 몰려오는 피로를 참아가며 속절없이 시간을 허비하는 동안 비즈니스석 승객들은 벌써 입국 심사장을 빠져나갔을 것이고, 아마 그다음 일정에서도 제일 앞줄을 차지할 것이다.

이처럼 일시적인 특권이나 불이익도 적지 않은 영향을 미치는데 실제 우리의 사회적 위치는 인생 전체에 얼마나 큰 영향을 미칠까? 사회적 환경은 개인의 성격 형성에 얼마나 크게 작용할까? 남들과의 격차는 우리 안에서 얼마나 큰 반응을 일으키며, 사회경제적으로 남들보다 뒤처진다는 기분은 얼마나 부정적인 기분을 양산할까?

'참여가 승리보다 중요하다.' 피에르 드 쿠베르탱Pierre de Coubertin이 근대 올림픽을 창시하며 세운 모토다. 이 신념은 참으로 고결하지만 내가 생각하기엔 인간의 생리와 어울리지 않는다. 미국의 뇌과학자 캐럴라인 징크Caroline Zink가 연구한 바에 따르면 인간은 자신의 사회적 위치를 끊임없이 가늠하는 존재다. 심지어 우리의 뇌 중심부에는 이 기능을 도맡아 하는 영역도 있다. 복측선조체ventral striatum라 불리는 이 영역을 자기공명영상MRI으로 촬영한 결과, 우리는 남들보다 열등해지는 상황을 매우 싫어하는 것으로 나타났다. 게다가 지위가 낮아질지 모른다는 두려움만으로도 뇌는 강한 흥분에 휩싸였는데 그 정도는 재산을 잃었을 때 느끼는 두려움과 엇비슷했다.

지위가 위협받는다는 생각만으로도 우리는 세로토닌 수치가 떨어지고 행복감이 사라진다. 그렇게 한번 균형을 잃고 스스로에 대한 통제력을 상실하면 그와 같은 스트레스에 점점 더 취약해지는 악순환에 빠지며, 우리가 중요시하는 사회적 인정을 받기도 점점 힘들어진다. 한마디로 사회적 지위에 우리의 많은 게 달려 있다는 뜻이다. 삶은 들여다보면 볼수록 어느 한 군데 지위와 무관한 구석이 없다.

태생이라는
'로또'

조금은 불편한 이야기를 하겠다. 앞서 연구 결과로 증명되었다시피 우리에겐 더 높은 지위에 대한 욕망이 있다. 하지만 모두가 높은 지위를 갖고 태어나는 것은 아니다. 독일 킬Kiel 세계경제연구소와 스페인 마드리드 대학교의 노동시장 연구자들은 사회적 지위의 태생적 격차를 숫자로 환산했다. 그 결과에 따르면 한 인간의 사회적 지위를 구성하는 요소의 60퍼센트가량이 조상으로부터 물려받은 것이라고 한다. 천부적인 재능 외에도 돈과 재산, 매너, 성공에 대한 확신과 인맥 등이 대를 이어 전수되었는데 그중 일부는 증조부 대에서부터 시작된 것도 있었다.

태생적 격차가 초래한 불균형은 무자비하다. 본인의 의지나 노력과 무관한 행운을 흔히 '로또 맞았다'라고 표현하는데 부모운이야말로 로또와 다름없다. 독일의 로또 복권은 번호 49개 중 당첨 번호 세 개에 보너스 번호 하나를 맞히면 20유로(한화로 약 3만 원)의 상금을 탄다. 당첨 번호를 네 개 맞히면 200유로(약 30만 원), 다섯 개 맞히면 약 2만 유로(약 300만 원)를 탄다. 물론 2만 유로는 많은 일을 할 수 있는 큰돈이다. 하지만 세상엔 100만 유로(약 15억 원) 잭팟을 터뜨린 사람도 있다. 그에 비하면 로또 번호 다섯 개를 맞힌 것은 대단한 행운이 아닌 것처럼 보인다. 그러나 정반대 경우도 생각해야 한다. 현실에선 대다수가 본전도 못 찾는 게 로또다.

로또에선 등수가 당첨 금액을 좌우한다. 현실의 삶에선 태어난 환경이 소득과 재산, 건강과 교육, 존재감과 사회관계 등 다양한 영역에서 당신이 어떤 성과를 내는지를 결정한다. 하물며 어떤 기회를 선택할 것인가 하는 문제에서조차 태생적 환경이 영향을 미친다. 그리고 이 모든 요소가 모여서 한 사람의 사회적 지위가 된다. 재산과 돈도 지위를 구성하는 중요한 요소지만 그것이 전부는 아니다.

불균형 및 사회정책 연구센터의 보고서는 사회적 지위에 따라 우리의 일상이 어떻게 달라지는지를 구체적으로 보여준다. 하위 20퍼센트 중 자기 집을 가진 사람은 거의 없다. 그들 중 3분의 1만이 정치적 활동에 참여한다. 전시회나 콘서트를 관람하는 사람은 4분의 1이 채 되지 않으며 자녀들의 경우 네 명 중 한 명만이 대학에 진학한다.[1]

상위 20퍼센트의 삶은 전혀 다르다. 그들의 소득은 하위 20퍼센트의 네 배다. 거의 모두가 자기 명의의 집에 살고 일상에서 다양한 문화를 경험하며, 정치에 적극적으로 참여하고 자기 몸을 건강하게 돌본다. 그들의 자녀들은 대부분 대학에 진학하며 4분의 3이 4년제 대학을 졸업한다.

타이타닉호 안이든 밖이든 지위가 높으면 오래 산다. 상위 30퍼센트는 하위 30퍼센트보다 평균 9년을 더 건강하게 산다.[2] 9년이 별로 대단하게 느껴지지 않는가? 9년은 초등학교에 입학한 아이가 자라 중학교를 졸업하기까지의 시간이다.

물론 통계가 개개인의 모든 상황을 아우르진 못한다. 분명 가진 것이 적어도 행복한 사람이 있다. 손에 쥔 것과 상관없이 행복하고 만족스럽다고 느끼는 사람도 있다. 당신의 내면이 얼마나 충만한지, 남들로부터 얼마나 인정받는다고 느끼는지는 사회적 지위와는 아무 상관이 없다. 다만 사회의 위계에서 더 높은 위치에 있는 사람이 그런 기분을 느낄 기회가 더 많다는 이야기다.

설문에 따르면 상위 5분의 1에 해당하는 사람들의 69퍼센트는 자기 자신과 세상에 만족한다고 답했다. 중산층에선 50퍼센트가 그렇다고 답했으며 하위 5분의 1에 해당하는 사람들은 39퍼센트만이 삶에 대한 만족감을 표했다. 삶에 대한 평가는 주관적일 수밖에 없지만 이 수치는 그렇게 넘어갈 수 있는 정도가 아니다. 나는 오랜 연구 끝에 사회적 지위가 높으면 대체로 삶에 대해 긍정적으로 평가한다는 결론을 내리게 되었다. 이는 부자들이 좋은 동네에 살고, 먼 곳으로 여행을 다니고, 험난한 세상에서 안전을 보장해주는 튼튼한 자동차를 타기 때문만은 아니다. 그보다 더 중요한 현실은 이것이다.

> 한 아이가 태어난 곳이 허름한 골목길인지, 말쑥한 주택가인지, 으리으리한 부촌인지에 따라 그 앞에 펼쳐질 삶의 형태가 달라진다.

영국 작가 올더스 헉슬리Aldous Huxley가 1932년에 발표한 《멋진 신세계》를 읽어본 적 있는가? 인간을 실험실에서 생산한 다음, 지능에 따라 다섯 계층으로 분류하는 미래 사회를 그린 소설이다. 계층별로 태아에게 산소량을 다르게 공급해 똑똑한 알파는 미래의 결정권자로, 멍청한 엡실론은 미래의 하수도 청소부로 키워낸다.³

실제로 당신은 물론 나의 미래도 상당 부분 이미 정해져 있었다는 점에서 헉슬리가 상상한 사회질서는 현실에서 그다지 멀어 보이지 않는다. 우리가 삶에서 기대할 수 있는 것, 이를테면 얼마나 많은 자유와 독립을 누릴 수 있고 얼마나 멀리 갈 수 있는지, 무엇을 이루고 계획할 수 있는지 등이 태생적으로, 즉 우연으로 결정된다는 뜻이다. 그렇다고 해서 우리의 사회적 지위가 이미 돌 같은 것에 새겨져 바뀌지 않는다는 뜻은 아니다. 타이타닉호의 승객들과 달리 우리는 항해 중에도 얼마든지 객실을 옮길 수 있다.

누구나, 어디서나
도약은 가능하다

고귀한 태생이 창창한 앞날을 위한 필요조건이던 시대는 지났다. 터키 이민자 가정에서 태어나 독일 바이오엔테크의 CEO가 된 우구어 자힌 Uğur Şahin, 역시 이민자 출신으로 독일 연방하원 의장이 된 베르벨 바스 Bärbel Bas 같은 인물은 이상적인 환경에서 시작하지 못했어도 높은 지위에 도달할 수 있음을 보여준다. 교육과 재능, 집념을 갖춘 사람이라면 태생적 환경의 한계를 뛰어넘을 수 있다.

그러나 2020년 실시된 사회적 이동 가능성에 관한 국제 조사에서 독일은 조사 대상 82개국 중 11위를 차지했다.[4] 이는 덴마크, 노르웨이, 스웨덴, 핀란드와 비교해 독일에서는 출생으로 얻은 지위보다 더 높은 지위로 이동하기가 힘들다는 뜻이다. 또한 도약에 성공한 사람이라 해도 최상층까지 올라간 경우는 극히 드물었다.

재투성이 신데렐라에서 궁중의 왕비로, 접시닦이에서 백만장자로 계층을 뛰어넘는 사람은 극소수에 불과하다. 급격한 도약의 사례도 분명 존재한다. 하지만 대부분의 계층이동은 부드럽고 완만하게 일어난다. 예컨대 기초생활수급 대상자인 부모 아래에서 태어난 딸은 교육과 훈련을 받아 조경사가 된다. 요양보호사로 일했던 할머니의 아들은 물리치료실을 개업하고 그 손자는 종합병원의 정형외과 과장이 된다. 부모가 모두 교사라서 부족함 없이 자란 딸은 국제법 전문 로펌에 취직해 부모의 월급을 합친 것보다 많은 급여를 받는다. 약국을 경영하는 부모 아래서 자란 아들은 연방 경제부 장관이 되어 나라를 이끈다.

이 사례들을 통해 우리는 모든 사회계층에서 도약이 실현된다는 사실을 알 수 있다. 어떤 사람은 열악한 환경에서 힘겹게 한 계단씩 올라가 중산층이 된다. 또 어떤 사람은 딱 평균 정도의 중산층에서 시작해 중상위층에 다다른다. 그리고 또 어떤 사람은 대도시 고급 주택가에서 태어나 세계 정상의 위치까지 오른다. 물론 가끔, 드물게도 능력과 운을 동력 삼아 땅바닥에서부터 성층권까지 로켓처럼 날아오르는 사람도 있다. 독일 100대 부자 명단에 이름을 올린 우구어 자힌이나 미국 초엘리트 집단인 대통령 가문의 일원이 된 미셸 오바마가 대표적인 인물이다.

조심스레 옮긴 작은 보폭이든, 단번에 과감하게 뛰어오른 점프든 그리고 어디서부터 어디까지 오르든 간에 계층이동은 그 자체만으로도 녹록지 않은 일이다. 밑바닥에서 중간지점까지 힘겹게 올라가도, 이미 높은 고도에서 정상까지 가파른 마지막 구간을 올라가도 똑같이 어마어마한 인내력과 용기, 행운과 에너지가 필요하다. 게다가 올라간 다음 층에서는 이미 지나온 층과는 전혀 다른 규칙이 적용된다.

한 설문조사에 따르면 독일어권 인구 중 2,300만 명 이상이 사회적 도약을 원하며 부모가 오른 것보다 더 높이 오르고 싶어 한다.[5] 하지만 조직심리학자 김희영과 네이선 C. 페티$^{Nathan\ C.\ Pettit}$의 공동연구에서는 사람들이 그런 욕망을 쉽사리 표현하지 않는 것으로 나타났다.

정계와 학계가 사회적 이동 가능성을 다루는 태도도 매우 모호하다. 사회적 이동 경로를 디자인하는 작업은 사생활로 치부되기 일쑤다. 계층도약을 주로 연구해온 베스트셀러 작가 알라딘 엘-마파알라니$^{Aladin\ El\text{-}Mafaalani}$는 이런 분위기에 불만을 터뜨린다. "독일에서는, 하물며 심리학에서조차 계층, 환경, 아비투스 같은 단어를 화제로 삼지 않는다."[6]

이런 말들을 듣다 보면 마치 사람들이 지위와 출세에 관한 얘기를 전혀 하지 않는 것처럼, 그래서 출세에 눈이 먼 몇몇 사람들만이 암암리에 도약을 도모하는 것처럼 느껴진다. 하지만 내가 개인적으로 목격한 사람들의 행동은 달랐다. 나는 출세라는 단어를 다섯 살 때 처음 들었다. 당시 아버지는 주중에 대도시에서 직장을 다니다가 주말에는 가족들이 사는 시골집으로 왔다. 내게 출세란 금요일 저녁에 선물을 들고 집에 돌아온 아버지가 토요일 아침에 책상에 앉아 공부하는 이유였다.

제2차 세계대전이 막 끝날 무렵 고등학생이었던 아버지는 집안이 넉넉지 않았던 탓에 대입 필수과목인 그리스어와 화학을 수강하는 대신 공무원 시험을 준비해야 했다. 그리고 시험에 합격해 말단 공무원이 되자마자 결혼을 했고 가장이 되었다. 아버지는 취직 후에도 공부를 멈추지 않았으며 마침내 상급 행정공무원 자격을 취득했고, 내가 초등학교 2학년이 되었을 때 한 번 더 승진했다. 아버지가 선택한 길은 공무원 세계에서 계층도약을 이룰 수 있는 몇 안 되는 경로 중 하나였다.

그렇다 보니 집안 분위기는 자연스레 학업과 성적을 중요하게 여기는 방향으로 흘러갔고, 나는 라틴어 기초 구문을 어렵지 않게 작문하는 부모님에게 어려운 과목을 배우며 공부했다. 그런 내게 인문계 고등학교 진학은 물이 흐르는 것처럼 자연스러운 일이었다. 대학입시를 준비할 때까지도 아무런 어려움이 없었다. 하지만 대학에 들어간 후에는 모든 것을 스스로 해결해야 했고 종종 막막할 때도 있었다. 나는 우리 가족 중에서 최초의 대학생이었고 그래서 대학 생활을 의논할 만한 상대가 없었다(하지만 내 동생들은 모두 대학에 갔다).

나는 심리학과 법학, 신문방송학 중에서 무엇을 전공할지 고민하다 결국 제일 익숙한 분야이자 부모님이 가장 적당하다고 판단한 과목을 택했다. 사범대학에서 영어와 프랑스어를 복수 전공해 고등학교 교사가 되기로 한 것이다. 나는 이미 여러 해 전부터 어린 학생들을 가르쳤고 언어에도 재능이 있었다. 교직에서 두각을 드러내 장학사까지 올라간다면 아버지가 은퇴 직전에 받았던 급여 정도는 받을 수 있을 것 같았다.

하지만 탄탄대로로 보였던 길은 알고 보니 막다른 길이었다. 국가고시가 임박해서야 내가 선택한 과목에는 신규 임용 계획이 없음을 알게 된 것이다. 인생의 계획이 한순간에 사라져버렸다. 같은 공부를 했던 동기와 후배들처럼 나 역시 지도에 없는 길을 갈 수밖에 없었다. 그 길은 잘 보이지 않았고 험했으며 길 끝에 무엇이 있는지 알려주는 이정표는 안개에 둘러싸여 있었다. 비록 오랜 시간이 흐른 후에야 깨달았지만 내겐 그 길을 걸어갈 만한 장비도, 체력도 있었다.

지위와 행복의 상관관계

현재 나는 내 부모님보다 더 높은 사회적 지위에 도달했다고 자부한다. 나 말고도 독일인 1,200만 명이 같은 생각을 한다.[7] 그러나 도약과 관련된 각자의 경험까지 비슷하진 않다. 도약이라는 결과물이 같을 뿐 태생적 조건, 문화적 배경, 경제적 환경, 삶의 목표 등은 서로 다르다.

변호사이자 경영인인 슈테파니 마테스(Stefanie Mattes)는 멘토링 플랫폼 '도약자들(Aufsteiger)'을 설립하면서 도약에 관한 경험의 스펙트럼을 세분화했다. "가정에 도움을 구하고 지원을 받아 계층도약에 성공한 사람들이 있는가 하면, 주변으로부터 그런 욕구를 인정받지 못하고 심지어는 핍박을 받으며 도약을 이뤄낸 사람도 있다. 어떤 사람은 모든 면에서 열악한 상황에서 자라고, 어떤 사람은 재정적으로 부족함 없이 자란다. 도약에 이르기까지 모든 과정을 자랑스레 여기는 사람이 있는가 하면, 과거를 지우길 바라는 사람도 있다."[8]

사람이 제각각이듯 도약의 여정 또한 저마다 다르다. 걸리는 시간이 다르고 올라야 할 경사면이 다르며, 시작점부터 목적지까지 거리가 다르고 길 어귀에 숨은 도전의 양상도 다르다. 어떤 사람들은 갈망했던 것 모두를 혹은 그 이상을 실현하지만 어떤 사람들은 도약에 따르는 갈등을 끝내 극복하지 못하고 중도에서 포기한다.

하지만 도약에 성공한 사람들 모두가 빠짐없이 경험하는 한 가지가 있다. 위로 올라가면 그 위치가 어디든 간에 이전보다 시야가 넓어진다는 것이다. 도약을 한 사람은 전에 없던 기회와 선택, 경험에 접근할 수 있다. 지위가 상승하면 종종 부도 따라오지만 반드시 그렇지는 않다. 그러나 좋은 전망은 반드시 따라온다. 원래부터 그 위치에 있었던 사람은 당연하게 그 전망을 누려왔다.

도약의 결과는 출발점이 어디였는지에 따라 다르다. 누군가에게 도약은 동전 한 푼에 벌벌 떨지 않아도 되는 생활이다. 하지만 또 다른 누군가에겐 창의적으로 일하고 자율적으로 결정하며 아이디어를 실현하는 삶이다. 도약이 자기 목소리를 내고 명성을 얻으며 큰 꿈을 품을 수 있는 일터인 사람도 있다. 이런 도약으로 물질적·정신적 자산이 늘어나면 삶은 더 아름다워지고 수월해진다. 그래서 나는 확신하게 되었다. 이런 특권이 부모의 생활 방식과 교육 수준, 교양에 좌우되는 상황을 보고만 있을 수는 없다고 말이다.

우리 모두는 태어날 때 주어진 환경보다 더 유망하고 더 많은 권리를 누리는 삶을 마땅히 꾸릴 수 있어야 한다. 그렇다면 그 권리는 어떻게 실현해야 할까? 도약을 어떻게 계획해야 하며, 어떻게 해야 그 과정을 즐길 수 있을까? 이 책은 바로 그런 내용을 담은 안내서다.

내가 직접 길잡이가 되어 앞장을 서거나 셰르파Sherpa가 되어 함께 도약할 수는 없다. 오르막을 오르고 높은 바위를 뛰어넘는 것은 오직 당신의 몫이다. 어디로 가야, 얼마나 많이 가야 그곳에 닿을 수 있는지를 아는 것도 당신뿐이다. 그 꼭대기에 어떤 행복이 있는지, 그것이 더 많은 능력인지 영향력인지, 호화로운 생활인지 교양인지, 특권인지 독보적 권위인지 또한 당신만이 알 수 있다.

그 모든 일이 순조로울 것이라고, 그리하여 반드시 꼭대기에 오를 수 있다고 보장하지도 못한다. 하지만 이 책이 탐험 가이드라고 생각한다면 확실히 도움이 될 것이다. 이 책은 미지의 봉우리를 향해 올라가는 당신이 안전하고 성공적으로 도약할 수 있도록 돕는 책이다. 설득이 필요한 부분에선 학계의 연구 결과와 철학적 고찰이 제공될 것이다. 설명이 필요하다면 문학과 영화 분야의 예시를 들 수도 있다. 그리하여 이 책은 당신에게 다음과 같은 도움을 줄 것이다.

- 당신의 현재 사회적 지위를 돌아보게 한다.
- 당신의 아비투스를 재구성하는 힌트를 준다.
- 당신의 타고난 강점을 마음껏 발휘하게 한다.
- 대인기피증 없이 사람들과 관계를 맺도록 돕는다.
- 가족, 친구 등과 함께 나아갈 수 있다.
- 최상위층의 코드를 이해한다.
- 돈과 재산에 대한 새로운 태도를 체득한다.
- 주체성과 자존감을 높인다.

우리 모두 자기만의 로또를 들고 태어났다. 출발점은 극단적으로 다르다. 물론 국가는 사회적 이동 가능성을 넓히고 교육 기회를 공평하게 제공하는 데 힘써야 하며 모든 국민은 어릴 때 충분한 지원을 받아 태생적 운명을 극복할 수 있어야 한다. 이 원칙에는 반론의 여지가 없다.

하지만 구조적 변화가 완벽하게 이뤄지기까지 당신을 책임져야 할 사람은 당신이다. 가능성은 당신의 능력과 힘 그리고 의지와 자신감에 따라 달라진다. 외부적 상황이 어떻든 당신은 자유를 쟁취할 수 있고 더 넓게 생각할 수 있으며 더 나은 것을 만들어낼 수 있다. 물론 그 와중에 다른 사람을 부당하게 앞지르거나 밀쳐내서는 안 된다.

코코 샤넬은 "내 삶이 마음에 들지 않기 때문에 스스로 삶을 디자인했다"라고 말했다. 이제는 당신 차례다! 당신의 삶에서 발견하고 실현할 수 있는 최고의 도약을 향해 한 걸음 내디뎌보자.

차례

한국어판 서문 더 멀리, 더 높이 나아가고자 하는 이들에게 • 6
들어가며 불편하지만 마주해야 할 인생의 진실 • 8

첫 번째 힘 **현실을 마주보는 용기** • 27
인생의 장애물을 정면돌파하라

두 번째 힘 **기회를 모색하는 지구력** • 44
다양한 문화적 자본을 흡수하라

세 번째 힘 **실행할 수 있다고 믿는 자신감** • 61
허황된 성공신화와 현실에 대한 불평은 버려라

네 번째 힘 **성공 사다리를 떠받치는 기본 교육** • 74
교육으로 최선의 기반을 갖추라

다섯 번째 힘 **단점을 강점으로 만드는 발상력** • 91
결핍을 축복으로 뒤바꾸라

여섯 번째 힘	**쓸모 그 이상을 보는 통찰력**	• 104
	숫자 너머의 이익을 생각하라	

일곱 번째 힘	**교양을 나타내는 겉모습**	• 115
	말투와 걸음걸이는 많은 것을 알려준다	

여덟 번째 힘	**사회적 역할을 감당하는 이중 아비투스**	• 132
	원가족과 도약 계층의 균형을 찾아라	

아홉 번째 힘	**적당한 밀도의 네트워크**	• 151
	연대를 발판 삼아 도약하라	

열 번째 힘	**성공을 판단하는 잣대**	• 170
	당신만의 최고 가치를 추구하라	

열한 번째 힘	**타인의 평가에도 단단한 마인드셋**	• 186
	의지, 회복탄력성 등 심리적 자산을 쌓아라	

열두 번째 힘	**흔들리는 감정을 제어하는 신중함**	• 203
	서서히 목표에 다가가라	

열세 번째 힘	**품격이 느껴지는 스타일**	• 216
	세련된 취향을 키워라	

열네 번째 힘	**결핍을 이겨내는 자기인정**	• 233
	가면 증후군을 극복하라	

열다섯 번째 힘	**계층을 넘나드는 마음해방**	• 248
	고정관념의 한계를 뛰어넘어라	

| 열여섯 번째 힘 | **부와 그 가치를 아는 지혜**
돈은 사이좋게 지내야 할 도구다 | • 266 |

| 열일곱 번째 힘 | **두려움을 떨치고 나아가는 리더십**
앞에 서서 대접을 받으라 | • 283 |

| 열여덟 번째 힘 | **상류층의 내부자 코드**
부자처럼 생각하고 가난하게 보여라 | • 301 |

| 열아홉 번째 힘 | **비교에 얽매이지 않는 여유**
무엇보다 옆 사람을 밀치진 말라 | • 316 |

| 스무 번째 힘 | **지위를 나타내는 신념**
선을 행하고 고귀하게 추앙받으라 | • 331 |

| 스물한 번째 힘 | **세상을 넓게 보는 프레임**
마음속 장벽을 허물어라 | • 348 |

주석 • 362

첫 번째 힘

현실을 마주보는 용기

인생의 장애물을 정면돌파하라

세상에서 사진을 가장 많이 찍힌 여성을 꼽으라면 그녀를 빼놓을 수 없다. 바로 영국의 왕세자비 케이트 미들턴이다. 2011년 그녀가 영국 왕위 계승 서열 1순위인 윌리엄 왕자와 결혼했을 때 말하기 좋아하는 사람들은 그녀가 왕자를 '홀렸다'며 입방아를 찧었다. 중산층에서 하루아침에 영국의 왕실 꼭대기로 수직 이동한 그녀는 동화 속에나 나올 법한 신분 상승의 꿈을 현실에서 이루었다.

물론 손가락 몇 번 까딱해서 이뤄진 성공은 아니다. 그녀는 더 높은 곳을 향하는 사람들이라면 으레 겪기 마련인 저항에 맞서 차근차근 왕실의 명부에 접근했다. '신분'은 그녀의 연관 검색어다. 언론은 그녀를 '등나무꽃'에 빗댄다. 기둥을 타고 위로 덩굴을 뻗어 화려한 꽃을 피우는 등나무처럼 미들턴이 "매우 잘 꾸미고 굉장히 향기로우며 맹렬하게 기어오르는 재주가 있다"[1]면서.

높은 곳에 오르려는 사람은 용기와 인내가 필수다. 미지의 영역으로 나아가다 보면 함정에 빠질 때도 있고 때론 불친절한 대우를 받기도 한다. 어디서 출발하고 어디를 향하든지 전진하는 과정에는 항상 역경이 따른다. 따라서 더 높은 곳으로 도약하고자 한다면 이제부터 이야기할 세 가지 장애물을 기억해두도록 하자.

장애물 1:
기존의 아비투스

아비투스HABITUS(타인과 나를 구별 짓는 취향, 습관이자 사회문화적 환경에 따라 결정되는 제2의 본성이다-편집자)는 자기도 모르는 사이에 만들어진다. 우리는 각자 다른 가정에서 태어나 다른 주거 환경과 생활 방식을 경험하며 자란다. 태어나 학교에 들어갈 때까지 어떤 아이는 사방이 책으로 둘러싸인 집에서 자라는 반면 어떤 아이는 채널이 100개도 넘는 평면 TV 앞에서 자란다. 이런 설명이 다소 도식적으로 들릴지 모르지만 우리의 현실에서 분명 벌어지고 있는 일이다.

부모가 아이를 데리고 종종 해외여행을 떠나는 가정이 있는가 하면 좀처럼 동네 인근을 떠나지 않는 집도 있다. 온 가족이 함께 요리하고 그 음식을 둘러앉아 먹는 집이 있고, 각자 알아서 냉동식품을 데워 먹는 집도 있다. 어려운 용어를 많이 쓰는 신문 〈디 벨트die Welt〉를 구독하는 집이 있고, 자질구레한 소식이 실린 지방신문을 받아보는 집 또는 그마저도 안 보는 집이 있다. 부모가 회사의 CEO인 집이 있고 일반 직원인 집도 있으며, 부모가 갖은 모욕과 갑질에 시달리는 직장에 다니는 집이 있고 안정되고 유망한 회사에 다니는 집도 있다.

여기서 중요한 점은 그 자녀들이 이런 차이를 모두 흡수한다는 사실이다. 아이들은 어떤 가치가 중요하고 어떤 태도가 옳은지 주변 환경을 통해 습득한다. 누군가 그들에게 보여준 사고방식과 행동양식을 무의식적으로 받아들인다. 사회적으로 높은 지위에 있는 부모의 자녀들은 자신의 가능성을 펼치는 데 도움이 되는 사고와 행동 그리고 자아상을 더욱 확실하게 상속받는 경향이 있다. 물론 태어날 때부터 그런 행운을 누리지 못한 사람도 삶을 개선할 기회는 충분하다. 다만 아주 부적절한 순간에 불쑥 끼어드는 내면의 압박감이나 잠재적 긴장감까지 완전히 해소하는 경우는 드물다.

아비투스의 개념을 확립한 프랑스 철학자 피에르 부르디외Pierre Bourdieu는 "한 사람의 아비투스를 안다는 것은 그 사람이 어떤 행동을 거부하는지 직관적으로 느끼고 안다는 뜻"이라고 말했다. 그는 "아비투스는 경계 짓기의 시스템"[2]이라고 정의한다. 이런 특성을 만드는 것은 사회적 환경이다. 당신이 어떤 가정에서 나고 자랐는지에 따라 당신이 습득한 태도와 성향도 다르다.

그런 특징들은 당신이 옷을 입는 스타일을 통해 드러난다. 또한 당신의 식습관, 여가를 보내는 방식, 언어와 취향에서도 드러난다. 그리고 이는 당신이 어떤 사람들과 함께 있을 때 편안하다고 느끼는지, 어떤 행동 방식과 관심사를 정상적이라고 생각하는지를 결정한다. 서로 다른 사회적 환경은 무의식적인 사고와 행동 습관에도 차이를 일으킨다. 각자의 처지에 따라 어떤 사람은 어떻게든 상황을 견뎌내려 하고, 어떤 사람은 노련하게 진전을 이루려고 애쓰며, 또 어떤 사람은 몇 세대 전부터 유지해온 최정상의 위치를 여유롭게 즐긴다.

단언컨대, 아비투스는 상위층의 전유물이 아니다.

우리는 어디서 와서 무엇이 되었든 간에 모두 저마다의 아비투스를 갖고 있다. 아비투스는 당신과 내가 지닌 개성 일부로, 단순히 유전자에 잠들어 있던 것이 발현된 결과가 아니라 계층의 특성이 반영된 생활환경에서 만들어진다. 마치 특정한 기후나 스포츠에 최적화된 기능성 재킷처럼 우리가 속한 환경에 최대한 잘 적응할 수 있도록 도와주는 것이 바로 아비투스다.

가령 당신의 이웃들이 서로 편하게 말을 놓고 스스럼없이 도움을 주고받는다면 당신 또한 그런 분위기 속에서 편안함을 느낄 것이다. 그런 당신은 아마도 전형적 중산층이 모여 사는 조밀한 교외 주택가 환경에 맞춰 그런 아비투스를 형성했을 것이다. 물론 당신은 고급 주택가에서도 분위기를 맞추며 살아갈 수 있다. 하지만 그곳에서도 제집처럼 편하고 자유로움을 느낄 수 있을까? 완전히 그럴 수는 없을 것이다. 우리의 아비투스는 습득된 곳에서 최적의 기능을 발휘하기 때문이다.

계층을 이동했다고 해서 그 즉시 아비투스까지 조정되는 것은 아니다. 새로운 환경에서도 어색하지 않게 원래 살던 사람처럼 움직이려면 먼저 우리의 사고와 행동이 익숙해져야 한다. 그렇게 되기까지는 시간이 걸린다. 그리고 시간이 걸려도 결국은 된다.

통과한 인생의 정거장이 늘어날수록, 세상을 보는 눈이 넓어질수록 당신이 어린 시절에 습득한 표본은 점차 그 의미를 잃어갈 것이다. 학교, 직업, 미디어, 해외 경험, 타인과의 만남, 생활 형편과 재정 상황의 변화 등이 당신의 아비투스에 영향을 미쳐 새로운 환경에 적합한 행동과 취향을 덧입힐 것이다.

세상 사람 모두가 저마다의 아비투스를 갖고 있다. 그래서 사회학자들조차도 거대한 사회 계층 안에서 확실한 선을 긋기 어려워한다. 하위층 안에서도 택배 기사와 장기 실업자의 자아상은 완전히 다르다. 상위층 안에도 놀고먹는 재벌 2세가 있는가 하면, 유능한 로펌의 경제 전문 파트너 변호사도 있다.[3] 그러나 한 가지 사실만은 분명하다. 우리 사회에는 서로 구분되는 계층이 있고 그 사이에는 분명한 격차가 있다는 것이다. 그 차이에 대해 좀 더 깊이 알아보자.

필요성의 아비투스

전체 인구의 30퍼센트가량을 차지하는 하위계층은 필요성의 아비투스를 지닌다. 생활은 빠듯하고 돈벌이 능력이 부족하며 관리할 재산이 거의 없는 사람들이다.⁴ 이들은 물건을 팔거나 배달하고 간병을 하고 음식을 조리하고 계산을 한다. 불확실한 고용, 낮은 임금, 고단한 육체노동, 빡빡한 노동시간, 실업 등으로 이 계층의 자녀들은 천진난만하고 자유분방하게 유년을 보낼 기회를 제대로 얻지 못할 가능성이 크다.

이 계층의 아비투스는 어떻게든 생계를 유지하는 데 초점을 맞춰 설계된다. 대체로 소매를 걷어 올린 차림새에 물건을 살 땐 가격표를 꼼꼼히 확인하고 자기 인생에 비현실적인 기대를 걸지 않는다. 자녀들에게도 마찬가지다.

성과의 아비투스

평균에 해당하는 전통적 중산층은 성과의 아비투스를 지닌다. 그들은 성과에 초점을 맞춰 생활하고 생각한다. 예전에는 그 성과 목록에 안정적인 가정, 자가 주택, 예금증서, 전기 그릴 등이 주를 이뤘지만 최근에는 대학 졸업장도 포함되기 시작했다.

그들에게도 분명 나름의 고충이 있다. 그러나 하위 3분의 1에 해당하는 사람들이 보기엔 전통적 중산층의 안정된 생활은 머나먼 꿈과도 같다. 독일인 두 명 중 한 명은 중위소득의 80~150퍼센트 사이에 해당하는 전통적 중산층이다. 하지만 같은 계층 안에서도 상대적으로 소득이 높은 가구와 낮은 가구가 존재하며 그 편차는 정확하게 일치한다. 그들은 자신을 주류로 인식하고 '노력은 배신하지 않는다'고 굳건하게 믿는다.

이 신념은 그들의 아비투스에도 고스란히 반영된다. 그들은 미래지향적이고 직업 훈련과 교양을 중요시하며 '성과가 성공을 결정한다'는 성과주의를 믿는다. 자녀에게 큰 기대를 하는 동시에 자녀가 자기만큼 해내지 못할까 봐 걱정한다. 이는 전통적인 중산층이 직면한 위기 때문이다. 직업 세계에 대졸자 비중이 늘어나면서 실업계 고등학교나 도제 교육을 통해 받은 졸업장은 기존의 가치를 잃어가고 있다.

성장의 아비투스

고학력 중산층은 성장의 아비투스를 지닌다. 이들은 중산층 안에서도 상위에 위치한다. 물론 예전에도 벤츠 E클래스를 타고 주말이면 고급 레스토랑에서 실내악 연주를 들으며 식사를 하는 중산층 내 상위층은 있었다. 그러나 최근에는 중간계층 안에서도 상하가 극단으로 나뉘는 양상을 띤다. 쾰른의 독일경제연구소에 따르면 중산층 내 상위층은 중위소득의 2.5배를 더 번다.[5]

그러나 진짜 격차는 소득이 아니라 스스로에 대한 인식에서 나타난다. 그들은 자신과 세계를 개발 가능한 대상으로 바라보는 경향이 강하다. 또한 다방면에서 폭넓은 정보를 받아들여 도덕이나 기술, 정치는 물론 자신의 신체와 정신에 관한 모든 것을 달리 바라보고 개선하길 좋아한다.

그들은 물질적 측면보다는 문화적 측면에서 다른 계층과 구별된다. 그들은 유기농 전문점에서 장을 보고, 좀 멀더라도 자연 상태가 보존된 숲으로 나들이를 간다. 환경을 생각해서 자동차보다는 자전거를 애용하고, 라푼젤이나 백설공주처럼 여성을 대상화하는 동화를 자녀에게 읽어 줘도 될지를 두고 심각하게 고민한다. 스스럼없이 저가 항공을 이용하고 자기 집 한 채를 갖기 위해 전력투구하는 전통적 중산층과 달리, 고학력 중산층의 감수성은 그런 관례가 과연 정당한지 혹은 필요한지에 의문을 제기한다. 진지한 태도와 지속가능성에 대한 고민, 다양성을 향한 열망 등 고학력 중산층이 추구하는 삶의 형식에는 그보다 훨씬 재산이 많은 상위층도 쉽게 무시하지 못할 가치가 있다.

구별의 아비투스

상위층은 구별의 아비투스를 지닌다. 여기서 상위층은 독일 전체 인구의 최상위 5퍼센트 정도에 해당되는 사람들을 말한다. 독일경제연구소는 중위소득의 2.5배 이상 버는 사람들을 '소득이 풍족하다'고 정의한다. 하한선의 기준은 이렇게 정해졌으나 그 위로는 뻥 뚫린 천장처럼 한계가 없다. 부자들 중에서도 최고 부자들은 상상을 초월하는 소득을 올리고 재산을 소유한다.

BMW 대주주인 크반트Quandt 가문을 포함해 독일에서 제일 부유한 가문 45개가 가진 재산을 합치면 독일 내 소득 하위계층 50퍼센트의 재산을 모두 합친 것만큼이나 많다.[6] 대부호까지는 아니더라도 수입이 넉넉한 상위층에 경제적 궁핍은 다른 세상 이야기다. 식료품 가격이나 주거비, 난방비 등이 급등할 때 촉각을 곤두세우는 다른 계층들과 달리 상위층은 별다른 반응을 보이지 않는다. 그들은 대중과 무관하게 살아간다. 그들의 시선은 뒤가 아닌 앞을 향한다.

그들은 경영인의 관점에서 사고하고 고급문화와 스포츠를 즐기며 자기 능력을 확신한다. 부모는 자신이 다음 세대를 위한 관리자이자 전략가라고 생각하며, 자녀들이 가문의 성공을 계승하고 경제적 엘리트 그룹에서도 책임 있는 위치에 설 것을 기대한다.

장애물 2:
계층주의에 대한 무관심

도약은 사회에 서로 다른 층이 존재한다는 사실을 전제로 한다. 예를 들면 하류층, 중산층, 최상위층 같은 용어는 '수직주의'를 내포한다. 사회학자 안드레아스 켐퍼 Andreas Kemper는 몇 년 전부터 이 주제를 공론화하는 데 힘써왔다. "계급을 규정하는 언어에서는 수직주의가 배제되어야 한다. 서구문화에서는 위를 선, 아래를 악으로 규정하기 때문이다. 수직주의는 평등한 관계를 가로막는다."[7]

한 번쯤은 곱씹어볼 만한 주장이긴 하다. 하지만 역사적으로 사회적 지위의 차이가 수직이 아닌 다른 형태로 표현된 적은 단 한 번도 없다. 나 역시 다른 방법을 찾지 못했다. 아니, 솔직히 말해서 우리가 상호작용해 만들어낸 사회적 현실을 정확하게 설명하는 도구로 수직주의만 한 게 없다고 생각한다. 우리는 태생과 지위에 따라 처음부터 각자의 계층으로 분류된다. 그것이 엄연한 현실이다.

줄리아 로버츠와 리처드 기어가 주연한 로맨틱 코미디 영화 〈귀여운 여인〉은 사회적 편견으로 가득한 영화다. 줄리아가 싼티 나는 차림으로 로스앤젤레스의 명품 부티크에 들어가는 장면에는 오늘날까지 변함없이 유지되는 현실이 제대로 반영되어 있다. 그녀는 단정하고 우아한 드레스를 사고자 가게로 들어서지만 이내 매장 직원에게 내쫓기고 만다. "우리 가게에 당신에게 어울리는 옷은 없어요. 나가세요." 그렇다. 상위층이 입는 옷을 파는 가게에서 환영받으려면 애초에 그런 옷을 입고 있어야 한다.

성별이나 인종처럼 계층도 겉모습으로 판별할 수 있다. 그리고 그렇게 표현되는 계층은 기대수명, 학력, 자신감, 직업적 기회 등 그 사람의 인생과 전망 전반에 영향을 미친다. 뉴욕 컬럼비아 비즈니스 스쿨의 경제학 교수 폴 잉그램Paul Ingram은 이런 사실을 숫자로 보여준다. 그는 출신 계층과 직업적 성공 간의 인과관계를 연구했는데, 미국에서 하위계층 출신이 관리직까지 올라가는 비율은 상위계층 출신보다 32퍼센트나 낮은 것으로 나타났다. 성공은 개인의 지능이나 노력에만 좌우되지 않았다. 관건은 그 사람이 출발한 사회적 환경이었다. 잉그램은 모든 산업

화 국가에서 같은 현상이 일어나고 있다고 주장한다.[8]

상황이 이런데도 인종과 성별과는 달리 계층에 대해서는 아무도 관심을 보이지 않는다. 하루가 멀다 하고 성차별이나 인종주의에 관한 기사가 신문에 실리는 와중에도 출신이나 지위의 사회적 차이에 따른 차별을 뜻하는 '계층주의'는 낯설게만 들린다.

심지어 독일 기본법에서도 계층주의와 사회적 불균형은 소홀히 다뤄진다. 기본법 제3조 1항은 독일에 사는 그 누구도 성별이나 혈통, 인종과 언어, 고향과 출신으로 차별받거나 선호되어선 안 된다고 규정한다. 하지만 여기서 말하는 '출신'은 태어난 곳이 어느 지역인지, 즉 독일의 아헨인지 터키의 안탈리아인지를 의미하며 아버지가 정육점 주인인지 국무총리인지를 의미하지 않는다.

독일 연방의회 학술조사국은 "사회적 출신은 독일의 일반평등대우법Allgemeines Gleichbehandlungsgesetz, AGG에 의해 보호되는 차별 요소에 포함되지 않는다"라고 밝혔다.[9] 참고로 AGG는 2006년 8월 제정된 독일의 연방법으로 인종, 민족, 출신, 종교, 세계관, 나이, 장애, 성적 정체성에 근거한 차별을 금지한다. 기업과 정당은 다양성 증진을 위한 노력을 할 때 이를 근거로 성별과 출신 지역을 기준으로 삼는다. 다양성에 관한 논의가 사회적 계층을 포함하는 경우는 매우 드물다.

낮은 계층에서 도약에 성공한 사람 스스로가 이력이 알려지는 것을 달가워하지 않는 분위기도 계층주의에 대한 무관심을 심화하는 데 한몫한다. 독일의 작가이자 기업가 티옌 오나란Tijen Onaran은 "많은 사람이 자기가 출발한 사회적 환경에 대해 이야기하기를 꺼린다"라고 말한다.[10] 내 경험상으로도 그렇다. 심지어 꽤 친한 사람들끼리도 자신의 출신이나 사회적 지위에 관한 대화는 좀처럼 하지 않는다. 우리는 종종 〈스타트렉〉과 〈스타워즈〉 중 어느 영화가 더 좋은지를 두고 열띤 토론을 벌인다. 하지만 우리가 태어난 곳이 어디인지, 예를 들면 연립주택인지 마당 딸린 대저택인지 같은 이야기를 나누진 않는다.

부유한 환경에서 나고 자란 사람은 자신이 상대적으로 얼마나 많은 것을 누리며 살았는지를 모를 때가 많다. 그래서 상위층으로 도약한 사람은 자신이 그들과 다른 유년 시절을 보냈다는 사실을 숨기고 싶어 한다. 어릴 때 악기를 배운 적이 없거나, 식욕을 돋우기 위해 마시는 식전주에 돈을 쓰는 게 아깝다든가, 소도시 대학에 진학한 이유가 대도시의 집세를 감당할 여력이 없었기 때문이라는 얘기를 굳이 꺼내지 않는다. 미셸 오바마처럼 자서전을 통해 성장 과정의 결핍과 혼란을 솔직하게 말하는 사람은 소수에 불과하다. 자신이 도약으로 그 자리까지 올라왔다는 사실을 모두가 알고 있거나, 더는 금수저들에게 꿀릴 게 없다는 확신이 들 때만 비로소 면사포를 살짝 들어 민낯을 보여준다.

그런 경우가 아니라면 도약한 후 출신지에서 느끼는 소외감, 모든 노력에도 불구하고 충분치 않다는 불안감, 운명을 개선하려는 욕망이 타당한지에 관한 고민 등 도약자들의 속내는 문학작품과 영화를 통해 간접적으로만 접할 수 있다. 도약자들이 성공한 이후로도 가난과 기회 부족을 딛고 일어섰다는 사실을 부끄러워한다면 계층주의는 앞으로도 계속 주목받지 못할 것이다.

〈귀여운 여인〉의 주인공 비비안을 보라. 그녀는 자기가 사회적으로 열등한 위치에 있음을 솔직하게 드러낸 덕분에 더 나은 삶을 시작할 수 있었다. 상류사회 속에서 주눅 드는 대신 도움을 청한 그녀는 적합한 도움을 받았다. 겉으로 보이는 모습을 무시하고 소홀히 하는 사람에겐 도약을 시작할 기회조차 찾아오지 않는다.

장애물 3:
지위운명론

우리가 타고난 조건은 공평하지 않다. 하지만 우리에겐 스스로의 운명을 바꿀 힘이 있다. 다만 그럴 수 있다는 믿음, 즉 자기효능감에 대한 믿음마저도 계층에 따라 다르다는 사실을 간과해선 안 된다. 소득수준이 낮은 계층에서는 네 명 중 한 명만이 노력하면 더 많은 걸 이룰 수 있다고 생각한다. 중산층에서는 네 명 중 한 명이, 상위층에서는 두 명 중 한 명이 그와 같은 생각을 한다.[11]

직업적 경력에서 결정적인 갈림길에 섰을 때 나 역시 비슷한 경험을 했다. 나는 박사학위를 딴 뒤 대기업 두 곳과 스타트업 한 곳에서 일하다 독립했고 사업에서도 어느 정도 성공을 거뒀을 뿐 아니라 첫 책도 성공리에 출판했다. 몇 년간 탐색하고 도전한 끝에 제대로 된 길을 찾았노라 확신하던 즈음, 한 대학에서 기술 커뮤니케이션 학과를 신설했으니 교수직에 지원하지 않겠냐는 제안이 왔다. 대학이 요구하는 자격을 모두 갖췄음에도 나는 제안을 거절했다. 내가 세운 계획에 교수직은 없었기 때문이기도 했지만 자격에 대한 의심이 발목을 잡았기 때문이다.

나는 스스로 기업 홍보와 카피라이팅, 학술 출판에 정통하다고 자부했다. 하지만 기술 커뮤니케이션 같은 분야에 대한 지식이 부족한 상황에서 그 분야를 가르치고 연구한다는 것이 어쩐지 건방지다는 생각이 들었다. 이미 교수로 재직 중이던 남편은 내 결심을 돌이켜보려고 애썼지만 한번 굳어진 생각은 좀처럼 바뀌지 않았다.

사회학자들은 그때의 나처럼 힘들고 까다로운 목표에 도전하는 것을 피하려고 짐짓 현실에 만족하는 듯한 태도를 가리켜 '지위운명론'이라고 부른다. 그리고 심리학자들은 이를 '무의식적 자기편향'이라고 부른다. 인간은 양가적이고 모순적인 존재다. 위로 올라가고 싶어하지만 동시에 변화를 싫어하고 현실에 머무르길 원한다. 두 용어 모두 현실에 안주하길 좋아하는 인간의 특성을 드러낸다. 상황을 해결하는 두 개의 방법이 있을 때 우리는 크고 좋은 것은 실현되지 않으리라 생각하며 상대적으로 소박한 방법을 선택한다. 주로 출신과 배경에 영향을 받아 형성된 이런 소극적 태도는 예상보다 심각한 결과를 낳는다.

　　지위운명론자들은 결코 현 상태를 뛰어넘지 않는다.

그들은 자기 손에 쥔 선택권을 무시하고 기회를 허무하게 날려버린다. 그 결과 그들은 자기 회사를 차리지 않고, 왕자와 결혼하지 않으며, 교수가 되지 않고, 신규 상장주를 구매하지 않으며, 적극적으로 소통하지 않는다. 도약을 한다 해도 미미하게 몇 발자국 옮기다 만다.

지금 당신의 앞에 펼쳐진 길이 가파른 오르막일 수도, 비포장도로일 수도 있다. 그렇다고 그 길이 잘못된 것은 아니다. 두 갈래 길 중 하나는 그럴듯해 보이고 다른 하나는 위험해 보일 때 당신의 뇌는 위험한 길이 당신의 길이 아니라고 자동으로 판단할 것이다. 하지만 덮어놓고 그 판단을 따르지 말고 상황을 객관적으로 바라볼 필요가 있다. 정말 준비가 덜 되었는가, 아니면 망칠까 봐 걱정돼서 주저하는 것인가? 가족과 친구들은 내 고민에 어떤 반응을 보이는가? 흥미로워하는가, 아니면 무관심한가? 응원하고 지지하는가, 아니면 대놓고 의심하는가?

질문의 방향을 틀어서 자신에게도 물어보자. 그 일을 하는 데 내게 부족한 점은 무엇인가? 기회를 붙들지 못하게 나를 막는 것은 무엇인가? 부족한 점은 어떻게 메꾸고 장애물은 어떻게 치울 수 있을까? 그 일을 나보다 더 잘할 사람이 있는가? 있다면 누구인가? 내가 더 잘할 수 있다고 믿는 사람이 있는가? 있다면 누구이고 왜 그렇게 믿는가?

묻고 고민해봐도 자꾸만 더 쉽고 익숙하고 소소한 선택지 쪽으로 생각이 기운다면 좀 더 깊은 곳에 그물을 던져보자. 당신의 결정에는 지위운명론이 얼마나 많이 개입돼 있는가? 내가 아는 한 지위운명론이 겉으로 잘 드러나는 요인은 아니다. 그러나 실전에서는 결정적 요인으로 작용한다. 우리가 스스로를 얼마나 신뢰하느냐는 우리가 어느 전망대에 서서 세상을 바라보는가와 직접적인 연관이 있다. 꼭대기에 선 사람에게는 별이 손에 잡힐 듯 가깝다. 중간지점에서는 하늘의 별이 몇 광년은 멀리 있는 것처럼 보인다. 바닥에서는 별이 떴는지조차 알지 못한다. 불확실성과 무지는 더 크고 넓게 생각하는 것을 막는다. 그렇기 때문에 계층과 기회의 연관성에 대해 항상 생각하고 깨어 있어야 하는 것이다.

지금부터 당신이 해야 할 일

아비투스와 계층주의, 지위운명론은 비운의 삼각형을 형성한다. 이 세 가지는 당신을 태어난 그 자리에 묶어놓으려 애쓴다. 혹시 당신이 경제적, 사회적으로 태생을 딛고 올라온 사람이라면 이 비운의 삼각형이 내뿜는 위력을 실감할 것이다. 그 힘에 맞서려면 반대 세력에 대해 잘 알아야 한다. 즉 외부의 저항뿐 아니라 당신을 가로막는 내면의 저항도 주의 깊게 관찰해야 한다. 포부와 실력, 관찰력과 인내력을 무기 삼아서 그리고 꾸준한 자기 성찰을 통해 내면의 저항에 맞서라.

한 발 한 발 진정으로 바라던 바를 달성하다 보면 처음에는 주제넘게 보였던 목표가 점점 더 현실로 다가올 것이다. 케이트 미들턴이 왕자를 만난 것만으로 해피엔딩은 완성되지 않았다. 그 후로도 몇 년간 그녀는 자신을 폄하하고 비판하는 세력과 맞서야 했다. 하지만 마침내 그녀는 일반 시민에서 왕위계승자의 아내로 도약했고 영국인들의 존경을 얻는 데 성공했다.

두 번째 힘

기회를 모색하는 지구력

다양한 문화적 자본을 흡수하라

"여기 서 있는 게 꿈만 같아서 가끔 제 볼을 꼬집습니다." 내게 이 말을 한 기업가는 할아버지가 돌을 쪼아 벽돌을 굽던 도심 외곽의 공장을 개조해 소프트웨어 회사를 차렸다. 또, "여기는 최근에 개업한 세 번째 약국입니다"라며 직원 10명을 자랑스레 소개하는 약사의 얼굴엔 연신 미소가 번졌다. 그녀의 어머니는 슈퍼마켓에서 점원으로 일하며 홀로 자식들을 키웠다. 대학 시절 단짝이었던 친구는 "내가 대기업 임원이 될 줄은 상상도 못 했지"라고 했다. 친구의 부모님은 산간 오지에서 캠핑장을 했다. 친구는 중학교 때부터 매일 새벽 5시에 일어나 기차를 타고 왕복 30킬로미터를 통학했다.

이처럼 도약에 성공한 사람들의 과거는 동화 속 이야기처럼 들린다.

그들의 시작과 끝만 보기 때문이다. 그러나 이제는 그 시작과 끝 사이에 무슨 일이 있었는지를 봐야 한다. 이번 장에서는 한 사람의 사회적 도약을 뒷받침하는 개인적·사회적 요소를 살펴볼 것이다.

도약을 성공시키는
결정적 퍼즐 조각

빈손으로 시작해 탄탄한 재산을 일군 사람들은 그렇지 못한 사람들과 정확히 무엇이 다를까? 중산층에서 상위층이 된 사람을 위로 밀어 올린 요인은 무엇일까? 남들은 이루지 못한 것을 이뤄내는 사람들의 비결은 무엇일까? 근면함일까, 특별한 재능일까? 어쩌면 타고난 운이나 하늘이 내린 타이밍은 아닐까?

모두 성공과 무관치 않은 요소들이지만 결정적인 퍼즐 조각 하나가 빠졌다. 그 조각을 나는 '부트스트래핑bootstrapping'이라고 부른다. 부트스트랩은 고무장화나 스니커즈를 쉽게 신을 수 있도록 발꿈치 어귀에 달아놓은 줄이나 고리를 가리키는 영어 단어다. '부트스트랩을 당겨 자신을 건져내다pull oneself up by one's bootstrap'라는 영어 표현은 늪에 빠졌을 때 장화 끈을 당겨 목숨을 건진 뮌히하우젠Münchhausen 남작의 전설에서 유래한 것으로 '불가능한 일을 해내다'라는 의미다.

또한 부트스트랩은 최근에 널리 쓰이는 기술용어기도 하다. 컴퓨터공학에서 간단한 개발 도구로 더 강력한 도구를 개발하는 자가발전순환 프로그램을 '부트스트래핑'이라고 부른다.[1] 이처럼 부트스트래핑은 불가능해 보였던 무언가가 실현되는 역설을 설명해준다. 가진 것이 적은 사람이 많은 성과를 이뤄내는 비결 또한 이 부트스트래핑에 있다.

스웨덴 예테보리 대학교의 교육학 연구자인 비에른 이베마르크Björn Ivemark와 안나 암브로즈Anna Ambrose는 도약에 성공한 사람들이 자가발전순환 프로그램을 작동시키는 원리를 연구했다. 그들은 '부모와 조부모가 대학을 졸업하지 않은 가정에서 자란 학생이 대학 졸업자 집안에서 태어난 동급생과 엇비슷한 학업 성과를 내기 위한 요소는 무엇인가?'라는 질문에 답하기 위해 연구를 시작했다.[2] 연구를 통해 그들이 발견한 바를 한마디로 요약하면 다음과 같다.

> 다음 레벨로 올라가는 제일 좋은 방법은 가능한 한 많은 문화를 흡수하는 것이다.

문화라는 단어 앞에서 우리는 보통 전시회나 오페라를 떠올리곤 한다. 일상에서 문화를 음악, 문학, 연극, 회화 등 훌륭한 예술과 연결 짓는 데 익숙하기 때문이다. 하지만 문화라는 개념은 예술에 국한되지 않으며 인생의 성공을 논할 때 빠질 수 없는 요소다. 문화는 우리가 한 국가와 가족, 개인으로 일상과 생활을 구성하는 방식이다. 우리가 만사를 어떻게 다루고, 상대를 어떻게 대하며, 어떻게 옷을 입고 어떻게 식사하고 어떻게 자신을 표현하는지 모두가 문화에 포함된다. 심지어 수영할 때 맨살을 드러내는 비키니를 입는지, 머리부터 발목까지 가리는 부르키니를 입는지, 아무것도 입지 않는지도 포함되며, 문제나 갈등이 생겼을 때 어떻게 해결하는지, 플레이리스트에 어떤 음악이 있는지, 집안일은 누가 어떤 식으로 맡아 하는지, 식사할 때 스마트폰을 꺼두는지 여부 등도 포함된다.

최상위층은 '합법적 문화', 즉 그들이 살아가는 방식과 취향, 접근법이 가장 타당한 문화로 인정되는 특혜를 누린다. 그리고 사회적 성공을 보장하는 합법적 문화를 세대에 걸쳐 전수한다. 그들의 자손은 말과 행동이 우아하고, 강화마루와 원목마루의 차이를 알아보고, 티 나지 않게 자신을 돋보이게 만드는 법을 안다. 현대 화가와 음악가를 연대별로 나열하고, 일상적으로 외모를 관리하고, 자기 권리를 주장할 때조차 매력을 잃지 않는다. 심지어 TV를 볼 때도 교양 채널만 골라 본다.

반면에 소박한 가정의 자녀들은 상위층의 이런 문화를 거의 혹은 아예 접하지 못한 채 자란다. 그리고 그들이 도약하려 할 때 사회적 지위를 결정하는 사소하고 표면적인 요소에 무지하다는 사실이 진입장벽으로 작용한다.

부모 슬하에서의 경험이 한 개인을 형성하는 데 큰 역할을 하는 건 사실이다. 하지만 현대사회에서의 삶은 대부분 가족이나 친척들과 무관하게 굴러간다. 인생의 시작점에서는 가족이 전부지만 그 영역은 점점 외부로 확장된다. 우리의 문화자본은 유치원과 학교, 이웃과 친구, 스포츠클럽과 직장, 책과 미디어 그리고 특별히 연애를 통해 형성된다. 인생의 모든 분야는 낯선 열망과 관심을 불러일으키고 새로운 관점을 열어주며 타고난 아비투스를 세련되게 다듬을 수 있는 훈련장이다.

부트스트랩 1:
당신을 지지하는 가족

만약 당신이 넉넉지 않은 형편에서 자랐다면 부족함에 익숙할 것이다. 부족한 것이 치아교정비나 간식일 수도 있고, 미디어에 무방비로 노출되는 것을 막아줄 제대로 된 교육 또는 과외교사일 수도 있다. 문제는 이런 결핍 속에서 만들어진 태도가 꿈을 가두기도 한다는 것이다. 알리네는 어릴 때 그토록 원하던 승마 수업을 받지 못한 것이 평생의 한이다. 부모님이 운영하던 음료 가게가 잘되어 집에 돈이 부족하지는 않았다. 그런데도 부모님은 분수에 맞지 않는다며 수업비를 내주지 않았다.

제니퍼가 법학도로서의 꿈을 접은 것도 비슷한 이유에서다. 어머니가 동사무소에서 주민등록 업무 담당자였는데 법학이 법전을 통째로 외워야 하는 공부라고 생각했고 딸에겐 그럴 실력이 없다고 판단했다. 제니퍼가 법학과에 간다고 해서 법전을 달달 외울 필요는 없다는 사실을 알게 된 건 다른 전공을 선택한 지 1년이 훌쩍 지났을 때였다.

대학 공부를 해본 적 없는 부모들은 계산법이 다르다. 삶을 통해 굳어진 그들의 가치관은 설득으로 바뀌지 않는다. 그렇다고 해서 대학 학위가 없는 부모 또는 저소득 가정이 자녀들에게 물려줄 게 아무것도 없다는 뜻은 아니다. 콘라트 아데나워 재단에서 실시한 표본 연구에 따르면 도약에 성공한 사람들은 자신이 성공한 비결을 두 가지 조건에서 찾았다. 하나는 교육이었고 다른 하나는 원가정의 적극적인 지원이었다.[3] 경제적으로 풍족하지 않거나 교육 수준이 낮아도 부모는 자녀에게 도움이 될 수 있다.

핀란드 총리인 산나 마린Sanna Marin을 예로 들어보자. 임직 당시 그녀는 세계에서 가장 젊은 총리였을 뿐 아니라 그 자리에 오르기까지 과정 또한 여느 관료들과 달랐다. 그녀는 1985년 노동자 가정에서 태어났다. 아버지는 알코올 중독자였고 어머니는 이혼 후 홀로 산나를 키웠다. 산나는 가족 중 처음으로 대학에 진학했다. 그녀의 어머니는 힘든 유년 시절을 보냈음에도 불구하고 딸을 항상 지지했다. 산나는 원하면 무엇이든 해낼 수 있다는 믿음을 어머니로부터 배웠다고 말한다.[4]

미셸 오바마도 비슷한 경험을 했다. 그녀의 어머니는 비서로 일했고 아버지는 보일러 수리공이었다. 그녀의 가족은 좁은 집에 살았고 양친 모두 고등교육을 받지 못했다. 비록 부유하진 않았지만 그녀의 부모는 자녀들을 자기 몫을 당당하게 해내는 사람으로 키웠다. 더불어 자녀들이 개척한 세계에 함께 들어가는 것을 부끄러워하지 않을 만큼 지혜로웠다.

미셸 오바마의 자서전에는 그녀의 오빠가 대학 농구팀에서 뛸 때 아버지가 미국 전역을 자동차로 돌아다니며 응원한 일화가 나온다. 그녀 역시 학교를 마치면 매일같이 친구들을 데리고 집으로 왔지만 언제나 환대를 받았다. 그녀는 친구들이 신나게 웃고 떠드는 동안 어머니가 음식을 준비하면서 "우리의 말을 유심히 듣고 있는 게 눈에 보였다."라고 술회한다.[5]

자기 분야에서 탁월한 성공을 거둔 팝 가수 비욘세의 뒤에도 부모의 든든한 지원이 있었다. 그녀가 아홉 살에 여자 친구들과 밴드를 꾸리자 미용사였던 어머니는 손수 무대의상을 만들어주었다. 아버지는 한술 더 떠 제록스 영업사원을 그만두고 딸의 매니저로 변신했다.[6] 물론 그들의 성공에 비하면 부모의 도움은 보잘것없어 보인다. 하지만 부모가 돕지 않았다면 과연 그들이 성공할 수 있었을까?

사실 수백만 가정의 다른 부모들도 그렇게 하고 있다. 독일경제연구소의 조사 결과를 보면 자녀가 부모보다 앞서가는 현상은 모든 계층에서 나타난다. 1984~1993년까지 소득분위 최하 25퍼센트에 해당하는 아버지의 아들 중 60퍼센트가 그보다 한 단계 높은 소득계층으로 올라섰다. 아버지 소득이 하위 25~50퍼센트에 해당하는 아들 중에는 44퍼센트가, 50~75퍼센트에 해당하는 아들 중에는 38퍼센트가 더 높은 소득계층으로 도약했다.[7] 부모가 대학 졸업자가 아닌 경우는 맏이가 먼저 고등교육을 받고 가능성을 증명하면 다른 형제자매들은 한결 수월하게 도약의 발판을 마련할 수 있었다.[8] 하지만 부모가 교육을 중요시하지 않고 생활비 벌어오기만을 기대할 경우는 자녀의 성장도 뒷걸음질했다.

부트스트랩 2:
시야를 넓혀줄 이웃

나이지리아의 속담에 '한 아이를 키우는 데 마을 전체가 필요하다'라는 게 있다. 이 말에는 아이들이 사회적 구조 안에서 자란다는 생각이 내포되어 있다. 그들이 장차 무엇이 될지는 부모, 형제, 조부모에게만 달려있지 않다. 이웃 아저씨나 어머니의 친구를 롤 모델 삼아 자극과 지지를 얻는 아이들도 있다.

올해 42세인 데니스는 다국적 자동차회사의 생산관리 담당 이사다. 그는 노동자 계층이 밀집한 지역에서 태어났다. 그런데 초등학교 입학 직전 그 동네의 계층구조에 변화가 생겼다. 새로 지어진 벽돌집에 교육 수준이 높은 사람들이 이사 온 것이다. 장래 희망 칸에 변호사나 해양생물학자를 적는 친구들을 보면서 데니스는 '어쩌면 나도 그런 게 될 수 있을지 몰라'라고 생각하게 되었다. 그리고 단짝 친구가 인문계 고등학교로 진학한다는 얘기에 큰 고민 없이 친구를 따라 진로를 정했다.

"친구의 집에서 저녁을 먹을 때가 제일 좋았다. 그 집에선 TV를 끄고 대화를 하며 밥을 먹었다. 아이들도 진지한 대화 상대로 대접받았고 어른들은 어떻게 하면 자기주장을 설득력 있게 할 수 있는지 아이들에게 가르쳤다."

오늘날 데니스는 친구 제바스티안과 그의 가족이 없었더라면 지금의 자신은 없었을 거라고 확신한다.

아이든 어른이든 누구나 주변으로부터 영향을 받는다. 꼭 그들과 절친한 사이가 될 필요는 없다. 그들의 행동, 말투, 분위기, 옷차림, 집을 꾸미는 방식, 사고방식과 행동거지 등을 멀리서 관찰하는 것만으로도 그 모습이 우리에게 스며든다. 그리고 아이들은 외부 자극을 훨씬 적극적으로 받아들인다. 이제 막 만들어지기 시작한 아이들의 아비투스는 어른들에 비해 한결 유연하기 때문이다.

따라서 어린 시절 경험의 폭을 넓히기 위해서는 다양한 인종과 문화가 뒤섞인 거주지가 이상적이다. 이웃이나 부모의 친구 가족과 자주 어울리고 교환학생 프로그램에 참여해본 아이는 가족의 울타리를 넘어선 일상을 경험하게 되고, 그렇게 습득된 문화자본은 더 나은 삶으로 올라가고자 할 때 훌륭한 발판이 된다.

마르틴 코르디치Martin Kordić의 성장소설 《마르타와 함께한 날들Jahre mit Martha》에서 열다섯 살 지미는 엄마가 가정부로 일하는 대저택에서 그런 대상을 찾는다. "그루버 교수가 생각하고 글을 쓰고 행동하는 걸 지켜보는 게 좋았다. 마당 하나를 사이에 두고 멀찍감치 서서 봤음에도 나는 그녀의 지성에 감복했다." 문구멍으로 몇 번 엿본 게 전부인데도 지미는 "그 공기와 광채만을 보고서"9 그녀를 새 세상을 열어줄 롤 모델로 삼는다. 이렇게 바라보는 데서 그치지 않고 구체적으로 도움을 받을 수 있다면 더 큰 영향을 받을 수 있다. 영어를 가르쳐주는 옆집 아주머니나 다 읽은 과학 잡지를 빌려주는 동네 형 혹은 월식을 설명해주는 친구 아버지 등 롤 모델은 먼 곳에 있지 않다.

부트스트랩 3:
미래를 열어줄 학교

유치원과 학교, 대학과 직업훈련 기관은 원칙적으로 모두에게 열려 있다. 하지만 교육 수준이 높고 재정적으로 부유한 부모의 자녀들에게 더 넓게 열려 있는 게 현실이다. 그런 집에서 태어난 아이는 뱃속에서부터 모차르트를 듣는다. 유아 의자에 앉아 어른들의 정치 토론을 듣고, 학교에 입학할 무렵이면 체계적인 준비에 들어간다. 연필 잡는 법, 시계 읽는 법, 신발 끈 묶는 법을 배우고 학구열과 집중력을 갖추고 기본 상식과 약간의 외국어를 익힌 상태에서 학교생활을 시작한다.

반면에 소득수준이 낮은 가정의 아이들은 실용적으로든 학문적으로든 가정에서 체계적으로 전수받은 능력이 상대적으로 적다. 그런 상태에서 유치원 또는 학교에 입학한 후에는 교사들과 공통점을 찾지 못해 유대감 형성에 애를 먹는다. 그래서 교사로부터 평소보다 많은 기대나 학습 요구를 받으면 금방 부담감과 압박감을 느낀다. 학습 동기를 유발하는 좋은 교사를 만나면 더없는 행운을 얻은 것이다.

이들에게는 타인의 인정, 좋은 성적, 현장 학습, 독서, 편안한 공간, 좋은 교사, 훌륭한 교우 관계, 원만한 관계에 대한 자신감, 운동 실력, 수학 100점이 절실하다. 학교에서 성공 경험과 구조에 대한 이해와 정서적 안정을 제공받아야 할 쪽은 가정에서 최적의 지원을 받는 아이들이 아닌 그렇지 못한 가정의 자녀들이다. 학교를 수업과 여가를 포함한 전반적인 일상의 공간으로 정의한다면 이 아이들에게 학교는 미래를 위한 영양분을 공급하는 핵심 터전이다.

> 그렇기에 야망을 일깨워줄 선생님 한 명만 만나도 아이는 부모를 뛰어넘는 기회의 문을 열 수 있다.

교사의 모범적인 행동이나 각별한 관심, 무심코 한 제스처나 말 한마디가 한 아이의 운명을 바꿀 수 있다. 우구어 자힌을 가르친 수학 선생님이 바로 그런 분이었다. 수많은 제자 중 그만큼 확실하게 선생님에 대한 감사를 표한 사람은 없을 것이다. 자힌은 "작년 1월 백신을 개발하겠다고 결심할 수 있었던 것은 모두 선생님과 선생님의 수업 덕분"이라며 코로나바이러스가 전 세계로 퍼질 것이란 계산은 "고등학교 수학 문제보다 복잡하지 않았다"라고 말했다.[10]

학생들에게 기대를 걸고 그 기대에 부응하도록 하는 것이 학교의 역할이다. 특히 어려운 환경에서 자라는 아이들에게 학교는 제대로 된 동기부여를 해야 한다. 가끔 방송 댄스나 뮤지컬 프로그램을 제공하는 학교도 있는데, 생활 수준에 맞춰 학생들에게 접근하려는 의도 자체는 나쁘지 않다. 하지만 사회학자 아르망트 파르시 Armand Farsi 는 학교가 정규 학업 외에 대중적인 프로그램을 제공하는 것에 반대한다. "그런 것들을 자꾸 경험해봤자 의사결정권자들과의 격차만 더 벌어질 뿐이다."[11]

부트스트랩 4:
어느 순간 찾아오는 기회

샤샤는 보일러 수리공인 아버지가 어느 회장님 집에서 받아온 낡은 망원경 덕분에 새로운 꿈을 꾸게 되었다. 아이샤는 멋쟁이인 데다가 이탈리아어를 원어민처럼 구사하는 조교를 짝사랑하게 되면서 외국어에 대한 흥미가 치솟았다. 나딘은 크론병에 걸린 여동생을 고치고 싶어서 예정돼 있던 사무직원 견습을 포기하고 의대에 진학하기로 했다. 그녀의 가족 중에는 그와 같은 길을 알려줄 만한 사람이 아무도 없었다.

그리고 도리스, 바로 나는 교환학생으로 프랑스에 갔을 때 처음으로 사회 격차를 실감했다. 중산층에서 나고 자라 그전까지는 한 번도 경험해보지 못한 현격한 차이었다. 일주일 동안 임대주택 홈스테이에서 묵었던 나는 그다음 주에 부르주아들이 모여 사는 주택가로 숙소를 옮겼다. 둘 다 내가 속한 세계와는 거리가 멀었고, 그 덕분에 나는 세상을 다른 눈으로 볼 수 있게 되었다.

도약에 성공한 사람들에게 그들을 익숙한 환경 밖으로 끌어낸 것이 무엇이었느냐고 물으면 '기적 같은 우연'이란 대답이 돌아오곤 한다. 그들이 말하는 우연이란 어떤 사람, 사물, 경험과의 우연한 만남을 계기로 이전에는 알지 못했던 무언가를 깨닫는 사건을 뜻한다. 즉 새로운 세계로 열리는 틈을 발견한 것이며 지적 호기심이 싹튼 것이다.

그 한 번의 자극 이후로 모든 것이 달라진다. 돌연히 태생적 한계를 뛰어넘고, 부단히 노력하고, 더 많이 배우고, 새로운 것을 탐구할 가치를 발견한다. 그다음은 미리 계획된 것처럼 저절로 굴러간다. 야망이 생기고 미래가 보인다. 멘토들이 나타나 진로를 제시하고 관계가 형성되고 다음 발자국을 어디에 내야 할지를 아는 방향감각이 생긴다.

그러나 이 운명 같은 사건엔 한 가지 함정이 있다. 그때가 언제일지 전혀 계획할 수 없다는 점이다. 만약 당신의 도약이 단발의 결정적 사건이나 우연히 발견된 재능에서 비롯되었다면 그건 전혀 다른 삶의 기회가 당신 주변에 있었다는 뜻이다. 운명의 사건이 있기 전까지는 그 세계를 알아보지 못해 다가가지 못했을 뿐이다.

독일 서부 공업지대 출신의 법학자인 메주트 바이락타르Mesut Bayraktar가 일간지 〈디 타게스차이퉁Die Tageszeitung〉에 기고한 글에는 이런 상황이 매우 인상적으로 묘사되어 있다. "원래 알던 사람들하고만 어울리면 당신이 우물 안 개구리라는 사실을 알아챌 도리가 없다. 모든 사람이 당신과 똑같이 살고 있고 그것이 정상이라고 생각한다. (…) 하지만 그 무리를 떠나보면 다른 사람들의 집엔 책으로 가득한 책장이 있다는 걸 알게 되고 당신의 가족과 이웃 중엔 그런 책장을 가진 사람은 아무도 없다는 걸 깨닫게 된다."[12]

세상의 좋은 자리를 차지하는 일에 크든 작든 우연이 작용한다는 사실을 받아들이기는 어렵다. 하지만 그 행운은 선물이 분명하다. 우연히 망원경을 얻은 샤샤는 천문학자가 되어 최근 칠레의 아타카마 사막에서 초거대 망원경으로 별을 관측했다.

부트스트랩 5:
새로움에서 나오는 변화

옛날에는 혼인을 통한 계층상승이 가능했고 빈번했다. 가령 가난한 평사원이 기업 오너의 자녀와 맺어지는 혼인을 하이퍼가미^{Hypergamie} 혹은 상향혼이라고 부른다. 하지만 요즘에는 자기보다 계층적으로 우위에 있는 상대와 데이트하거나 결혼하는 사례가 예전보다 드물다. 대신 동등한 지위 내에서 파트너를 선택하는 것이 새로운 기준이다. 이제 의사는 동료 의사와 결혼하고 응급실 간호사는 구급대원과 결혼을 하는 게 일반적이다. 이렇든 저렇든 사랑에는 우리를 바꾸는 힘이 있다. 왕족 둘이 사랑으로 결합하면 그들의 경제적, 문화적, 사회적 능력도 두 배가 된다.

> 그러나 개구리와 공주처럼 전혀 다른 두 사람의 결합은 그들의 사회적 지위를 바꾼다.

사회학 교수인 토마스 클라인$^{Thomas Klein}$은 현대 결혼 시장의 셈법을 다음과 같이 설명한다. "불균등한 사회적 태생이거나 불균등한 사회적 지위에 있는 사람들끼리의 결혼은 사회적 상승 혹은 하락을 이끄는 요인이 된다. 직업도 그만한 변화의 요인이 되지 못한다."[13]

그렇다면 백만장자를 못 만난 사람은, 아니 적어도 동네 병원 의사와 연결되지 못한 사람은 불운하다고 봐야 할까? 그렇지만은 않다. 비슷한 지위끼리 만난 커플도 상호교환을 통해 아비투스의 변화를 도모할 수 있다. 평생 혹은 적어도 인생의 일정 구간을 함께하는 사람은 그의 세계로 우리를 끌어들이기 때문이다. 그들 덕분에 우리는 축구 경기나 경마장에 가고 힙합이나 클래식 음악에 눈을 뜨고 이전엔 몰랐던 돈의 가치를 알게 된다. 또한 그들은 우리가 위험을 감수하고 어떤 일을 시작할 때 생활을 보장해주는 역할도 한다.

결혼을 하면 우리는 원가정과는 전혀 다른 성격의 사람들과 한 가족이 되어 갑자기 하나의 관계망에 엮인다. 나 또한 강연을 앞두고 초조해하는 내게 몇백 명 앞에서 말하는 게 대수냐고 반문하는 사람과 결혼했다. 영국의 시인 엘리자베스 바렛 브라우닝Elizabeth Barett Browning은 연인들 사이의 격차가 신분 상승을 일으키는 상황을 문학적 언어로 표현했다. 그녀는 남편인 로버트 브라우닝Robert Browning에게 쓴 편지에서 "내가 당신을 사랑하는 이유는 당신이 당신이기 때문만은 아닙니다"라고 말한다. "내가 당신을 사랑하는 이유는 당신과 함께할 때 내가 되는 모습 때문입니다. 내가 당신을 사랑하는 이유는 당신이 스스로 이뤄낸 것만이 아니라 당신이 내게서 이뤄낸 것 때문입니다. 당신이 내 안에서 끄집어낸 부분들 때문에 나는 당신을 사랑합니다."[14]

지금부터 당신이 해야 할 일

 불상사가 일어나지 않는 한 경제적으로 윤택한 가정에서는 부모의 특권적 지위가 다음 세대에 상속된다. 반면에 자기 힘으로 도약을 도모하는 이들은 모든 것이 착착 맞아떨어질 때만 비로소 위로 올라갈 수 있다. 둘의 형편은 같지 않다. 완전히 다르다. 하지만 눈부신 성공을 거둔 인물들의 일대기를 살펴보면 부모의 높은 사회적 지위가 자녀의 성공을 뒷받침할 수는 있지만 필수적인 전제조건은 아니라는 사실을 확인할 수 있다. 그보다는 자신이 가지고 있는 혁신적 능력, 지식, 학위, 교양 등을 얼마나 잘 발휘하느냐가 중요하다.

 그러므로 당신에게도 기회는 열려 있다. 다만 그 기회가 최상위층처럼 차고 넘치지 않을 뿐이다. 그래서 유연한 태도를 유지하며 기다리다가 기회가 오면 단번에 낚아채는 순발력이 필요하다. 긴 호흡으로 버티려면 지구력도 있어야 한다.

 한 사회의 최상위층으로 도약하는 일이 한 세대 안에 완성되는 경우는 드물다. 미국의 학자 수잰 켈너Suzanne Kellner는 록펠러와 케네디 가문이 형성되는 과정을 통해 그 사실을 확인했다. 도약의 여정에서 1세대는 죽도록 일해서 경제적 기반을 닦는 것이 숙명이었다. 그렇게 자기 힘으로 새로운 계층에 입성하는 데 성공한 1세대는 안타깝게도 완전한 인정을 받지는 못한다. "재산을 쌓는 세대에서는 일단 필요한 자원을 축적하는 데만 집중한다."[15]

일반적으로 상위층이라고 했을 때 우리가 자연스럽게 떠올리는 여유와 경쾌한 분위기는 1세대가 아닌 2세대, 즉 부유한 가정에서 태어나 양질의 교육을 받은 자녀 세대에서나 드러나는 특징이다.

세 번째 힘

실행할 수 있다고 믿는 자신감

허황된 성공신화와 현실에 대한 불평은 버려라

앙겔라 메르켈^{Angela Merkel} 전 독일 총리가 임직되고 나서 얼마 되지 않았을 때 누군가 그녀에게 물었다. "배우자이자 훔볼트 대학교의 요아힘 자우어^{Joachim Sauer} 교수는 당신이 정부 최고위직에 오른 것에 대해 어떻게 생각하나요?" 사생활에 관한 질문엔 늘 그랬듯 메르켈 전 총리의 대답은 아주 간결했다. "그는 내가 이 모든 일을 할 수 있다고 자신하는 데 놀라더군요."[1]

그녀가 이룬 엄청난 도약의 비결을 이보다 콕 집을 수는 없을 것이다. 다른 사람보다 앞서가는 사람에겐 공통점이 있다. 그들은 그림자처럼 가려진 존재가 되지 않으려고 적극적으로 노력한다. 자신에 대한 과소평가를 가만히 받아들이지 않으며 주저하지 않고 겸손 떨지 않는다.

33세에 세계에서 가장 영향력 있는 인물 50인에 든 머리사 메이어$^{Marissa\ Mayer}$ 전 야후^{Yahoo} 사장도 그런 사람 중 하나다. "나는 항상 준비가 덜 된 상태에서 일을 시작한다. 사람은 그렇게 성장한다."

도약은
주인공처럼

불평등한 환경은 부인할 수 없는 현실이다. 불평등은 원래부터 있었고 앞으로는 더 심해질 것이다. 구조적 부당함에 개인이 맞설 방법은 제한적이다. 당신의 성공 가능성을 개선하기 위해 지금 당장 바꿀 수 있는 것은 단 하나, 당신 자신뿐이다. 뻔한 소리로 들리겠지만 곱씹어볼 필요가 있다.

풍요로운 삶으로 나아가려는 우리의 도약을 방해하는 건 비단 외부의 제약만은 아니다. 익숙한 길을 벗어나려 하지 않는 내면의 저항이 우리의 성장을 막아서기도 한다. 실패에 대한 두려움은 우리를 좁은 우물 안에 가둔다. 혹시 누군가가 비웃을지도 모른다는 노파심은 집요한 노력과 한계에 대한 도전 그리고 무한한 상상력을 가로막는다.

크든 작든 자기 자리에서 변화를 도모하는 사람은 누구나 그런 저항을 맞닥뜨린다. 하지만 그 저항 때문에 길을 떠나려던 계획을 접거나 현 상황에서 잡을 수 있는 최선의 기회를 놓쳐서는 안 된다. 앙겔라 메르켈 전 독일 총리나 케이트 미들턴 영국 왕세자비, 카를 라우터바흐^{Karl} ^{Lauterbach} 독일 보건복지부 장관을 떠올려보라. 모두 산 정상이 아닌 산 중턱이나 산기슭에서 시작한 사람들이다. 대중이 추켜세우기 한참 전부터 그들은 자기 자신을 굳게 믿고 태생적 결핍 따위는 무시하며 스스로 성공을 쌓아 올렸다.

그들에게 운은 전혀 없었을까? 아니, 분명 운도 어느 정도는 따랐을 것이다. 하지만 결정적 성공 요인은 운이 아니었다. 그들을 성공의 길로 이끈 공통 요인은 동화 속 신데렐라를 닮은 그들의 성격이었다.

'신데렐라'는 언뜻 예쁜 이름처럼 들리지만 그림형제 동화 속 주인공의 원래 이름은 '재투성이 계집애^{Aschenbrödel}'다. 계모와 의붓언니 둘을 둔 막내딸로 불우한 환경 속에서도 꿋꿋하게 자란 그 소녀를 분명 당신도 잘 알 것이다. 하지만 이 이야기의 주인공이 사내아이였던 적도 있었다는 사실까지는 몰랐을 것이다.

민담을 수집해 책을 썼을 뿐만 아니라 독일어 사전을 편찬하기도 했던 그림형제는 "'재투성이'라는 단어에는 먼 옛날부터 내려온 막내에 대한 모종의 이미지가 담겨 있다"고 설명한다. "예로부터 세 아들 중 막내는 멍청하다고 여겨져서 멸시를 받았다. 그래서 지저분한 부엌에서 먼지투성이, 재투성이로 자란다. 하지만 때가 오면 본모습을 드러내며 형제들보다 훨씬 빨리 목표에 도달한다."[2]

백설 공주와
신데렐라의 차이

부엌데기에서 왕실의 일원으로, 사회적 소외계층에서 최고 권력자로 올라선 신데렐라에게서 우리는 인간 승리를 배운다. 백설 공주와 달리 재투성이 소년과 소녀들은 가만히 누워 누군가가 키스로 깨워주길 기다리지 않는다. 그들은 자기 안에 잠들어 있던 잠재력을 깨워 주변의 과소평가, 소외, 착취로부터 자신을 구원해낸다.

디즈니 만화에서든 동화책에서든, 신데렐라는 자기 욕망에 솔직하게 반응하는 인물로 그려진다. 그녀는 자신에게 주어진 운명을 바꾸고 싶어 했다. 그러려면 왕이 아들의 신붓감을 찾기 위해 사흘 동안 온 나라 처녀들을 불러 모아 벌이는 무도회에 참석해야만 했다. 처음엔 언니들에게 데려가 달라고 부탁했지만 부탁이 통하지 않자 새엄마가 조건으로 건 의무와 요구를 완수해 겨우 허락을 얻어냈다.

넘어야 할 고개는 그것만이 아니었다. 신데렐라는 무도회에 입고 갈 만한 드레스가 없었고 춤추는 법도 몰랐다. 그대로 무도회에 갔다가는 놀림감이 될 터였다. 하지만 신데렐라는 포기하지 않았고 마법의 힘을 얻기에 이르는데, 그 마법마저도 단순한 행운이 아니라 예전부터 쌓아온 관계의 결과물이었다.

마침내 신데렐라는 황금색 드레스와 은색 구두를 신고 새로운 운명을 향해 날아오른다. 계모와 의붓언니들은 무도회장에 나타난 그녀를 알아보지 못했고 왕자는 그녀에게서 눈길을 떼지 못했다. 그리고 신데렐라는 왕자와 결혼식을 올리고 행복하게 살았다.

신데렐라는 '마침내' 왕국을 얻었으나 그것이 '한방에' 이뤄졌다고 말할 순 없다.

신데렐라의 승리는 부적절한 아비투스와 계층주의, 지위운명론을 과감히 버리고서 얻은 승리였다. 하위계층은 두 손 놓고 탄식만 한다는 편견과 달리 그녀는 불평하거나 원망하지 않았다. 대신 불공평한 환경을 극복하기 위해 자신의 모든 능력을 발휘하고 주변의 도움을 얻었다. 세상이, 사회와 구조가 바뀌기를 기다리기보다는 시스템이 요구하는 틀에 자기를 맞추었다. 스포트라이트가 비추는 곳으로 뚜벅뚜벅 걸어 들어가 모두가 보는 앞에서 자신의 진가를 드러냈다. 스스로를 믿고 나아간 것이다.

현대판 신데렐라 같은 인생을 살았던 팝 아티스트 앤디 워홀Andy Warhol은 "시간이 지나면 자연히 변한다고들 하지만 스스로 바꾸지 않으면 아무것도 변하지 않는다"라고 말했다. 그는 슬로바키아 이민자 가정에서 세 아들 중 막내로 태어나 미국 예술의 아이콘이 되었다. 그가 만든 매릴린 먼로의 초상화는 최근 약 2억 달러에 팔려서 20세기 작품 중 최고가를 기록했다.[3]

허황된 성공신화는
잊어라

시작은 미미해도 성공은 거대할 수 있다. 도약을 꿈꾸는 사람들은 가장 확실하게 성공하는 길로 인도되길 원한다. 그러나 지금 우리가 알고 있는 건 어떻게 하면 성공하지 못하는가에 대한 것이다. 교육 연구가인 알라딘 엘-마파알라니는 "성공하고 출세한 사람들의 이력을 살펴보면 그 출발점이 많은 사람의 짐작과 다를 때가 많았다"며 "고전적인 동기를 바탕으로 성공적 도약이 일어나는 경우는 드물었다"라고 말한다. "처음부터 부나 유명세에 몰두한 사람들은 성공으로 도약하는 과정에서 쉽게 탈락했다."[4]

부와 명예, 권력은 분명 도약의 결과물이다. 하지만 우리를 한 단계 도약하게 만드는 힘은 단순히 잘 먹고 잘살고자 하는 열망이 아니다. 그런 욕심은 오히려 도약을 방해한다. 람보르기니를 사겠다거나 슈퍼 인플루언서가 되어 세상에 이름을 날리겠다는 사람들 대부분은 그 빛나는 이미지 뒤에 숨겨진 노력은 외면한다. 욕망이 강해도 노력하지 않으면 태어난 그 자리를 벗어나기가 사실상 힘들다.

물론 원대한 꿈이 그대로 실현될 때도 있다. 힙합 신의 슈퍼스타 잭 할로 Jack Harlow도 큰 꿈을 이루었다. 그는 현재 가장 큰 성공을 거둔 래퍼로 꼽힌다. 하지만 중산층에서 태어나 "나는 내가 원했던 그대로 되었고 스물두 살에 백만장자가 되었다"라고 노래하는 그의 삶을 가만히 들여다보면 성공이 호박처럼 저절로 굴러들어온 건 아니었다. 할로는 힙합 장르의 모든 측면을 아우르는 기술과 재능을 갖췄다. 그리고 10대 때부터 세계 힙합 무대를 목표로 인생을 체계적으로 계획했다.[5] 그의 성공은 다음과 같은 교육적인 연구 결과와도 일치한다.

재능을 계발하려는 노력 없이 크게 되려는 마음은 로또 1등을 바라는 것만큼이나 허황한 욕심이다.

현실에서 소망으로 가는 길은 계단으로 되어 있다. 높이 올라가려면 인내력과 정신력이 강해야 한다. 1초에 20미터씩 올라가는 상하이 타워 승강기처럼 사회적 도약도 눈 깜짝할 새에 이뤄질 거라고 여기는 사람은 결국 한 층도 위로 올라가지 못한다.

그런 점에서 요즘의 어린이와 청소년들이 낭만적이고 허황한 환상에 사로잡혀 있는 것은 안타깝다. 그들의 꿈을 이해 못 할 바는 아니다. 그들은 돈과 사회적 인정이 부족해 생기는 일들을 경험할 때마다 머릿속에 부와 명예에 대한 헛된 환상이 부풀어 오를 것이다.

말만 번지르르한 일부 스포츠 스타와 영화배우, IT 기업 대표들이 만들어내는 그런 이미지들은 자기 힘으로 삶을 개선하려는 의지를 짓밟는다. 거물들의 화려함과 비교하면 자신만의 개성과 자질을 개발하려는 일상의 노력은 보잘것없고 무가치한 것처럼 보인다. 자격증 공부를 하고, 책을 읽고, 인턴 기간에 좋은 인상을 남기는 방법을 고민하는 건 분명 다음 단계의 성공으로 가는 다리가 된다. 하지만 오늘 내가 해치워야 하는 사소한 업무와 한 장씩 느리게 넘어가는 책장은 스타들이 보여주는 화려한 삶의 이미지와는 거리가 멀다. 우울한 눈앞의 현실과 빛나는 무대에 선 아이돌의 간극이 너무 큰 탓에 현실적 방도를 구하기가 어렵다. 그래서 많은 젊은이가 그저 멀리서 감탄만 한다.

성공 사다리는 당신 내면에 있다

불공평한 출발 환경을 극복하기 위한 길은 한 가지뿐이다. 언제나, 무슨 일이 있어도 행위의 주체가 되는 것이다. 헤비급 복싱 세계 챔피언을 세 번이나 달성한 무하마드 알리는 "깨어나는 것이 꿈을 이루는 최고의 방법"이라고 말했다.

세기의 스포츠 스타인 알리는 한미한 집안에서 태어나 열두 살에 복싱을 시작했다. 새 자전거를 도둑맞고 복싱을 배우기로 마음먹었는데, 언젠가 도둑을 잡게 되면 제값을 치르게 해주겠다고 맹세했다. 훗날 자서전 《더 그레이티스트 The Greatest》에서 알리는 '빨간 자전거의 순간'이 그의 인생에서 가장 중요한 분기점이 되었다고 말했다.[6] 켄터키주 루이스빌에 세워진 무하마디 알리 센터는 지금도 'Red Bike Moments©'란 모토 아래 청년들이 성장하고 목표와 가치를 위해 일하도록 격려하는 캠페인을 진행하고 있다.

독일의 심리학자 에바 블로다레크$^{\text{Eva Wlodarek}}$는 이 같은 태도를 '자기 소망의 자기 성취'라고 부른다. 그녀는 우리가 스스로 실행할 때 갈망이 현실이 된다고 설명한다. 그리고 우리 내면에서 끊임없이 요동치는 소망은 외부의 추동이나 보상으로 소망이 되는 것들에 비해 훨씬 성공적으로 실현된다.[7]

누구에게나 비슷한 경험이 있을 것이다. 보통 매력적인 소망이라고 하면 대기업 명함이나 자선행사 초대장, 명품 가방이나 인스타그램 팔로워 수, 집에 딸린 수영장을 떠올린다. 친구들과 주고받는 말뿐만 아니라 광고와 미디어에서 행복은 그런 것들로 완성된다고 암시하기 때문이다. 물론 그런 이미지 혹은 롤 모델에서 영감을 얻을 수는 있다. 그러나 도약의 진짜 동기는 내면 깊은 곳에서 시작된다.

> 도약을 위한 최고의 동기는 당신의 내면 깊은 곳의 염원에서 발원한다.
> 그것은 당신의 마음을 사로잡은 진정한 꿈과 당신에게 꼭 맞는 삶을 향한 소망이다.

심리학자들은 이런 종류의 원동력을 내재적 동기라고 부른다. 일상에서 우리가 '간절한 소망'이라고 부르는 것과 같다. 마음속에서 우러나온 소망들은 우리가 불만족스러운 상황에서 벗어나 더 활기차고 여유 있는 삶을 꾸릴 수 있도록 도움을 준다. 돈과 명예, 지위를 향한 욕심에 비할 바가 아니다. 다 같은 슈퍼마켓 계산원이어도 아들의 승마 레슨을 위해 하루에 네 시간씩 일하는 엄마의 마음에는 소망이 깃들어 있다. 은행 지점의 실적 압박을 참지 못하고 프리랜서가 된 투자 컨설턴트에게는 고객의 편에서 투자를 안내하고 싶다는 내재적 동기가 있다.

작은 발걸음이
만드는 도약

도약은 직장에서 승진하고 구매력이 오르고 재산이 쌓이는 것 그 이상이다. 상위계층 특유의 세련된 분위기와 왕성한 활력은 사람의 마음을 끌어당기는 굉장한 매력이다. 특히 교육을 통해 도약에 성공한 사람들은 더 세련되고 개방적인 삶을 꾸리고 싶다는 열망에 불타오른다. 그들은 그런 삶에 편입되기 위해 기꺼이 자기를 개조하고, 필요하다면 언어와 모습까지 철저하게 바꾼다.

식당 종업원에서 작가가 된 울라 한^{Ulla Hahn}은 자전적 소설 《숨겨진 말 Das verborgene Wort》에서 더 아름답고 나은 삶을 향한 깊은 열망에 대해 말한다. 주인공 힐라는 초등학생 때부터 가난하고 우울한 환경 때문에 고통을 받아온 소녀다. 그녀는 부모의 편협함, 라인 지방의 사투리 그리고 세련된 것에 대한 노동자 계층의 적대적인 반응에 대항한다. 문화적 결핍을 채우기 위해 맹렬하게 책을 읽고, 부잣집에서 나고 자란 친구들의 언어와 문화, 예절을 자기 것으로 만들기 위해 고군분투한다. 부모와 조부모의 구박에도 불구하고 집 안에서도 밖에서 익힌 말과 행동을 유지하려는 것도 그런 노력의 일환이다.

힐라의 마음에 붙은 불은 부자가 되고 싶다는 열망이 아니다. 그녀를 뛰어오르게 만든 것은 새로운 깨달음과 지식 그리고 아름다운 언어였다. 그녀는 단어를 신중하게 선택하고 정확한 문법과 정돈된 톤으로 말하려고 한다. 여러 면에서 힐라는 신데렐라를 닮았다. 그리고 재가 날리는 부엌에서만큼이나 노동자 밀집 지역에서도 그런 염원을 실현하기는 어려웠다.

그녀는 한 계단씩 목표를 향해 올라가기로 했다. 실업계 고등학교에 진학했지만 말단 사무직이 되는 직업교육을 거부하고, 주변의 만류와 반대에도 인문계 고등학교로 전학했다. 그리고 마침내 대학에 들어가 박사학위를 땄고 새로운 세계에 입성한 다음에는 떠나온 과거와 화해했다. 그녀의 성공은 아주 작은 발걸음들로 이뤄진 하나의 과정이었다. 아주 조금씩이나마 앞으로 나아갈 때 그녀는 자신의 운명이 더 나은 곳을 향하고 있다는 확신이 들었다. 지금 그녀를 에워싼 삶보다 더 나은 삶을 향하고 있다는 확신 말이다. 맨손으로 시작한 힐라 같은 사람에겐 그런 믿음이 매우 중요하다.

노동자의 딸로 태어나 권력의 정상부에 올라간 미셸 오바마도 주어진 운명에서 무엇을 만들어낼 것인가는 자신에게 달렸다는 확신을 품었다. 그녀는 학교에 들어가기 전부터 이미 노력의 중요성을 깨달았다.

미셸은 네 살 때 피아노를 배우겠다고 고집을 부렸지만 집안 형편상 피아노를 산다는 건 생각도 못 할 일이었다. 결국 이모에게서 피아노를 배우고 낡아빠진 학교 피아노로 연습했다. 그 과정에서 그녀는 음계와 아르페지오뿐 아니라 "연습한 시간과 실력의 진전 사이에는 단순하고도 고무적인 연관성이 있다는 것"을 깨달았다.[8]

도약을 도모하는 사람은 허황된 기적을 바라면 안 된다. 높은 곳에 둔 목표를 실현하려면 이를 악물고 그 뒤를 쫓아야 한다. 그림자 같은 존재에서 벗어나기 위해서는 불편함을 감수하고 철저하게 준비하고 반대를 무릅쓰고 임시방편이나 과도기도 기꺼이 받아들여야 한다. 적지 않은 용기와 헌신이 필요한 일이며, 출발부터 저 멀리 앞서 나가는 동년배들에겐 불필요한 일이다. 하지만 그 불리함에서 유리함이 나온다. 그 과정에서 도약자들은 자기를 돕는 법을 배운다. 성공적으로 한 단계씩 완수하는 과정에서 도전에 대처하는 능력이 자란다. 돈으로는 결코 살 수 없는 귀중한 배움이다.

**지금부터
당신이
해야 할 일**

　용기를 내라. 시작하라. 실행하라. 어디서 시작하든, 어디까지 오르든 자기를 믿고 지지하는 것이 도약의 열쇠다. 현 위치를 돌아보고 내 인생에 만족하려면 어디까지 올라야 할지 자문해보라. 나는 지금의 위치에 만족하는가? 나는 내가 어떤 방향으로 발전하기를 바라는가? 가까운 미래에 무엇을 갖기를 혹은 어느 곳에 이르기를 원하는가? 그 일을 이루려면 무엇을 해야 하는가? 그 일과 관련된 가치는 어떤 것인가? 자유인가, 개인의 발전인가, 독립성인가, 아름다움인가, 더 나은 세상인가?

　혹은 신데렐라처럼 접근하는 방법도 있다. 지금 당장 확고한 목표가 없더라도 확실한 한 가지, 재투성이로 살진 않겠다는 소망을 붙드는 것이다. 평범한 소녀가 왕비로 도약할 수 있는 세계에서도 거저 되는 건 없다. 비운에서 벗어나길 원한다면 무도회에 가야만 한다. 그리고 무도회에 간다고 해도 왕자의 눈에 들리라는 보장은 없다. 실패가 두려워 위험을 감수하길 주저하고 있다면 이 사실을 기억하라. 도전하는 사람은 질 수도 있지만 도전하지 않는 사람은 이미 진 것이다.

네 번째 힘

성공 사다리를 떠받치는 기본 교육
-
교육으로 최선의 기반을 갖추라

"담임 선생님은 나를 기술학교로 보내려고 했다. 이웃에 살던 독일 아저씨가 개입하지 않았더라면 나는 인문계 고등학교에 들어가지 못했을 것이다."

이 말을 한 이는 9년 후 치른 대입 시험에서 동기 중 최고점을 기록했다. 그리고 의대에 진학했고 박사 논문 심사에서도 최고점을 받았다. 대학 교수 자격시험을 무난히 통과했으며 마침내 실험종양학 교수로 임용되었다.[1] 우구어 자힌은 최고의 의사가 되는 이상적인 코스만 골라 밟았다. 그리고 이는 더 큰 성공을 위한 예열에 불과했다. 2008년 그는 아내 외즐렘 튀레치$^{Özlem\ Türeci}$와 함께 바이오엔테크^{Biontech}를 설립했다. 그 후의 이야기는 모두가 아는 대로다. 노동자의 아들과 외과 의사의 딸은 동료들과 함께 세계 최초의 코로나19 백신을 개발했고 그들의 발명품은 수백만 명의 목숨을 구했다.

자힌과 튀레치의 비범한 도약은 흔히 말하는 '아메리칸드림'이 독일에도 있다는 사실을 입증한다. 출신배경이 어떻든 우리는 재능과 의지로 풍요롭고 충만한 삶을 쟁취할 수 있다. 그뿐만 아니라 역사책의 한 페이지를 장식할 수도 있으며 독일 100대 부자 리스트에 이름을 올릴 수도 있다. 이런 성과를 내기 위해 인문계 고등학교 입학 추천서가 꼭 필요한 건 아니다. 하지만 독일에서는 열 살이면 인문계와 실업계로 진로가 정해진다. 이때 인문계 진학을 결정한 사람은 전체 교육과정에서 가장 어려운 장애물을 넘어선 셈이 된다.

교육이
기본이 된 시대

물론 교육의 수혜 없이도 행복한 삶을 꾸릴 수 있고 혁신을 도모할 수 있다. 또한 관점에 따라서는 물리학자나 철학자보다 사회 시스템에 훨씬 더 중요한 직업을 가질 수도 있다. 기초생활수급 대상자 가정에서 태어나 기능공 시험에 붙는 것은 대학을 졸업한 부모 슬하에서 뒷바라지를 받으며 원하는 대학에 합격하는 것보다 분명 힘든 일이다. 행복한 삶을 위해 박사학위가 필수는 아니며 대학 졸업자들 중에는 고장 난 노트

북 데이터를 복원하는 수리공들보다 소득이 낮은 사람들도 많다. 하지만 이 모든 변수에도 불구하고 변하지 않는 사실이 있다. 자기 뜻과 계획대로 재정을 관리하는 사람이 부자가 될 확률이 높은 것처럼[2] 대학을 졸업한 사람은 사회적 도약에 성공할 확률이 높다.

옛날부터 그랬던 건 아니다. 1949년 독일이 동독과 서독으로 분단되었을 때만 해도 고등학교 100곳 중 대입 시험 준비과정이 개설된 학교는 다섯 군데밖에 없었다. 내 부모님 세대에는 고등학교 동기 20명 중 한 명만이 대학에 진학했다. 이렇게 진학률이 저조했기 때문에 대학 졸업장이 없는 사람도 똑똑하고 근면하고 대범하면 출세와 승진을 할 수 있었다. 직업상 필요한 능력이 있다면 따로 배울 기회도 많았다. 그러나 70년이 지난 지금은 딴판이 되었다. 이제는 인문계 고등학교나 전문대학 졸업장만으론 엘리트 대접을 받을 수 없다.

지금은 대학 입학 자격을 취득할 수 있는 길이 다양해졌고 소도시에도 인문계 고등학교가 세워졌다. 많은 실업계 학교가 인문계로 전환했고 역사상 인구 대비 대학 졸업자 비율이 가장 높은 시대가 되었다. 대학 입학시험을 치를 기회가 대폭 늘어나자 고등학교 졸업생 절반이 대학에 진학하게 되었고[3] 그 결과는 간명하다. 이미 앞자리의 절반이 채워진 것이다. 이 앞자리는 입시를 치르고 학사나 석사를 취득한 대학 졸업자들로 미어터진다. 재계와 학계의 에이스들은 모두 여기에서 나온다. 국내외 기술, 경영, 금융, 의학, 법학, 공공 분야에서 눈부신 성과를 보이는 사람들에게 대졸 이상의 고학력은 기본이다. 정규직이 아니라도 사람들이 선망하는 직종은 진입장벽이 높다. 변리사나 바이러스 학자가 되려면 대학에서 공부를 해야 한다.

교육의 기회는 공정한가

역사적으로 다수가 선망하는 최고 학벌을 획득할 기회가 공평하거나 넉넉했던 적은 한 번도 없었다. 50년 전에도 극소수만이 엘리트가 될 기회를 얻었다. 하지만 최근에는 상황이 훨씬 심각해졌다. 그나마 초등학교까지는 수의사의 딸과 버스 운전사의 아들이 같은 학교에 다닌다. 하지만 독일에서 중학교 학제가 시작되는 4학년부터는 다른 학교에 다닐 확률이 높다. 고학력자의 자녀들은 대다수가 인문계 학교에 진학하고, 그렇지 못한 가정의 자녀들은 대다수가 옛날 방식을 따라 직업학교를 선택한다.[4]

그런 면에서 의사이자 보건복지부 장관인 카를 라우터바흐는 정해진 운명을 거스른 인물이다. 그의 아버지는 예전 원자력연구소가 있던 율리히Jülich 근처 우유공장에서 일했다. "초등학교 때는 단순노동자의 자녀와 원자력 엔지니어의 자녀가 같은 학교에 다녔다. 나는 아주 우수한 학생이었지만 부모님은 나를 인문계 학교에 보내지 않기로 했다. 몸이 약해 기관지염에 자주 걸리기 때문이라고 했다." 라우터바흐는 당시를 이렇게 회상한다. "내게 그 소식을 전하던 부모님의 목소리가 지금도 생생하다. 진짜 이유를 알게 된 건 시간이 한참 지나서였다. 담임 선생님이 쓸 수 있는 인문계 입학 추천서 수가 정해져 있었는데 엔지니어 부모들이 그 수량을 모두 예약했기 때문이었다."5

어쩔 수 없이 라우터바흐는 직업학교에 갔다. 하지만 거기서 그의 재능을 알아본 교사들이 적극적으로 전학을 추진한 끝에 종합학교 Gesamtschule(인문계 고등학교와 직업학교를 합친 학교)를 거쳐 인문계 학교로 학적을 옮길 수 있었다. 그가 학교를 졸업하고 보건복지부 장관으로 도약하는 동안 직업학교는 '중등학교'로 명칭이 바뀌었고 하얀 분필을 쓰던 칠판은 컴퓨터와 연결된 화이트보드로 교체되었다.

> 그러나 여전히 독일에서 저학력 부모의 자녀가 인문계 학교에 진학하는
> 건 바늘구멍을 통과하는 것만큼이나 어렵다.

이민자의 자녀들도 마찬가지다. 인문계 혹은 실업계로 갈라지는 4학년은 사회적 지위가 무자비하게 결정되는 시기다. 그 모든 과정에 부모의 교육 수준과 경제적 능력이 결정적인 역할을 한다. 학자로서 이력을 쌓는 동안 온갖 우여곡절을 겪었던 라우터바흐는 이렇게 말했다. "4학년 때 넘어야 했던 난관에 비하면 대학 입시와 의대 공부, 박사학위, 교수 임용 등 그다음에 나타난 고비들은 정말 아무것도 아니었다." 그래도 일단은 인문계 학교에 가는 것이 도약을 위해서는 최선이다.

아비투스 형성에는
열 살이 관건

시대가 변했다고들 말한다. 하지만 예나 지금이나 독일의 노동자 계층 자녀들은 상위계층 자녀들처럼 높은 수준의 교육을 받을 기회를 누리지 못한다. 독일의 상위계층 자녀들은 4학년이 되는 열 살부터 국가 교육 시스템이 제공하는 최고 수준의 교육을 누린다.

물론 독일의 교육 시스템은 꼭 인문계 학생이 아니더라도 대학에 갈 기회를 보장한다. 그러니 대학 졸업장이 목표라면 오히려 종합학교나 특수학교, 직업학교가 인문계 고등학교보다 더 현실적인 경로를 제시한다고 볼 수도 있다. 직업학교 교과는 실습이나 실용 교과뿐만 아니라 디자인, 사회, 기술, 환경, 경제 등에 관한 지식도 가르친다. 졸업 후엔 전문대학에서 공부할 수 있는 전문 고등 학위를 받고 1년 추가과정까지 이수하면 4년제 종합대학에 지원할 수 있는 일반 고등 학위를 받는다. 실업계로 진학한 학생도 4년제 대학의 모든 전공에 지원할 수 있으며 공식적으로 인문계 졸업생과 동등한 지위를 갖는다는 의미다.

이 정도면 괜찮지 않을까? 아니다. 괜찮지 않다. 인문계에서 대학으로 직행하는 코스를 밟지 않을 때 발생할 수 있는 단점에 주목해야 한다. 직업학교로 진학한 학생들이 대입으로 방향을 트는 것은 열 살이 아니라 열여섯 살 혹은 열일곱 살이다. 표면적으로는 입시에 늦게 뛰어든 쪽이 다방면의 발전 기회를 누린 것처럼 보일 수도 있다. 하지만 장점으로 보이는 것이 곧 단점이다.

그라츠 대학교의 차등심리학 교수 알리요샤 노이바우어$^{Aljoscha\ Neubauer}$는 다음과 같은 사실을 밝혀냈다. "지능은 인생의 첫 15년 동안에 발달하며 유치원과 학교에서 받은 교육의 질과 양에 따라 지능의 정도가 엄청나게 달라질 수 있다. 그러므로 교육 정책은 출신에 상관없이 모든 사람에게 최고의 기회를 제공해야만 한다."[6]

열 살에서 열다섯 살까지의 시간은 너무 소중하기 때문에 그 기간을 최대한 활용해야 한다. 물론 직업학교에서도 2, 3년간은 전문 고등 학위와 일반 고등 학위를 받기 위한 고등교육을 받을 수 있다. 하지만 동년배 인문계 8, 9학년 학생들이 전공 지식 외에도 문화적 경험의 지평을 넓히는 데 쓰는 시간은 그들의 세 배가 넘는다. 실업계와 인문계를 같은 고등학교 과정이라고 볼 수 없는 이유다. 인문계 학교에 간 열 살 학생은 종합학교나 직업학교에 간 동년배 학생보다 지적으로 더 많은 자극을 받고 다양한 상위계층 문화를 배운다.

열 살 즈음은 특별한 기회에서 이상적인 결과를 기대할 수 있는 시기다. 아비투스가 "아직은 단단히 굳지 않아 쉽게 변형이 가능한 상태"[7]이기 때문에 발전 가능성이 무궁무진하다. 열 살은 언어, 마인드셋, 세상에 대한 개방적 태도, 취향 면에서 스쿠터 면허증이 있는 열여섯 살보다 더 많은 것을 흡수한다. 따라서 우회로를 거쳐 대학에 진학하는 학생들은 소중한 시간을 허비하는 셈이다. 그들은 돈으로도 살 수 없는 귀중한 문화자본을 제대로 흡수하지 못한다. 그저 그 길에서 제공되는 문화

자본이 적기 때문이다.

부모들은 이 지점을 절대로 과소평가해선 안 된다. 내면화된 상위계층의 아비투스는 대학 과정을 완수하는 데 필요한 최고의 조건이다. 고학력자의 자녀들은 부모들의 모든 대화와 행사를 보고 들으며 이미 그런 아비투스를 전수받고 인문계 학교에서 매일 대학에 갈 준비를 한다. 반면 저학력 부모 아래에서 자란 자녀가 직업훈련 중심의 학교를 거쳐 대학에 가는 경로에는 상위계층의 아비투스를 익힐 기회가 부족하다.

교육학자 페터 알하이트Peter Alheit는 그 결과를 이렇게 설명한다. "직업학교에서 대학에 진학한 학생들은 4년제 종합대학에서 통용되는 아비투스가 '낯설고' '현실성이 떨어지며' '내 분수에 맞지 않다'고 인식한다."[8]

교육에 대한 생각의 차이가
자녀의 도약을 결정한다

아이에게 최선의 교육 기회를 제공하는 시기가 이를수록 아이는 더 많은 것을 흡수한다. 고학력 부모들은 이 사실을 알고 있다. 그리고 4년제 대학 입학생이 늘어날수록 더 좋은 학교의 졸업장을 가진 사람이 돋보인다는 사실도 알고 있다. 그래서 고학력자 자녀의 4분의 3이 인문계 학교로 직행한다.

반면 저학력 부모의 자녀 4분의 3은 가장 곧고 빠른 길을 피해 정반대의 선택을 한다. 이후에 일이 잘 풀려도 동년배들에 뒤처진 것은 어쩔 수 없으며 만회하려면 여러 번의 역전극을 펼쳐야 한다. 이때 탁월한 교육 기회와 헌신적인 교사, 모범을 보여주는 교수의 역할이 중요하다. 여유 있는 집안의 동년배들이 가정에서 받는 지원과 지지를 학교와 교사가 대신해줘야 한다.

그들에겐 상속받을 재산도, 가업으로 이을 회사도 없다. 그들의 관심은 평균적인 생활과 안정적인 일자리에 맞춰져 있다. 젊은 나이에 창업하려면 부모의 도움이나 금전적 지원이 필요한데 그런 것을 기대할 수도 없다.

> 저학력 부모의 자녀들은 대기업이나 중소기업에서 안정된 경력을 쌓는 게 최고라고 생각한다.

그러나 좋은 직장에 취업할 때도 학사학위나 석사학위, MBA 졸업장 그리고 당연히 고등학교 졸업장이 필요하다. 교육과 거리가 먼 가정의 자녀들은 그것까지 고려해서 미래를 그리지 못한다. 그들의 조부모는 과학경진대회가 무엇을 하는 행사인지 모른다. 그들의 부모는 자녀에게 학문과 지식에 대한 열망을 불어넣기 위해 밤마다 과학 동화를 읽어줄 여유가 없다.

얼마 전 집 정리를 하다가 책 한 권을 발견하고선 유년 시절의 경험이 어떤 격차를 만들어내는지를 곰곰이 생각하게 되었다. 초등학교 2학년 때 담임 선생님에게 상으로 받은 동화책이었는데 제목이 《막내둥이 Nesthäkchen》였다. 추억에 젖어 손때 묻은 책을 넘겨보던 내 눈에 "이곳 베를린 출신이라면 로마의 시인 베르길리우스와 철학자 키케로의 작품을 번역할 수 있다"라는 구절이 들어왔다. 작가 엘제 우리Else Ury가 요즘 사람이었다면 같은 맥락을 다르게 표현했으리라.

나는 아홉 살에 그 책을 읽고 내가 원하는 삶에 대한 힌트를 얻었다. 그리고 부모님에게 들어서 알고 있던 바에 근거해 내 인생에서 매우 중대한 한 가지 계획을 세웠다. 상급학교에 진학해 라틴어를 배우겠다고 말이다. 다행히 힘든 길은 아니었다. 부모님은 대학을 졸업하지 못했지만 고등교육의 중요성을 모르지 않았다.

그러나 육체노동만이 제대로 된 일이라고 생각하거나 자녀보다도 모국어 구사 능력이 떨어지는 부모들은 기업 임원 정도나 돼야 자녀들을 인문계 고등학교에 보낼 수 있다고 단정해버린다. 초등학교 교사들은 그런 부모들의 생각을 잘 안다. 그들의 자녀가 인문계 고등학교에 간다고 한들, 이후의 교육과정을 따라가기 쉽지 않다는 현실도 안다. 성적이 같을 경우 고학력자의 자녀가 그렇지 않은 가정의 자녀보다 더 쉽게 입학추천서를 받는 이유다(독일에서는 사회 전반적으로 노동하는 행위를 중요하게 생각하고, 노동자라는 뜻의 '아르바이터Arbeiter'를 존중하는 분위기가 당연시되고 있다-편집자).[9]

독일에서는 대학을 다니지 않은 부모는 자녀의 진학을 결정할 때도 대학 쪽으로 시선을 돌리지 않는다. 주변에서 익히 봐온 대로 실용적인 교육의 길인 종합학교나 직업학교 혹은 공장의 실습생 자리를 택하고, 대학에 보낸다고 해도 집과 가까운 전문대학을 찾는다. 그리고선 우리 아들딸들은 유년을 유년답게 보냈다고, 스쿨버스를 타고 먼 대도시로 통학하지 않고 자전거를 타고 즐겁게 등교하는 편을 택했다고, 대학을 안 가고 취업해도 손해 볼 사람은 아무도 없다고 자신의 선택을 옹호한다. 물론 나중에라도 아이가 원하면 공부를 더 할 수 있는 길은 있다. 하지만 오롯이 아이 혼자 힘으로 영어와 화학을 공부하고 논문 작성과 온라인 리서치를 해내야만 한다.

  물론 교육 수준이 낮은 가정이라고 해서 모두가 자녀의 인문계 진학을 가로막는 것은 아니다. 건설 노동자와 건물 청소부의 자녀들도 해마다 수천 명씩 인문계 고등학교에 들어간다. 그들이 열악한 환경을 극복한 비결은 무엇일까? 초등학교 교사들은 적어도 다음 네 가지 요소 중 한 가지가 충족될 때 그런 현상이 일어난다고 말한다.

1. 초등학교에서 학생에게 언어적·수학적·음악적으로 특출한 재능이 있다고 판단할 때: 아이와 부모는 일찌감치 다른 진로의 가능성을 인정하고 준비한다.
2. 아이가 상급학교로 가겠다는 열망을 갖고 인문계 진학을 간절히 원할 때: 미셸 오바마는 학업을 달리기 같은 일종의 경기로 생각했고 그래서 자신이 잘할 수 있다는 것을

증명하려 했다고 말한다. "아이들이 여느 경기에서 그렇듯 나 역시 선두에 설 때 가장 행복했다."¹⁰

3. 자녀가 더 나은 삶을 살길 바라는 소망이 부모에게 있을 때: 자신은 누리지 못한 것을 아들과 딸은 이뤄내길 바라는 부모들이 있다. 그들은 아이의 학업을 두고 교사와 긴밀히 협조한다. 아이에 대한 기대를 스스럼없이 표현하는 한편 방과 후 숙제 지도 프로그램 같은 교육적 지원책을 적극적으로 활용한다.

4. 운이 좋을 때: 초등학교 친구들이 모두 인문계로 진학하는 통에 별 고민 없이 섞여 간다든가, 엄마의 직장 상사가 인문계 진학을 권했다든가, 아이 혼자 15분이면 갈 수 있는 거리에 좋은 학교가 있다든가 하는 행복한 우연이 진로 결정에 큰 영향을 미치곤 한다.

최상의 환경을 찾는 이유

교육 수준이 낮거나 중간 정도인 부모들은 주어진 환경에 따라 만족하는 경향이 있지만, 고학력 부르주아 부모들은 그와 정반대 길을 택한다. 그중 일부는 초등학교에서 써준 인문계 학교 입학추천서를 찢어버리고 자비로 비싼 학비를 부담하는 사립학교에 자녀를 등록한다. 그들에겐 성공이 곧 정의이기 때문이다. 심리학 교수인 요아힘 티데만^Joachim Tiedemann의 연구팀은 장기 연구를 통해 "초등학교 담임 선생님에게 인문계 학교 추천서를 받지 못한 아이들 대부분이 그럼에도 불구하고 인문계로 진학한다"는 사실을 밝혀냈다.

종합학교에 입학한 다음 인문계로 전학한 경우도 여기에 해당한다. 학자들은 "그 결과 입학 추천서라는 교육 자원이 제 역할을 하지 못하여 교육의 기회가 박탈된다"라고 진단한다. 초등학교 담임교사는 학생의 학업 능력을 평가해서 적합한 학교에 가도록 추천서를 발급하는데, 이를 따를지 말지는 부모의 결정이므로 결국 부모의 판단 능력 혹은 지적 수준에 따라 자녀의 앞날이 좌우된다는 뜻이다.[11]

고학력 부모들의 교육열은 정확한 계산에서 비롯한다. 그들은 아무리 고생하더라도 명문 학교 졸업장을 따기만 하면 특권을 누릴 수 있다고 생각한다. 그래서 아무 학교나 택하지 않는다. 그들이 선호하는 곳은 물 맑고 공기 좋은 도시 외곽의 신설 학교가 아니라 전통이 깊고 예술 교육이나 국제 교류에 방점을 두는, 상위계층 자제들이 많이 찾는 학교다. 첼로 수업이나 승마, 발레, 어린이 대학 등 다양하고 고급스러운 방과 후 프로그램이 예정된 곳일수록 좋다.

대학을 선택할 때도 그들은 비슷한 기준을 적용한다. 대기업과 인턴십 조약을 맺었거나 해외 유명 대학에서 교환학생 프로그램을 운영하는 학교를 선호하며, MBA나 박사과정 진학이 수월한 학교라면 더할 나위 없이 좋다.

고소득 부모들은 자녀에게 수준 높은 교육을 제공하기 위해 금전 등의 수단을 가리지 않는다. 미국의 여배우 펄리시티 허프먼이 일으킨 스캔들이 대표적인 사례다. 그녀는 딸의 대학입학자격시험^{SAT} 점수를 고치는 조건으로 입시 브로커에게 1만 5,000달러(약 2,000만 원)를 지불했다(미국은 SAT 점수에 따라 지원할 수 있는 학교의 등급이 정해져 있다). 결국 매수 혐의가 들통났고 허프먼은 2주간의 구금과 벌금 그리고 250시간의 사회봉사 명령을 받았다. 이후 그녀의 딸은 자력으로 명문 사립학교인 카네기멜론 대학교에 입학했다.

서민층 부모들은 이런 지위 경쟁을 단호히 거부한다. 삶에 제약이 많을수록 사람은 단순하고 현실적으로 행동한다. 그러나 당신의 자녀가 당신보다 더 많은 것을 이루길 원한다면 좀 더 구체적이고 섬세한 대응이 필요하다. 위법을 저지르거나 남을 짓밟으라는 이야기는 아니다. 거주지 인근의 직업학교 졸업장과 300여 년 전 프리드리히 2세가 설립한 콜레기움 프리데리치아눔$^{Collegium\ Fridericianum}$ 졸업장은 결코 같지 않다. 작은 소도시 전문대학에서 받은 석사학위와 대도시 유명 대학의 석사학위는 같지 않다. 열여섯 살 때 가게 점원 아르바이트로 용돈을 번 경험과 대기업에서 무급으로 복사한 경험은 같지 않다. 이름을 들어도 잘 모르는 회사에서 하는 실습과 명망 높은 지역 회사에서 산학협동 과정을 밟는 것은 같지 않다.

이런 차이가 지위에 미치는 영향은 당신이 짐작하는 것보다 훨씬 더 크다. 최적의 장비를 갖춘 사람은 지위 경쟁에서 수월하게 이긴다.

그러므로 개개인의 노력도 중요하지만 가능하다면 구조적으로 풍요로운 환경에서 자란 아이들이 누리는 기회가 열악한 환경에서 자란 아이들에게도 똑같이 제공될 수 있도록 해야 한다.

모든 수준의 교육과 인턴십 체계는 최고급 과정과 그보다 낮은 과정으로 나뉜다. 사람들은 그런 얘기를 잘 하지 않지만 스스로 높은 지위에 도달한 부모들은 안다. 분수에 맞지 않아 보이는 결정들이 모여서 거대한 성공을 이룬다는 걸 말이다. 미쉐린 투 스타 셰프인 베냐민 슈무라Benjamin Chmura의 이력이 그 증거다. 그는 33세에 뮌헨의 최고급 레스토랑 탄트리스Tantris의 수석 요리사가 되었다.

그의 성공은 동네 레스토랑에서 눈대중으로 배운 결과가 아니었다. 슈무라는 열네 살에 요리를 배우려고 했다. 하지만 지휘자 아버지와 의사 어머니는 일단 고등학교 졸업 후로 실습을 미루길 바랐다. 그 대신 주말에는 가족들이 자주 가던 브뤼셀의 고급 레스토랑에서 아르바이트를 할 수 있도록 주선해주었다. 슈무라는 고등학교 졸업 후 폴 보퀴즈Paul Bocuse 요리학교의 호텔경영 및 조리학과에 입학했다. 프랑스 리옹에 있는 이 학교는 고급 프랑스 요리를 배우려는 사람에겐 최고의 학교다. 그런데 여기에 지원하려면 일반 고등 학위가 필요하다. 대학을 가든 직업 교육을 받든 간에 진로를 위해선 제대로 된 고등학교 졸업장이 필요하다는 사실이 여기서 한 번 더 증명된다.

　물론 졸업장 따위 없어도 된다는 것을 보여주는 사례도 많다. 그럼에도 인문계 고등학교 졸업은 많은 것을 이루려는 이들을 위한 가장 안전한 출발점이다. 그들이 이루려는 것이 스타 셰프든 세무사든, IT 기업의 스크럼 마스터나 로펌의 시니어 파트너든 간에 상관없이 말이다.

**지금부터
당신이
해야 할 일**

교육에 관한 한 하위계층의 부모들도 최고를 선택할 권리가 있다. 국가 교육 시스템 안에서는 그들도 풍족한 가정과 다를 바 없이 자녀들에게 고무적인 환경을 선택할 수 있다. 만약 자녀가 공부에 뜻이 있고 인문계 고등학교 진학을 원한다면 선택의 기회는 활짝 열려 있다.

우리 자녀들의 진로는 본인의 지적 능력에 근거해 선택되어야 한다. 아이의 재능이 어떤 분야에서 두드러지는가? 언어인가, 자연과학인가, 음악인가? 음악이라면 실용음악인가, 클래식인가? 분야를 고른 다음에는 아이의 동급생들을 생활 형편을 기준으로 반으로 나눈 다음, 더 많은 것을 누리는 친구들 쪽을 따르라.

학업이나 직업교육과 관련된 모든 선택에서도 마찬가지다. 분수에 맞는지를 따지지 말고 자녀를 위해 감당할 수 있는 선에서 가장 고급인 선택지를 골라라. 바로 여기서 성공의 토대가 만들어질 뿐 아니라 피그말리온 효과도 누릴 수 있다. 피그말리온 효과는 부모와 교사가 긍정적인 기대를 걸 때 학생들이 더 나은 성과를 내는 현상을 뜻하는 심리학 용어다.

다섯 번째 힘

단점을 강점으로 만드는 발상력

결핍을 축복으로 뒤바꾸라

미국 드라마 〈조용한 희망Maid〉이 넷플릭스 역사상 가장 크게 성공한 드라마 10위에 들 줄은 아무도 몰랐다. 스테파니 랜드Stephanie Land가 자전적 실화를 바탕으로 쓴 드라마의 주인공은 임시직과 청소 일을 전전하며 아이를 키우는 싱글맘이다. 현실 속 스테파니가 그랬듯 작중 주인공인 알렉스도 예기치 못한 출산을 하게 되면서 대학 진학의 꿈을 접는다. 그리고 딸의 아빠인 션과 함께 궁핍하게 살아간다.

 그들의 삶엔 돈도 미래도 없었다. 그 와중에 션이 폭력을 행사하자 알렉스는 딸을 지키기 위해 여성보호소로 몸을 피하고 그 후엔 임시 숙소에 기거하면서 고급 빌라 청소부로 일하며 겨우 입에 풀칠한다. 알렉스는 사회보조금을 받기 위해, 어린이집 자리를 얻기 위해, 곰팡이와 습기가 없는 집을 얻기 위해 부단히 싸운다. 하지만 딸 앞에서만큼은 최선을 다해 절박함을 감춘다. 고군분투 끝에 알렉스는 장학금을 받고 4년제 대학에 들어간다.

   드라마는 가난이 얼마나 더럽고 치사한 것인지를 보여준다. 동시에 가난한 사람이 더 나은 삶을 위해 싸움을 시작할 때 어떤 강점을 활용할 수 있는지도 보여준다. 그런 강점은 대부분 출신배경에서 비롯된다. 임기응변 능력, 목표지향적 태도, 친근함, 인내력 등은 결핍을 먹고 자란다. 그런 강점을 무기로 발전을 도모할 수 있다. 그러니 당신이 끌어다 쓸 수 있는 모든 자본, 즉 물질적 자본은 물론이고 재산, 학력, 인맥 등 비물질적 자본이 부족해 보이는 상황에서도 희망은 있다.

임기응변 능력:
무에서 유를 만들기

당신은 어떤 식으로 요리를 하는가? 나는 정확한 재료와 도구가 준비된 상태에서 공인된 레시피에 따라 요리하는 것을 선호한다. 요리를 해볼까 싶다가도 레시피에 나오는 레몬즙이나 딱 맞는 크기의 쿠키 틀이 찬장에 없으면 그 즉시 포기한다. 일할 때도 마찬가지다. 잘할 수 있다는 확신이 드는 업무를 맡는 게 제일 좋다. 그런 일의 결과물은 항상 최고다. 다만 일에 착수하기까지 갖춰야 할 조건이 매우 까다롭다.

그런 걸 보면 결국 자원과 기회가 풍부한 사람만이 잘할 수 있는 일을 고를 수 있는 것 같다. 레시피를 철저하게 따르려면 특이한 재료까지 구비된 대형 슈퍼마켓이 인근에 있어야 하고, 자신에게 적합하지 않은 프로젝트를 거절하려면 그 일 말고 다른 일이 당신을 기다리고 있어야 한다. 하지만 장애물이 많은 삶은 쉽고 편한 지름길을 허락하지 않는다. 앞을 가로막은 장애물을 피하고자 샛길을 찾아야 한다.

독일의 문학가 에리히 케스트너^{Erich Kästner}는 궁핍했던 유년 시절을 회고하며 쓴 자서전에서 "앞길을 가로막은 돌덩이로도 무언가 훌륭한 것을 지을 수 있다"라고 말했다. 어쩌면 이런 태도는 목적을 이루기 위해 일부러 낙관주의를 가장하는 것처럼 보일 수도 있다. 하지만 절실한 마음만큼 강력한 동기는 없다.

결핍 속에서 더 나은 걸 만들어내는 능력은 길을 막은 돌로 집을 짓는다. 불안한 환경 속에서도 긍정을 잃지 않는 부모의 아이는 어려운 형편에서도 안정된 정서를 유지할 수 있다. 〈조용한 희망〉에서 알렉스는 싸구려 인공 시럽마저 사기 힘든 빈궁함을 감추기 위해 딸과 '판타지 시럽' 놀이를 한다. 과장된 제스처로 팬케이크에 시럽을 붓는 시늉을 하는 것이다. 엄마의 노력 덕분에 딸은 단맛보다 더 소중한 감각, 즉 생에 대한 안정감과 낙관을 얻는다.

결핍을 원하는 사람은 없다. 하지만 결핍이 절대 악은 아니다. 결핍은 우리의 등을 떠밀어 비범한 길로 나아가도록 한다. 그래서 가진 게 없이 자란 사람일수록 낯설고 험한 길에 익숙하다. 부잣집 친구가 안전 검증마크가 달린 고카트를 타고 놀 때 고물 부품을 얼기설기 엮어서 어설픈 자동차를 만들어본 아이는 훗날 직장에서 프로젝트 예산이 부족하면 차선책을 찾아 성과를 내는 어른이 된다. 레오나르도 다빈치는 "예술은 제약에서 살고 자유에서 죽는다"라고 말했다. 그도 결핍의 유익함에 대해 알았던 게 분명하다.

목표지향적 태도:
인풋이 없으면 아웃풋도 없다

내가 유년을 보낸 독일의 중소 도시에는 인문계 학교가 세 곳 있었다. 셋 다 명문이라고 할 만한 곳은 아니었고 공장 노동자의 딸부터 치과 의사의 아들까지 모든 계층의 자녀들이 같이 다녔다. 하지만 당연하게도 우리 사이엔 격차가 있었다. 집안 형편이 좋지 않은 아이들이나, 나처럼 부모님의 교육 수준이 중간 정도인 아이들은 성적표에서 소수점까지 신경을 썼다. 의외로 부모가 고학력자거나 집이 부자인 아이들은 의대를 목표로 삼은 소수를 제외하고선 성적에 무신경한 편이었다. 교사의 아들로 태어나 독일 총리를 지낸 헬무트 슈미트 Helmut Schmidt 가 관찰한 것처럼 "그들은 흥미가 없으면 대충 넘겼다."[1]

집안 형편이 넉넉한 몇몇 친구들은 음악이나 스포츠에서 성과를 내는 데 치중했고 다른 몇몇은 무엇이 됐든 공부 벌레만은 되지 않으려

작정한 것 같았다. 말은 청산유수여서 아이디어나 비판적인 생각, 독창적인 의견을 능란하게 펼쳤다. 또한 어려운 신문을 읽었고 경제와 정치, 고급문화에 대해 잘 알았으며 베토벤과 보티첼리 등 예술에 대한 지식도 풍부했다. 이후 대학에서는 그런 부류가 더 많이 보였다.

> 그들의 태도는 '티끌 모아 태산', '공든 탑은 무너지지 않는다'는 말이 항상 진리는 아님을 일깨워준다.

훈련과 배움의 태도에 대해 말할 때 우리는 흔히 개미나 황소의 이미지를 떠올린다. 베짱이는 절대 거기에 낄 수 없다. 고학력 부모를 둔 아이들은 학교에서 요구하는 바를 부차적으로 여기거나 할 수 있는 만큼만 적당히 한다. 반면 교육 수준이 높지 않은 가정의 아이들은 '들어간 게 없으면 나올 것도 없다'라는 개념이 뼈에 새겨져 있다. 그래서 교육에 대한 그들의 아비투스는 많이 배운 집 자식들보다 훨씬 절박하고 여유가 없다.

하지만 성실하고 치밀한 그들의 성향에는 분명 미덕이 있다. 그렇게 이룬 학업 성과는 평균이거나 그 이하인 사회적 배경을 보완할 뿐 아니라 태생적 불리함을 완전히 해소하기도 한다. "나는 앨범을 100만 장 팔려고 했고 실제로 100만 장을 팔았다." 비욘세는 그녀가 이룬 성과에 대해 이렇게 말했다. "나는 (앨범 100만 장 이상을 판 가수에게 미국 음반협회가 수여하는) 플래티넘을 받기로 마음먹었고 플래티넘을 받았다. 이를 위해 열다섯 살부터 멈추지 않고 노력했다. 나는 아무것도 안 하는 게 어떤 건지 모른다."[2]

 한 사람이 목표를 향해 전력투구할 때 어떤 일이 일어나는지를 우구어 자힌만큼 인상적으로 보여주는 인물은 없을 것이다. 코로나 백신을 개발 중일 때 그는 일주일에 7일, 하루에 18시간 일했다. 집에 잠깐 들어갔을 때조차 모든 정신은 연구에 쏠려 있었다. 노트북으로 마블 영화 한 편을 보고 또 보는 게 유일한 일탈이었다.[3]

 물론 코로나바이러스가 없었다면 그가 바이오엔테크의 창업자로 독일 30대 부자 명단에 이름을 올릴 일도 없었을 것이다. 하지만 코로나바이러스가 없었더라도 그는 다른 중요한 업적을 이뤘을 것이다. 어쨌든 그가 걸어온 길은 하위계층에게 있는 필요성의 아비투스와 중산층에게 있는 성과의 아비투스가 여유가 없음을 증명한다. 그러나 성장에 있어서는 매우 탁월한 효과가 있다.

회복력:
타고난 강단

태생적으로 불우한 환경과 대면해야 하는 삶은 고단하다. 미화할 여지가 없는 사실이다. 그러나 삶의 시작이 찬란하지 않은 사람들도 충분히 성공 스토리를 쓸 수 있다는 것 또한 잊어서는 안 된다. 사회적 문제에 관심을 두지 말자는 뜻은 아니다. 다만 가난한 가정에서 태어난 사람도 대단한 수준을 넘어 가공할 만한 높이로 도약할 수 있다고 말하고 싶을 뿐이다.

가브리엘 '코코' 샤넬을 아는가? 그녀의 삶은 불운으로 막을 올렸다. 세탁부의 딸로 태어난 그녀는 열두 살에 엄마를 잃고 수녀가 운영하는 고아원에 보내졌다. 거기서 재단을 배웠고 가수가 되려고 시도했으며 스물세 살에 부잣집 아들을 만나 난생처음 부자들의 생활 방식을 맛봤다. 그리고 그의 재정적 지원으로 프랑스 도빌에 옷가게를 열었다. 그게 도약의 시작이었다.

샤넬은 저지 스커트, 세일러 블라우스, 트위드 정장, 미니 원피스 등으로 첫 번째 컬렉션을 열었다. 그녀는 하위계층과 수녀, 노르망디의 어부 등 누구보다 자기가 잘 아는 사람들에게서 얻은 영감을 토대로 자신만의 패션을 완성했고 대성공을 거뒀다. 엘리트들의 잡지로 통하는 〈뉴요커〉는 그녀의 컬렉션을 '혁신적인 스타일'이라고 호평했다. 이후부터 그녀의 모든 행보는 역사가 되었다.

샤넬은 시대를 통틀어 가장 성공한 여성 기업가로 꼽힌다. 암울한 조건에서 출발했음에도 불구하고, 가난과 소외에도 불구하고, 성장과정에 그늘이 없지 않았음에도 불구하고 그녀는 자기 분야에서 위대한 업적을 성취했다. 그녀처럼 넘어져도 다시 일어서는 능력, 끊임없이 일어서는 능력을 회복력이라고 부른다. 꺾였다가도 일어서는 사람을 두고 우리는 회복력이 강하다고 말한다.

샤넬의 삶은 역경과 위기가 회복력을 키운다는 사실을 보여준다. 그녀처럼 회복력이 특별히 좋은 사람들 중 부모 슬하에서 완벽한 보호를 받고 자란 이는 드물다.

미국의 심리학자 에미 베르너$^{Emmi\ Werner}$와 그녀의 팀은 장기 연구를 통해 이런 사실을 입증했다. 그들은 하와이 카우아이섬에서 1955년에 태어난 아이 200여 명을 대상으로 40년간 추적 연구했는데, 처음에는 모두 열악한 환경에서 성장했으나 그중 3분의 1가량이 놀라운 재능으로 두각을 나타냈다.

그들은 아주 어렸을 때부터 주어진 환경과 어려움에 훌륭하게 대응했으며 그 과정에서 상처가 없진 않았으나 좌절하진 않았다. 매번 자구책을 찾았고 목표를 유연하게 조정했으며, 타고난 복이 많아 응석받이로 자란 사람들은 쉽게 절망하는 상황에서 희망을 발견하고 긍정적인 태도를 보였다. 삶의 고비를 넘을 때마다 점차 강해진 그들의 정신력은 벼락치기로는 배울 수 없는 능력이었다.

그렇다면 당신은 어떤가? 위기 대처 능력이 좋은 편인가? 어떤 일이 있어도 쉽게 겁먹지 않는 편인가? 어떤 상황에서도 해결책을 찾아내는 편인가? 어두운 시절을 지날 때도 삶의 밝은 면을 알아보는 편인가? 당신이 그런 사람이라면 바로 그 능력으로 도약을 시작할 수 있다. 그런 강단이야말로 소망대로 삶을 꾸려가기 위한 최고의 준비물이니까.

친화력:
보다 인간적인

차가운 경제학자, 교수 폐하, 흰 가운을 입은 하느님 등 흔히 '전문가'를 일컫는 독일어 표현들은 시대를 막론하고 그들이 범접하기 힘든 대상이었음을 알려준다. 권력자 혹은 권위자는 언제나 있었지만 일반인과의 거리는 좁혀지지 않았다. 추측건대 앞으로도 계속 그럴 것이다. 하지만 최근 리더십의 트렌드가 바뀌면서 인간관계에서 신뢰감을 형성하는 능력, 즉 친화력을 중시하게 되었다. 그 뜻을 지닌 독일어 '나흐바카이트Nahbarkeit'가 듀덴Duden 온라인 사전에 등재도 되지 않았을 정도로 친화력은 독일인에게는 생소한 개념이지만 말이다.

친화력이 뛰어난 리더들은 기쁨과 슬픔, 소소한 일상을 사람들과 함께 나누는 데 거리낌이 없다. 그들은 챔피언스 리그든, 육아든, 최근 팀원이 겪은 안타까운 일이든 간에 다수가 관심을 가질 만한 주제라면 무엇이든 이야기한다. 또한 타인의 현실을 고민하고 함께 대화하는 사람을 무시하지 않으며 자기가 더 나은 사람인 양 으스대지 않는다.

친화력이 제대로 된 효과를 발휘하기 위해선 진심이 전제돼야 한다. 이 지점에서는 계층도약을 이뤄낸 사람이 유리하다. 평범한 형편에서 자란 사람들은 가정에서부터 '사람들과 가까이 지내는 데' 익숙하기 때문이다. 경제적으로 어려운 환경에서 사람들은 서로 도움을 주고받으며 사는 법을 배운다. 그래서 서민층에서 자란 사람은 다른 사람과 말을 섞고 호의로 대하며 적절하게 갈등을 해결하는 법을 아주 어릴 때부터 배운다. 사회학에서는 이를 '상호의존성'이라고 부른다.

반면 풍족한 환경에서 자란 사람은 다른 사람과 좀 더 거리를 두고 자신을 드러내는 편이다. 굳이 타인의 호의를 사려고 애쓸 필요가 없는 삶이기 때문이다. 상호의존보다 홀로서기에 익숙한 이들은 자기 취향과 관심사를 독창적으로 추구하며, 자아존중감이 높고 자신을 독특한 존재로 인식한다. 그리고 관계를 맺을 때도 자기와 비슷한 사람을 찾는다.[4] 영국의 작가 올더스 헉슬리Aldous Huxley는 부자들의 특징을 콕 집어 이렇게 말했다. "다른 사람의 호감을 사지 않아도 되는 사치를 부릴 수 있는 게 부자다."[5]

하지만 세상에 완전히 의존적이거나 완전히 독립적인 사람은 없다. 우리는 그 두 가지 특성을 동시에 지니고 있다. 사람마다 그 둘의 비중이 다를 뿐이다. 자기가 어느 쪽인지는 스스로가 판단할 몫이다. 두 특성 모두 유익한 면이 있다. 하지만 지금 이 시대에서는 도약을 이뤄낸 사람들의 상호의존성이 더 높이 평가된다. 세계적인 리더십 권위자이자 컨설턴트인 스티븐 코비Steven Covey는 상호의존이 독립보다 한 단계 더 성숙한 단계라고 말한다. "상호의존적인 사람으로서 나는 타인에게 가치 있는 존재가 될 기회를 누렸다. 그리고 타인의 무한한 자원과 잠재력을 활용할 수 있었다."[6]

네트워크로 이뤄진 우리의 세계에선 다양한 사람을 사귀고, 그들과 친근하게 대화하고, 자신만의 상아탑에 갇혀 다가가기 쉽지 않은 사람과 말을 트는 능력이 매우 중요하다.

소탈하고 직설적인 화법을 구사하는 아날레나 베어보크$^{Annalena\ Baerbock}$ 외무부 장관이나 로베르트 하베크$^{Robert\ Habeck}$ 경제부 장관이 정치인으로서는 보기 드문 인기를 누리는 것만 봐도 요즘 대중이 선호하는 리더의 모습을 알 수 있다. 꼭 리더가 아니더라도 상호의존성은 중요하다. 고객 하나하나가 원하는 해결책을 찾고, 성향이 다른 동료들을 설득하며, 다양한 배경의 사람들을 대할 때 각자에게 적절한 톤으로 접근하게 도와주기 때문이다.

리타 팔크$^{Rita\ Falk}$의 스릴러 소설들이 오랜 기간 베스트셀러 목록을 지키는 것도 바로 그녀의 그런 능력 덕분이다. 한적한 농촌을 배경으로 한 그녀의 스릴러는 갓 구운 빵만큼이나 잘 팔린다. 작가가 잘 아는 인물들을 주인공으로 내세운다는 점이 인기의 이유다. 원래 평범한 사무원이었던 그녀는 하루아침에 직장을 잃고 오갈 데 없는 처지가 되었다. 그때 우울증에 걸리지 않으려고 머릿속에 떠올린 인물이 바로 그녀의 소설에 등장하는 마을 보안관 프란츠 에버호퍼였다.

팔크가 쓴 작품은 총 600만 부가 넘게 팔렸고 곧 소설을 각색한 아홉 번째 영화가 제작될 예정이다. 이제 그녀는 독일에서 명실상부 가장 성공한 작가라 할 수 있다.[7] 《덩어리 햄 중독자$^{Leberkäse\text{-}Junkie}$》, 《구겔호프 함대^{Gugelhupfgeschwader}》 등 그녀의 대표작은 평론가들로부터 극찬을 받았기 때문에 인기를 얻은 것이 아니다. 독자들이 퇴근 후에 읽고 싶을 만한 소설을 허황한 내용 없이 썼기 때문이다. 그녀의 소설엔 주로 높은 콜레스테롤 수치 때문에 골머리를 앓는 영웅들이나 플랫 화이트보다는 인스턴트커피를 좋아하는 사람들이 등장한다.

**지금부터
당신이
해야 할 일**

《말괄량이 삐삐》를 쓴 작가 아스트리드 린드그렌Astrid Lindgren은 "자유란 모든 일을 무조건 남들처럼 하지 않아도 된다는 뜻"이라고 말했다. 인생의 성공에도 같은 법칙이 적용된다. 개성을 버리고 무조건 원하는 계층의 모습을 따라 할 필요는 없다.

지금까지 우리는 제약이 많은 태생적 환경에도 장점이 있다는 사실을 확인했다. 풍족하지 않은 형편 덕분에 당신은 남들이 생각하지 못한 사업 아이디어를 떠올리고, 남들보다 더 노력하고, 낯선 사람에게 쉽게 다가가는 사람이 될 수도 있다. 장애물이 나타났다고 해서 쉽게 주저앉지 않는 투지도 태생적 강점 중 하나다. 리타 팔크는 분수에 맞지 않게 작가의 꿈을 좇는다는 이유로 비난과 핀잔을 들어야 했지만 글쓰기를 포기하지 않았다.[8]

당신의 아비투스에는 어떤 강점이 있는가? 당신의 어떤 특징 덕분에 여기까지 오게 되었는가? 그중 미래의 동력이 될 만한 특징은 무엇인가? 집안 형편이 좋아서 쉽게 살아온 친구들보다 당신이 더 잘할 수 있는 일은 무엇인가? 다른 사람의 강점에 흔들릴 것 없다. '나는 나야'라고 생각하고 나만의 특별한 능력을 목표에 맞게 사용하면 된다.

여섯 번째 힘

쓸모 그 이상을 보는 통찰력
–
숫자 너머의 이익을 생각하라

이베이^{eBay}에 중고 물품을 파는 것은 생각보다 성가신 일이었다. 2층으로 올라가는 집안 계단을 바꾸면서 마음에 안 들었던 원래 계단 자재를 저렴하게 내놓기로 했다. 물건을 사이트에 올리자마자 구매자가 나타났고 그는 즉시 사다리를 들고 와서 분해된 계단을 차에 실었다. 그는 혼자서 이런저런 이야기를 늘어놓았는데, 현재 자기는 일이 없어서 어머니의 집을 고치고 있으며 수리에 필요한 자재를 모두 이베이에서 구한다고 했다.

"사람들이 거저 주다시피 처분하는 게 얼마나 많은지 당신은 상상도 못 할 거예요"라고 말하고는 마지막으로 우리 집을 돌아보며 물었다.

"그런데 이렇게 예쁜 집을 뭐 하러 뜯어고치세요?"

그래, 내가 왜 이러는 걸까? 왜 다른 사람이 반색하며 받는 물건을 저렴하게 팔아넘기는 걸까? 그래놓고선 목수에게 많은 돈을 치르고 새 계단을 사왔다. 그래봤자 그것도 계단, 이것도 계단인데 말이다. 하지만 나는 답을 알고 있었다. 기준이 다르기 때문이다. 이베이 구매자는 물건의 필요성을 중시했다. 즉 무엇이 어떤 쓸모가 있는지를 따졌다. 하지만 나는 계단의 기능만을 보지 않았다. 나는 아름다운 집을 원했고 주거생활에 대한 내 이상을 만족시킬 계단을 원했다.

지나친 절약은 우리를 울타리에 가둔다

비슷한 물건을 훨씬 싸게 구할 수 있는데도 굳이 시간과 돈을 더 들여 다른 것을 택할 때가 있다. 이것을 사회적 지위에 따른 성향이라고 볼 수는 없다. 특히 독일어권에서는 음식, 가구, 의류 등을 구매하거나 서비스를 이용할 때 적당한 품질을 적은 돈으로 구매하려는 성향이 어느 계층에서나 나타난다. 부자들은 부티크와 명품 브랜드, 에스테틱에 돈을 쓰면서도 이동할 때는 저가항공을 타고 유기농 밀가루를 사러 창고형 슈퍼마켓에 가며 레인지로버는 중고로 산다. 내가 아는 기업 총수는 매년 마당에 쭈그리고 앉아 손수 튤립과 수선화 수백 송이를 심는다.

그렇다고 상위계층이 세일만 쫓아다닌다거나 모든 일을 제 손으로

하는 건 아니다. 그들은 비싼 것과 싼 것, 단순한 것과 화려한 것, 대중문화와 고급문화 사이를 능수능란하게 오가는 것을 하나의 놀이로 여기며 거기서 자신의 창의성과 전문성이 증명된다고 생각한다. 부자들이 웅장한 대저택을 가리키며 "생각보다 비싸지 않다"라고 말해도 그건 자기 기준에서 그렇단 소리다. 정확하게 말하면 건축을 책임진 시공사가 전체 분위기를 해치지 않으면서도 합리적 가격으로도 가능한 몇 가지 대안을 적용해 집을 완성했다는 얘기다. 가령 원목 대신 베니어합판을 쓰거나 외벽을 직각으로 자르거나 천장까지 닿게 설계된 큰 창을 표준 크기로 줄여서 기존의 예산을 약간 줄였다는 뜻이다. 그러나 평균 이하 계층이 지닌 필요성의 아비투스는 다르다. 그들에게 절약은 놀이가 아니다. 그들은 절약에 진심이다.

빈곤 계층의 사람들은 저렴한 가격 범위 내에서만 취향을 누릴 수 있으므로 부족함을 관리하고 필요에서 미덕을 찾는다. 이베이에서 내 계단을 사 간 사람이 그토록 신이 난 이유는 단지 계단의 상태가 좋아서만은 아니었을 것이다. 그는 자신이 성사시킨 훌륭한 거래에 자부심을 느꼈을 것이다. 심지어 나를 이겼다고 생각했을 수도 있다. 그가 생각하기에 자기는 직접 뚝딱뚝딱 집을 짓는 금손이고, 우리는 건축가와 목수에게 속아서 멀쩡한 계단을 바꾸는 똥손이었을지도 모른다.

이 말은 필요성의 아비투스가 유리하다는 뜻일까? 그럴 수도 있고 아닐 수도 있다. 필요성의 아비투스는 부족함 속에서 최고의 결과를 위한 전략으로 안성맞춤이다. 미국의 신학자이자 철학자인 라인홀드 니부어

Reinhold Niebuhr의 평온을 구하는 기도가 그렇다. "제게 바꿀 수 없는 것은 받아들일 수 있는 평온을 주옵시고, 바꿀 수 있는 것은 바꿀 수 있는 용기를 주옵소서. 그리고 그 둘을 분별할 수 있는 지혜를 주옵소서."

어려운 환경을 태연히 받아들이는 능력은 성숙한 인격의 증표다. 평온을 구하는 기도처럼 필요성의 아비투스도 우리가 할 수 있는 것에 집중해 차별당하거나 희생된 것 같은 느낌으로부터 우리를 해방한다. 이렇게 보면 필요성의 아비투스는 우리의 자아상을 보호하고 자원의 부족함에 적절하게 대응할 수 있도록 돕는다.

물론 반론의 여지도 있다. 필요성의 아비투스는 우리를 좁은 울타리에 가둔다. 그 안에만 머물면 결코 성장하지 못한다. '가격 대비 성능'을 우선하는 사고는 우리를 지금 이 자리에 묶어둔다. 나는 대학 때 처음으로 그런 사실을 깨달았다. 방학마다 우체국에서 아르바이트를 했던 나는 2학년 마지막 학기가 끝날 무렵에도 우체국에서 방학을 보낼 계획이었다. 그런데 학교에서 국제 문학 행사의 준비 요원으로 일하면 어떻겠냐는 제안을 받았다. 임금은 우체국 아르바이트의 절반이었다. 부모님은 만류했지만 나는 그 기회를 잡았다. 다시는 우체국에서 연락이 오지 않을 거라던 부모님의 우려는 적중했다. 하지만 그해 방학에 나는 돈으로는 살 수 없는 값진 배움을 얻었다.

방학 동안 학교에서 일하며 나는 새로운 사람들과 관계를 맺고 행사 진행에 대해 배웠으며 무대 뒤를 엿보았다. 그리고 방학이 끝날 즈음 정식 조교로 채용되었다. 대학 시절 아르바이트나 인턴 경험은 우연한 선택이 아니라 계층의 문제라는 것을 그땐 몰랐지만 지금은 안다. 가족 중 처음으로 대학에 진학한 학생은 생활비를 버는 것이 우선이지만, 고학력 부모의 자녀들은 장래에 도움이 될 만한 인맥과 경험을 쌓는 것이 우선이다. 그런 결정이 미래의 향방을 가른다. 방학 동안 식당에서 접시를 나르면 계좌에 돈이 쌓이지만 시립극장에서 무급으로 행정 인턴을 하면 이력서에 경력 한 줄이 추가된다.

아비투스를 바꾸기 위한
생각 연습

무엇이든 바꾸고 싶다면 먼저 그것에 대해 알아야 한다. 아비투스를 바꾸고 싶다면 자신의 아비투스를 알아야 한다. 하지만 자신의 아비투스를 알기란 쉽지 않다. 심장박동처럼 아비투스도 평소엔 잘 느껴지지 않기 때문이다. 아비투스를 점검해보라고 권하는 사람도 없다. 그래서 당신은 그저 부모와 조부모의 방식대로 만사를 처리할 뿐이다.

누구는 치킨은 손으로 들고 먹어야 제맛이라고 하고, 누구는 포크와 나이프 없이 음식을 어떻게 먹느냐고 반문한다. 그런 단순한 행동 방식의 차이가 세계를 나눈다. 닭다리를 손으로 잡고 손가락으로 살을 뜯어 먹은 다음 손톱까지 쪽쪽 빨아먹는 사람은 실용성과 효율성을 우선한다. 밥 먹는데 거추장스럽게 격식과 기교를 부릴 까닭이 없다고 생각하며, 포크와 나이프를 쓰면 오히려 음식이 접시에서 떨어질 수 있어 손을 쓰는 편이 훨씬 먹기 쉽다고 말한다.

하지만 만일 당신이 더 높은 곳을 지향하는 사람이라면 다른 많은 일과 마찬가지로 먹는 일에도 두 가지 측면이 있다는 사실을 깨닫길 바란다. 포만감은 물론 중요하다. 식탁 위에 놓인 음식을 충분히, 맛있게 먹는 것이 식사의 핵심이다. 하지만 동시에 식사하는 방식이 계층을 나누는 중요한 기준이 된다는 점을 잊지 말아야 한다.

> 몸이 필요로 하는 칼로리를 신나게 먹느냐, 아니면 격식을 갖춰 우아하게 먹느냐는 그 사람의 사회적 위치를 정확하게 알려주는 신호다.

상위계층은 식사 장소가 맥줏집인지 와인바인지에 따라 자신에게 익숙한 방식을 유연하게 조정한다. 반면 하위계층에겐 형식이나 절차를 고민할 여유가 충분치 않다. 세련되고 우아한 예절을 갖추려면 지식과 시간, 돈과 자기통제가 필요하기 때문이다. 린넨 식탁보는 다림질을 해야 하고 생선용 나이프는 추가로 구입해야 하며 청어를 적당하게 자르려면 연습이 필요하다. 어떤 사람에게 '수비드'는 외계어에 가깝지만 어떤 사람에겐 이미 식사에 너무 자주 등장해 식상해진 요리법이다.

상위계층 가정에서 자란 아이들은 이 모든 것을 직접 보고 배운다. 마치 고기는 신선한 것을 먹어야 하고 식당에서는 옆 테이블을 배려해야 한다는 상식처럼 식사 예절도 어려서부터 자연스럽게 체득한다. 포크는 왼쪽, 나이프는 오른쪽, 팔꿈치는 테이블에 닿지 않게.

다른 분야에서도 이런 차이가 나타난다. 가족을 부양하는 일만으로도 힘에 부치는 사람들은 철저하게 비용 대비 쓸모를 계산한다. 돈이 많이 드는 파티에 초대받았을 때, 현재 맡은 업무와 상관없는 직업연수 기회가 생겼을 때, 자녀가 예술이나 심리학을 학문을 공부하고 싶다고 할 때 그들은 주저함 없이 판단한다. 분수에 넘친다, 비현실적이다, 아무짝에도 쓸모가 없다, 그런 게 필요한 사람은 없다, 지금의 내게 맞지 않다 등. 모두 필요성의 아비투스를 대변하는 말들이다.

혹시 당신에게도 이 필요성의 아비투스가 저도 모르게 작동할 때가 있다면 싶다면 결정을 내리는 기준에 약간의 여유를 허용해보자. 당신을 제한하는 편협한 말들을 다음과 같이 넓고 관대하게 바꾸는 것이다.

- "이건 나한테 맞지 않아." → "한번 해보자."
- "아무짝에도 쓸모없어." → "재미있겠는데?"
- "해야 하니깐 하는 일이야." → "내가 이 일을 하게 되다니 굉장하다!"

꿈,
생각으로 부리는 사치

물론 결정을 내리기 전에 자신이 감당할 수 있는 일과 없는 일을 고민하는 것이 합리적이다. 다만 필요성의 아비투스가 유일한 기준이 되어선 곤란하다. 이는 어려운 형편에서 살아남기 위한 임시방편일 뿐이다. 가진 것이 적어도 포기하거나 좌절하지 않고 애면글면 살 수 있는 게 다 필요성의 아비투스 덕분이긴 하다. 그러나 필요성의 아비투스는 점프하는 당신의 발목을 물고 늘어진다. 그러면 어떻게 해야 할까?

사회학자들은 필요성의 아비투스의 반대말로 '럭셔리 취향'이라는 개념을 제시한다. 개인적으로는 '럭셔리'라는 단어가 훌륭한 선택으로 보이진 않는다. 무의식적으로 전용기나 경주마, 고급 샴페인을 떠올리게 되기 때문이다. 하지만 럭셔리 취향이라는 말의 진의는 사치품에 대한 선호에 국한되지 않는다.

> 필요성의 취향이 당장 활용이 가능한 것에만 가치를 두는 성향을 뜻한다면 럭셔리 취향은 생존에 필요한 것 이상을 소망하는 성향이다.

구체적으로 말하면 이런 것들이다. 전공이나 업무에 직결되지 않는 책을 읽는다, 현재 진로와 상관없어 보이는 사람과도 관계를 맺는다, 보상이 적어도 좋은 일을 한다, 남들이 예산이 너무 많이 든다며 고개를 저어도 시립극장 신설을 위한 서명운동에 앞장선다, 재미있어 보이는 것들을 배운다, 의미 있는 일에 힘을 보탠다 등이다.

사회학자 베르너 좀바르트$^{Werner\ Sombart}$는 이미 100년 전에 "사치는 필요를 넘어선 모든 소비"라고 말했다.¹ 그가 정의한 바에 따르면 도약이야말로 전형적인 사치다. 도약은 필요성의 일상을 넘어서려는 열망에서 출발하기 때문이다. 정확히 말하면 현 상태보다 더 나은 무언가를 상상하는 데서 도약은 시작된다. 당신이 더 높은 목표를 위해 노력하고, 자신에게 더 많은 것을 요구하고, 배우고 성장하며 새로운 도전에 응하고, 새로운 사회관계를 형성할 때 도약이 일어난다. 때에 따라선 회수를 장담할 수 없는 투자를 감행할 때도 있다.

스릴러 작가인 리타 팔크도 위험을 감수했다. 첫 원고를 송고한 그녀에게 돌아온 것은 거절뿐이었다. 철저하게 계산기를 두드리는 사람이라면 그 지점에서 '내 글은 아무짝에도 쓸모가 없군' 하고 후퇴를 고려했을 것이다. 하지만 팔크는 자신에게 글을 계속 쓸 사치를 허락했다. 그 덕분엔 그녀의 노트북엔 세 편의 소설이 쌓였다. 그녀가 언젠가 돌파구가 열릴 것이며 결국 성공을 거둘 것이란 사실을 미리 알고 암담한 시기를 견뎌낸 것은 아니다. 일이 잘 안 풀릴 수도 있었다. 하지만 꿈이 있는 곳엔 길도 있기 마련이다. 프랑스 작가인 쥘 르나르$^{Jules\ Renard}$는 "꿈은 생각으로 부리는 사치"라고 했다.² 큰 꿈은 당신이 큰 목표를 이루기 위해 반드시 부려야 할 사치다.

**지금부터
당신이
해야 할 일**

혹시 부모님이 근검절약이 몸에 밴 분들인가? 어릴 적 집안 형편이 넉넉지 않았는가? 당신의 가족은 브랜드 신발, 일회성 오락, 독특한 디자인의 가구, 화려한 장신구 등과는 무관하게 살았는가? 그렇다면 당신은 꼭 필요하고 오래 쓸 수 있는 물건에 합리적인 가격을 지불하는 데 익숙할 것이다. 소파는 이케아에서 사고, 연말 콘서트는 TV 중계를 보는 것처럼 말이다.

그런데 냉철한 판단에도 단점은 있다. 매사를 철두철미하게 계산하는 것은 미적 감각을 계발하거나 다른 문화에 적응하는 데 방해가 된다. 물론 돈을 들이지 않고서도 상위층의 문화를 엿볼 수는 있다. 고급문화를 팟캐스트나 유튜브로 즐기는 것은 실용적이고 합리적이다. 하지만 파인다이닝에서의 식사, 골프 입문 과정, 필하모닉 오케스트라의 라이브 콘서트, 한 번도 해본 적이 없어 어색하고 쑥스러운 호텔 체크인 등은 디지털 간접체험으로 대체될 수 없다.

익숙하지 않은 환경에 대한 불안감을 극복하는 가장 빠른 방법은 호텔 로비, 고급 부티크, 앤티크 가구점, 미술 전시회 등에서 통용되는 규칙과 절차들을 거스르려 애쓰지 않는 것이다. 내가 경험으로 알아낸 바에 따르면 이런 데 돈을 투자하는 건 전문 직업 연수나 자기계발 세미나에 돈을 쓰는 것만큼이나 가치가 있다. 아마 그 과정에서 혹시라도 불편함을 느낀다면 그건 당신이 잘못된 곳에 와 있다는 뜻이 아니다. 당신은 지금 새로운 세계를 발견 중이며 당신 안에서 다른 문화를 알아보는 레이더가 발달하고 있다는 의미다.

그러므로 럭셔리한 경험을 무조건 낭비로 간주하지 마라. 그런 경험이 당신에게 가져다줄 자신감과 수완은 책으로 배울 수 있는 게 아니다. 럭셔리 연구자이자 철학 교수인 람베르트 비징Lambert Wiesing은 럭셔리를 "허세에 찬 자기표현"이 아니라 "도전을 통한 자기 경험의 기회"라고 규정한다.³

일곱 번째 힘

교양을 나타내는 겉모습

말투와 걸음걸이는 많은 것을 알려준다

계단에서 누가 먼저 올라가는 게 예의일까? 엘리베이터를 같이 탄 사람과는 어떤 말을 나눠야 할까? 업무상 식사 자리에서 냅킨은 언제 펼쳐야 할까? 예술에 관한 대화가 오갈 때는 개인적인 취향을 편하게 말해도 되는 걸까? 혹시 취향이 없을 때는 무슨 말을 하는 게 적당할까? 가벼운 대화가 잘 통하지 않는 상대와는 어떻게 해야 할까? 여럿이 모인 자리에서 대화를 이끌어야 할 때 무엇으로 말문을 터야 할까? 상대에게 '이봐, 시답지 않은 얘기 좀 그만하지'라는 신호를 보내고 싶을 때 적당한 표현이 있을까? 인턴 업무 첫날에는 무슨 옷을 입어야 할까? 직장 상사가 자기 요트로 초대하면 무엇을 준비해야 할까? 팀에서 스키장에 숙소를 잡았는데 스키도, 보드도 타지 못한다면 어떻게 해야 할까?

외모와 말투, 예절, 취미 생활과 스포츠는 본래의 일상적 기능 외에도 그 사람의 태생과 사회적 위치를 알려주는 단서가 된다. 유복한 사람은 예술, 디자인, 예의범절 그리고 각종 지적 자극에 둘러싸여 자란다. 그래서 교양 있는 행동이 요구되는 자리에서 어떻게 해야 하는지 자연스럽게 알아채며 혹시 잘 모를 경우는 주변에 쉽게 도움을 구한다. 물론 어렸을 때 배우지 못했다면 나중에라도 배울 수 있다. 다만 시간이 좀 더 걸리고 의식적으로 노력해야 한다는 점이 다르다.

혹시 당신이 현실적인 사람이라면 그 과정에서 종종 어색하고 민망한 기분을 느낄 것이다. 그래서 이런 의문이 들 것이다. 도대체 무엇 때문에 이렇게까지 노력해야 하는 걸까? 중세 왕실에서나 지킬 법한 에티켓을 모른다고 그 사람의 사회적 지위를 낮게 판단하는 건 시대착오적인 생각이 아닐까? 정답은 당신이 원하는 것이 무엇인지에 달렸다.

아비투스를 교정하라

당신에게 중요한 것은 돈과 권력인가? 그렇다면 상위계층의 코드나 가치는 무시해도 좋다. 당신이 도약으로 얻고자 하는 바는 전문성, 탁월한 아이디어, 카리스마, 현명한 자산투자, 상속, 정치력 등을 통해 이뤄질 것이다. 어쩌면 시대적 환경이 당신에게 유리하게 조성되어 주식시장에서 기회를 얻거나 부동산이 급등하거나 우연히 취득한 기술이 신기술로 각광받을 수도 있다. 그렇게 해서 당신이 어디에 다다랐는지는 대형 펜트하우스, 빈번한 해외여행, 와인 저장고, 거대한 캠핑카로 대표되는 호화로운 생활 방식으로 증명된다. 혹시 당신이 좀 더 높은 곳까지 올라간다면 보유 부동산의 수, 투자자산 규모, 알프스 자락의 별장, 크로아티아 항구의 요트 등으로 당신의 부를 자랑하게 될 것이다.

이처럼 소수에게만 허락된 물건과 경험들로 인생이 풍성해진다는 사실엔 의심의 여지가 없다. 또한 성공하면 당신의 영향력도 커진다. 전문가로서 대우받거나 고용주로 존경받거나 물주로 대접받을 것이다. 그 외에 다른 것엔 관심을 가질 필요가 없다. 그것이 승자의 법칙이다.

하지만 당신이 막강한 권력과 찬란한 부에 이르지 못했다면, 그럼에도 불구하고 상위계층의 일원이 되고 싶다면 지혜를 발휘해야 한다. 마치 이미 거기에 속한 듯 행동하는 것이다. 그러려면 당신의 출신과 현재의 지위를 드러내는 상징들을 세련되게 교정해야 한다.

상위계층을 따라잡는 과정에는 엄청난 노력이 들어간다. 때론 박사학위를 따는 것보다 훨씬 힘들게 느껴질 수도 있다. 아비투스가 마치 바다 위의 유조선처럼 오랜 기간에 걸쳐 천천히 움직이는 특성 탓만은 아니다. 이미 목적지에 도착한 사람들이 그곳에 도달하려고 애쓰는 사람들의 몸부림을 비웃는 탓도 아니다. 변화를 가로막는 가장 큰 요인은 원래의 행동 방식을 바꾸는 것이 출신에 대한 배신으로 보일지도 모른다는 자기 자신의 염려다.

도약으로 새로운 계층에 진입한 사람들의 스타일이 바뀌는 건 사실이다. 하지만 그렇다고 한 사람의 인간성이 단번에 변하지는 않는다. 그런데도 그들은 할아버지에게 물려받은 소형차를 버리고 멋진 세단으로 갈아탄 듯한 죄책감을 느낀다. 알베르트 아인슈타인은 도약의 이런 양면성을 다음과 같은 문장으로 표현한 바 있다.

흠잡을 데 없는 양떼의 일원이 되기 위해서는 일단 양이어야 한다.

어딘가에 속하고자 한다면 그곳에 적응해야 한다는 딜레마가 간결하게 압축된 말이다. 그런데 양떼에 섞이려고 애쓰다 보면 그런 자신이 바보같이 느껴지는 순간이 한두 번이 아니다. 양이 아닌데 평생 양으로 살고 싶은 사람이 누가 있겠는가?

자, 꼬투리 물고 늘어지기는 그만두고 이번엔 실용주의자인 괴테가 어떤 말을 했는지 살펴보자. 그는 아인슈타인처럼 멋진 한 방을 날리진 못했지만 그의 말 또한 곱씹어볼 가치가 충분하다. "살아 있는 것은 외부 영향의 다양한 조건에 적응할 뿐 아니라 그 와중에도 의식적으로 노력해 획득한 소중한 자율성을 유지하는 능력을 겸비하고 있다."[1]

이 말에 따르면 새로운 아비투스에 적응한다는 것은 자신을 잃어버리는 과정이 아니라 계층에 맞추려는 노력과 자신만의 됨됨이를 지키려는 의지를 유연하게 절충하는 것이다. 물론 이런 일은 당신에게도 일어날 수 있다.

무엇을 입는가? 무엇을 말하는가? 어떻게 서 있는가? 언제 가는가? 등 아비투스의 범위는 넓다. 삶의 모든 영역과 닿아 있고 산더미처럼 많은 행동 방식을 아우른다.

"나는 항상 두려움을 벗어나지 못할 것이다." 이탈리아 작가 엘레나 페란테Elena Ferrante의 로맨스 소설 《나폴리 4부작》 속 주인공은 계층도약을 위해 고군분투하는 인물이다. "말을 잘못할까 봐, 너무 과장된 톤으로 말할까 봐, 어울리지 않는 옷을 입을까 봐, 옹졸한 기분을 들킬까 봐, 흥미로운 생각을 하지 못할까 봐 두려워하며 살 것이다."[2]

두려움에서 벗어날 길이 있긴 하다. 본질에 집중하는 것이다. 당신의 에너지를 효과적인 행동 변화 몇 개에만 집중한다면 입문자의 실수를 예방할 수 있다. 일종의 '캡슐 아비투스' 전략으로, 여러 상황에 두루두루 어울리는 몇 가지 옷으로 간소하게 구성된 캡슐 옷장처럼 좋은 품질과 다양한 적용 범위를 갖춘 캡슐 아비투스를 습득하는 것이다. 캡슐에 들어갈 아비투스는 외모, 예절, 언어, 교양에 관한 것으로 한정한다. 그 내용은 상위계층에선 당연하게 받아들이되 하위계층에서도 터무니없다고 여겨지진 않는 선이다. 일단 캡슐 아비투스가 제2의 본성처럼 당신에게 장착되고 나면 더 세련되게 고칠지, 고친다면 어떻게 고칠지는 당신이 알아서 결정할 일이다.

캡슐 아비투스 1:
스타일링

"중요한 것은 보이는 것이다. 겉보기일 뿐이라도 여전히 중요하다." 감각적인 과학 저널리스트이자 화학 박사, 유튜버인 마이 티 응우옌킴$^{Mai\ Thi\ Nguyen-Kim}$은 "그 겉보기가 정말 중요한 것"이라고 강조한다.³

우리는 심리학을 통해 1,000분의 1초 만에 첫인상이 결정된다는 사실을 알고 있다. 하지만 첫인상 이후에도 사람들은 계속 서로를 평가한다. 보풀이 일어난 스웨터, 너무 큰 웃음소리, 적절해 보이지 않는 헤어스타일 등 꼬투리가 하나만 잡혀도 좋은 평가는 물 건너간다. 그나마 희소식은 완벽할 필요는 없다는 것이다. 누구의 심기도 거스르지 않고 어떤 불편함도 유발하지 않는 것이 중요하다.

그러니 외모를 신중하게 관리해야 한다. 옷가게나 미장원에서도 신중해야 한다. 자신이 없을 때는 조언을 구하라. 유행을 타지 않으면서 클래식하고, 자연스러우면서도 깔끔한 스타일을 원한다고 말하라. 유행을 많이 타거나 섹시하거나 인위적이거나 극단적으로 보이는 것은 무엇이든 (가격과 상관없이) 피하라. 얼굴이나 몸에 너무 심한 변화를 주지 마라.

스타일을 참고할 롤 모델을 찾는다면 카다시안 패밀리보다는 케네디 가문이 낫다. 동유럽이나 아시아 국가들과 달리 독일의 상위계층은 단순한 스타일을 선호한다. 몸매를 완전히 드러내기보다는 편안하게 입는 편을, 노출보다는 가리는 것을, 화려한 것보다는 단순한 것을 선택한다.

돈이 많으면 비싼 물건들로 편하게 외모 관리를 할 수 있다. 하지만 합리적인 가격대에서도 잘 고르면 충분히 상위계층의 분위기를 낼 수 있다. 물론 SPA 브랜드인 코스^{COS}의 캐시미어 니트를 이리스 폰 아르님$_{Iris\ von\ Arnim}$(독일의 고급 캐시미어 브랜드)의 옷과 견줄 수는 없다(품목에 따라 다르지만 두 브랜드는 대략 4배 정도 가격 차이가 난다). 그래도 큰돈 들이지 않고 포인트를 주는 용도라면 코스로도 충분하다.

옷차림과 스타일링은 외적으로만 작용하는 게 아니다. 내면의 힘을 키워주는 역할도 한다. 영부인이 되고 나서 처음으로 디자이너 드레스를 입어본 미셸 오바마는 작은 기적을 경험했다고 말한다. "드레스는 나를 진짜 무도회의 여왕으로 만들어주진 않았어도 인생 최고의 단계에 오를 준비가 된 여성으로 변신시켜 주었다."[4]

캡슐 아비투스 2:
매너

세상엔 '완벽한 선물을 준비하는 여섯 가지 법칙'과 같은 제목의 책과 강좌, 팟캐스트가 넘쳐난다. 그런 데서 사람들은 여성 대주교에게 정중하게 말하는 법, 재킷 아래로 드러나는 셔츠 소맷단의 적당한 길이, 턱시도와 검은 정장의 차이를 배운다. 하지만 당신이 대통령 관저에서 국빈 만찬 준비를 맡은 게 아니라 그저 호감 가는 사람이 되고 싶을 뿐이라면 18세기 예법에 서술된 에티켓까지 알 필요는 없다.

> 본질은 성공적인 만남이다. 이것만 기억하면 당신은 모든 공적·사적 상황에서 당당하고 유능한 사람이 된다.

성공적인 만남을 위해 당신이 알아야 할 것들은 많지 않다. 사실 약간의 배려심만 있어도 충분하다. 영화관에서 앞자리를 다른 사람에게 양보하고 점심 식사 땐 양파가 들어간 샌드위치를 피한다. 상대보다 먼저 인사하고 뒷사람을 위해 문을 잡아주고 자기 컵에 물을 따르기 전에 다른 사람 컵부터 채워주는 사람은 남들에게 좋은 사람으로 기억된다.

물론 정해진 예법이 존재한다. 하지만 당신의 삶은 광범위해서 그런 세세한 규정으로만 운영할 수는 없다. 각종 행동 규범이 망라된 18세기 독일 예법서인 크니게^{Knigge}도 달달 외우는 용도로 만들어진 것이 아니다. 작가는 계층을 넘어 서로를 배려하고 좋은 관계를 맺는 데 도움을 줄 목적으로 그 책을 썼다. 쓸데없는 규칙에 능통한 몇몇이 거들먹거리거나 낮은 계층이 소외되라고 쓴 게 아니다. 그러니 예절을 아는 데서 안정감을 느낀다면 기꺼이 배우고 익히라고 권하고 싶다.

예절 관련 도서를 읽고, 강좌를 수강하고, 유튜브를 구독하라. 무엇보다 새롭게 바꾼 행동이 습관이 될 때까지 일상에 계속 적용하라. 하지만 꽉 채운 형식보다 더 중요한 것은 스스로 생각하는 것이다. 주변 사람을 어떻게 도울 수 있을까? 어떻게 해야 그들이 행복할까? 어떻게 말하고 대해주길 바랄까? 다른 사람들이 편안하고, 존중받고, 환영받는다고 느끼게 하려면 무엇이 필요할까?

캡슐 아비투스 3:
말투

"젠장!" 녹색당 전당대회에서 연설을 마친 뒤 무대를 내려가던 아날레나 베어보크는 마이크가 켜진 상태라는 알지 못했다. 그래서 무심코 내뱉은 험한 말이 미디어를 타고 일파만파로 퍼졌고 언론은 그 말을 그녀의 됨됨이에 연결하며 격한 반응을 보였다.

훌륭한 언어 습관을 위한 첫 번째 규칙은 좋은 어조를 유지하는 것이다. 언어에는 다양한 어조가 존재하는데 어조마다 주는 인상이 다르다.

풍부한 뉘앙스를 담은 우아한 말투는 딱딱하고 투박한 말투보다 더 좋게 들린다. 방언보다는 표준어가, 무심하게 툭 뱉는 말보다는 신중한 말이 더 나은 평가를 받는다. 계층을 막론하고 누구나 험한 표현을 쓰지만 아무 때나 허용되는 것은 아니다. 물론 교과서나 교양 독일어의 울타리를 넘어선 언어로도 의사소통은 가능하다. 가끔 변형된 시중의 언어도 인정해야 하며 심지어는 교과서 독일어와 시쳇말이 다르지 않다고 주장하는 사람도 있다. 하지만 그 말에 동의하는 사람은 극히 드물다.

부적절한 말투는 당신이 도약을 도모할 때 불필요한 걸림돌이 될 수도 있다. 바이에른의 변호사들은 바이에른 방언으로 변론하지 않고, 이민자 출신 건축가들도 설계 브리핑을 할 때는 철저하게 표준어를 구사한다. 사회경제적 기회를 잡고자 하는 사람이라면 사회적 지위와 출신 지역, 출신 민족과 상관없이 표준어를 쓴다. 언어의 품질은 듣는 사람이 아니라 말하는 사람이 져야 할 책임이다.

어떤 상황에서 어떤 발화 혹은 비발화 언어를 쓸지 가장 확실하게 아는 사람은 당신 자신이다. 어떤 어휘를 쓰고, 어떤 제스처를 쓰며, 대화를 어떻게 풀어가고 상대의 말에 어떻게 반응할지, 어떻게 발음하고, 목소리의 높낮이를 어떻게 하며, 말을 간결하게 끊을지 장황하게 늘릴지 등 언어를 발전시킬 포인트는 끝도 없이 많다. 하지만 지금 다루는 것은 '캡슐 아비투스'이므로 기본에만 집중해보자. 말투를 정리하고 불필요한 요소 없이 말하는 게 핵심이다. 다음 세 가지 행동 방식은 당신이 상위계층 언어 수준에 도달하는 데 도움을 줄 것이다.

말할 때도 쉼표와 마침표를 찍어라

불안은 빨리 말하도록 혀를 부추긴다. 그 뒤엔 말이 끊길지도 모른다는 두려움이나 아주 작은 것까지 다 설명하고자 하는 욕망이 숨어 있다. 그 결과 당신의 커진 목소리 뒤로 음절이 뭉개지고 수준 이하의 표현이 튀어나온다. 시간 여유가 좀 더 있었더라면 당신은 완전히 다른 이야기로 대화의 효과를 달성할 수 있었을 것이다.

입을 열기 전에 호흡을 한 번 하라. 다음 말을 머릿속에 먼저 떠올려라. 단어 하나하나를 정확하게 발음하라. 문장 끝엔 목소리를 낮춰라. 이렇게 하면 편안하고 온화한 말의 속도가 유지된다. 문장 끝에 잠깐씩 쉼표를 두는 것은 설득력을 높일 뿐 아니라 더 신중하고 정확한 문장을 구사하는 데 효과적이다. 좀 더 구체적인 지침으로는 사회학자 호세 벤키José Benki가 제시한 숫자를 참고하라. 이상적인 속도를 지키려면 초당 3.5개의 단어를 말하고 분당 4~5회를 멈춰야 한다.[5] 속도만 바꿔도 한결 유창하고 세련되게 말하는 것처럼 들린다.

상대의 말에 귀를 기울여라

남의 말을 잘 듣는 것은 힘든 일이다. 하지만 호의와 절제력을 동시에 표현하는 데 경청만큼 좋은 도구도 없다. 그러니 상대가 충분히 말하고 끝낼 때까지 기다려라. 끼어들고 싶고, 반박하고 싶고, 다른 질문을 하고 싶을 때조차 그저 기다리는 편이 낫다. 그리고 상대의 말이 끝나면 자기 얘기를 하려고 대화의 방향을 급선회하지 말고, 같은 주제에 심도를 더하고 질문을 던져 대화를 이어나가라. 본인의 얘기를 할 때 혹시 상대가 끼어들고 싶어 한다면 그러도록 허락하라. 그런 태도는 당신이 공감 능력이 뛰어나고 편안하며 주체적인 대화 상대임을 드러낸다.

불필요한 군더더기를 빼라

유행을 타지 않고 중립적인 단어를 택하면 말은 금세 세련되게 변한다. 인종차별적 용어, 과도한 줄임말, 욕설과 험한 말, 속어 등은 당신의 단어장에서 삭제하도록 하라. 나처럼 영어를 섞어 쓰길 좋아하는 사람이라면 그것도 고치는 편이 좋다. 물론 SF 로맨스 영화 〈아임 유어 맨^{Ich} $_{bin\ dein\ Mensch}$〉에서처럼 버튼 한 번으로 해결되진 않을 것이다. 과학 실험에 참여한 여주인공 알마가 눈빛만으로 상대의 마음을 읽는 휴머노이드 로봇 톰과 함께 보낸 3주간의 이야기를 그린 이 영화에선 다음과 같은 장면이 나온다.

"잘 알았습당!" 그녀의 지시를 그는 단숨에 받아들인다. 돌아서던 그녀가 발걸음을 멈추고 고개를 돌려 그를 쳐다본다. "아!" 눈빛을 읽은 그가 낮게 탄식한다. "혀 짧은 소리는 삭제하세요. 하는 김에 '오키도키', '방가방가' 같은 말들도 지우세요."

캡슐 아비투스 4:
교양

고급스러운 취향이 드러나는 옷차림과 자연스럽고 적절한 행동양식, 유창한 언변, 거기에 책과 영화에 대한 지식과 건강한 식생활, 세상에 대한 폭넓은 이해까지, 이 모든 것을 섭렵해 상위계층의 생활 방식을 갖추려면 어마어마한 돈이 들 것 같지만 꼭 그렇지만은 않다. 돈이 많지 않아도 분위기와 취향, 세련됨에 대한 감각이 있으면 된다.

상위계층에선 그런 감각이 존중받고 장려되지만 낮은 계층에서는 무시를 받고 심지어는 거부당하기도 한다. 바그너 오페라는 실황 중계로도 감상할 수 있고 트러플 오일은 창고형 슈퍼에서 저렴하게 살 수 있다. 그러나 시장조사기관에 따르면 그런 대중화된 상품의 주 고객마저도 중산층 이상으로 나타났다. 생활이 궁핍한 사람들은 그런 것들이 자기 분수에 맞지 않는다고 생각한다. 그러나 도약의 기회를 충분히 활용하고자 한다면 먼저 도약에 필요한 취향을 계발해야 한다.

대학 입학 전 오리엔테이션에서 만난 조교 선배에게서 나는 확실한 힌트 한 가지를 얻었다. 그녀는 입학생 모두에게 매일 전국 단위로 발간되는 종합일간지를 읽으라고 권했다. 그때 나는 당장 학생요금제로 독일에서 가장 영향력 있는 권위지 중 하나인 〈쥐트도이체 차이퉁Süddeutsche Zeitung〉을 구독하기 시작해서 학생할인을 기대할 수 없는 지금까지도 유지 중이다.

선배가 우리에게 종합일간지를 권한 이유를 깨닫기까지는 오래 걸리지 않았다. 전국을 대상으로 하는 종합일간지는 부모님 집에서 익숙하게 읽던 지역신문에 비해 훨씬 넓고 깊은 정보를 전해주었다. 종합일간지를 읽으며 나는 그 신문이 다루는 주제와 관심사, 타깃으로 삼은 독자층의 언어 및 사고적 수준을 직접적으로 경험할 수 있었다.

독일의 대표 종합지인 〈차이트Zeit〉의 타깃 독자층은 인문계 고등학교나 전문대 이상의 학력에 가구 월 소득이 3,500유로(한화로 약 520만 원) 이상인 사람들이다.[6] 수준 높은 일간지나 주간지 혹은 팟캐스트를 구독하면 여행에서부터 미식, 신기술, 예술에 이르기까지 다양한 범위에서 상위계층의 취향과 심미안, 생활 방식을 맛볼 수 있다.

새로운 아비투스에 몰입하라

오랫동안 도약을 꿈꾸며 책을 많이 읽고 코칭까지 받은 사람도 때론 묘한 감정에 부딪힌다. 아무리 발버둥을 쳐도 대단한 도약을 이뤄내진 못하리란 허탈감이 그 감정의 정체다. 거래처 사장과의 대화는 여전히 어색하고, 새로 한 헤어스타일이 자기에게 어울리는지 확신이 서지 않는다. 사람들이 카페에 앉아 로부스타와 아라비카를 두고 토론할 땐 듣는 시늉은 하지만 내심으론 아무런 흥미도 느끼지 못한다.

독서와 학습은 언제나 옳다. 그러나 도달해야 할 계층의 아비투스를 따라잡는 도구로서는 시작 단계에서 도움이 될 따름이다. 그렇게 당황할 것은 없다. 당신의 비교 대상은 이미 유치원 때부터 자기 평판을 높이는 데 도움이 되는 아비투스를 내면화한 사람들이다. 그래도 그들과 격차를 줄일 방법은 분명히 있다. 바로 '몰입'이다. 몰입을 뜻하는 라틴어 '임메르시오immersio'에는 침수 혹은 잠수라는 뜻도 있다. 외국어 학습에서도 몰입은 성공을 보장하는 효과적인 방법론으로 여겨진다.

> 몰입이란 새로운 환경에 적응할 준비가 될 때까지 기다리는 것이 아니라 온몸으로 그 환경에 빠져드는 것이다.

혹시 얼음 목욕을 해본 적이 있는가? 새로운 환경에 빠져드는 것은 차가운 물로 들어가는 것과 같다. 하지만 일단 뛰어들고 나면 놀라운 일이 일어난다. 나는 얼마 전 미용실에 갔다가 그 효과를 눈으로 확인했다. 나를 담당한 미용사 곁에는 이제 막 단기 교육을 수료한 수습 미용사 두 사람이 서 있었다. 둘 다 그날이 첫 근무라고 했는데 한 명은 정말 그래 보였다. 15분, 30분, 한 시간이 지나도록 그 수습 미용사는 계속 멀뚱히 서 있기만 했다.

하지만 다른 한 명은 선배 미용사가 내게 염색약의 색상과 커트할 기장에 대해 이야기하는 것을 자세히 관찰했다. 메모장에 무언가를 적다가도 내 어깨가 젖은 것을 보더니 냉큼 수건을 가져와 닦아주었다. 그러고서는 내게 커피를 권했고 바닥에 흐트러진 머리카락을 정리한 다음에는 다른 손님에게 가운을 가져다주었다. 조금 있으니 선배 미용사가 다가와 그 수습 미용사에게 헤어젤 잘 바르는 법을 알려주었다. 내가 머리를 하는 두 시간 동안 한 사람은 계속 구석에 침울한 표정으로 서 있었다. 그리고 다른 한 사람은 기꺼이 새로운 환경에 뛰어들어 거의 정직원처럼 행동했다.

나는 몰입이 아비투스를 전환하는 가장 확실한 방법이라고 생각한다. 어떤 이들에겐 집처럼 편안한 환경이 당신에게는 아직 낯설 수 있다. 당신이 확신을 품고 그런 낯선 환경에 뛰어들 때 사회적 몰입이 발생한다. 그 과정에서 당신이 얻을 이익은 새로운 아비투스를 피부로 흡수하고 직관적으로 이해하는 것이다. 어쩌면 당신에게 부족한 것이 무엇인지를 사소하게나마 깨달을 수도 있다.

나는 난생처음 아이스하키 경기장의 VIP석에 초대받았을 때 실제로 그런 경험을 했다. 그런 곳은 어떻게 생겼는지, 그런 데 갈 땐 어떤 차림이 어울리는지 아는 바가 없었다. 그래도 초대를 거절하기보다는 일단 가보기로 했다. 중요한 규칙만 어기지 않으면 민폐는 되지 않는다는 게 내 상식이었다. 경기장에 간 나는 곁눈질로 옆에 사람들을 보고 따라 했다. 그리고 다음번 하키장 방문 때는 응원하는 팀의 팬 스카프를 두르고 앉아 경기의 흐름에 자연스럽게 합류할 수 있었다.

괴테는 새로운 환경에 자연스럽게 휩쓸리는 것의 미덕을 경험으로 알았다. 시민계급의 아들이었던 그는 바이마르의 귀족 집단에 적응해야만 했다. 훗날 그는 일생을 높은 신분 사람들과 어울리는 것이 그다지 어렵지 않았다고 술회했다. "그럴 때 지켜야 할 유일한 규칙은 자기 본성이 완전히 드러나도록 두지 않는 것이다. 그보다는 일정한 관습 안에 머물러야 한다."[7] 새롭고 낯선 환경에 주눅 들지 않고 중요한 관례와 예절은 지키면서 상대와 주파수를 맞춰 부드럽게 리듬을 타보라. 캡슐 아비투스를 익히면 실천은 어렵지 않다.

**지금부터
당신이
해야 할 일**

상위계층의 아비투스는 우연히 얻어지는 게 아니다. 원하는 아비투스를 체득하기 위해선 투자가 필요하다. 전시회에 가고, 새로운 관계를 맺고, 낯선 곳으로 여행을 떠나고, 고급 식당에서 랍스터 메뉴를 주문하고, 자신의 외모가 체형과 지위에 어울리는지를 고민하고, 어색한 자리라도 기꺼이 초대에 응하고, 지금은 전혀 이해되지 않는 주제와 논제에도 열린 마음으로 임해야 한다.

가끔 힘이 들 때도 있지만 그 효과는 놀라우리만치 훌륭하다. 애쓰다 보면 나도 모르게 자기방어 모드가 작동할 수 있으니 주의하자. 가진 것이 적은 사람들은 종종 실패로부터 스스로를 보호하느라 오랫동안 익숙했던 아비투스를 가장 훌륭한 생활 태도인 양 자신을 방어하고 제한한다. 그보다는 새로운 세계에 흥미롭게 몰두하는 편이 바람직하다.

오스트리아 빈의 응용미술관 관장인 릴리 홀라인Lilli Hollein의 말은 그 점을 정확하게 지적한다. "'이 애송이야, 그것도 모르니. 얼른 와서 배워'가 아니라 '여기 와서 네가 무얼 찾아내는지 한번 지켜봐'를 모토로 삼아야 한다."[8]

여덟 번째 힘

사회적 역할을 감당하는 이중 아비투스

원가족과 도약 계층의 균형을 찾아라

부유하든 그렇지 않든 어느 가정에서나 발견되는 공통점이 있다. 부모의 형편과 상관없이 자녀들은 자기만의 길을 간다는 점이다. 상위계층만큼이나 노동자 계층 부모들도 그러길 소망한다. 비록 두 세계에서 성공과 지위가 의미하는 바가 다를 수는 있지만 기본적으로 자녀가 잘되길 바라는 게 모든 부모의 마음이다.

그런데 자녀에게 물려줄 것이 적은 가정일수록 여기에 까다로운 소망 하나가 더 추가된다. 이들 가정의 부모는 자녀가 그럴듯한 경력, 두둑한 월급봉투, 안정된 직장을 갖길 기대한다. 자신의 아들딸이 그 소망을 이루는 데 큰 관심이 없을 때조차 말이다.

후대를 위한 프로젝트

스코틀랜드의 경제학자 그레고리 클라크$^{Gregory Clark}$는 조상의 지위가 후손의 인생을 어떻게 결정하는가를 보여주는 흥미로운 책을 썼다.[1] 그는 독특한 성씨를 골라 수백 년간 그 가문의 행적을 연구했는데 조사 대상 중 가장 도드라진 이름은 '피프스^{Pepys}'란 영국 성씨였다.

피프스 가문의 역사는 한 조상의 계층이동이 후손에게 어떤 유익을 끼치는지를 보여주는 전형적인 사례다. 가장 유명한 인물은 새뮤얼 피프스$^{Saumuel Pepys}$(1633~1703)로, 런던의 재단사 아들로 태어나 가문의 번영을 위한 주춧돌을 놓았다. 그는 대농장 관리인이었던 삼촌 덕분에 라틴어 학교에 들어갈 수 있었고 나중엔 케임브리지 대학교에서 수학했다. 이후 해군 행정관과 상원의원을 거쳐 장관의 자리에까지 올랐다. 하지만 새뮤얼 피프스는 정치인보다는 작가로 명성을 누렸다. 그가 당대 런던의 모습을 기록한 일기는 영국 문학사에 기념비로 남았다.

그의 후손 중에 그만큼 유명한 사람은 없었다. 그런데도 하나같이 인생이 잘 풀렸다. 옥스퍼드 대학교와 케임브리지 대학교의 학적부를 조사한 결과 지난 몇백 년간 이 명문 대학들에서 수학한 '피프스'의 수는 통계적 평균보다 20배나 더 많았다. 2012년 영국에 사는 피프스는 18명이었는데 그중 네 명이 의학박사 학위 소지자였다. 사회적 도약을 주제로 그림책을 만든다면 그 주인공은 단연 피프스 가문일 것이다.

그들은 후손에게 바통을 잘 넘겨주며 도약을 이어갔다.

피프스 가문처럼 세대 간 이어달리기를 잘 해낸 사례를 우리 시대에서 찾아보라고 한다면 머릿속에 제일 먼저 버락 오바마가 떠오른다. 그가 미합중국 대통령으로 당선되었던 2009년, 그의 장모인 메리앤 로빈슨Marian Robinson은 시카고의 슬럼가에서 백악관으로 거처를 옮겼다. 전직 비서였던 그녀는 대통령 장모의 역할을 훌륭하게 수행해 대중의 사랑을 받았다. 그녀는 자녀들이 이룬 성과를 인정하고 칭찬하는 데 인색함이 없었다. 나중에 버락 오바마도 자녀에게 바통을 넘겨줄 채비를 할 때가 되었을 때 "내 딸들은 그 나이 때 나보다 훨씬 더 똑똑하고 교양 있으며 재능이 많다"[2]라고 말했다.

한번 이룬 도약을 세대에 걸쳐 전승하는 것은 자연스러운 세상의 이치다. 조상이 애써 도달한 사회적 지위에서 성과를 쌓기 시작하는 후손들은 별일이 없는 한 그 높이를 그대로 유지한다. 다만 도약으로 펼쳐진 새로운 상황에 모두가 안착하지는 못한다.

도약으로 새로운 사회적 지위를 성취한 가정의 자녀들이 자라면서 부모와 집안 어른들로부터 자주 듣는 소리가 있다. "네가 어디서 왔는지를 잊지 말거라."

어린아이를 어리둥절하게 만들기 딱 좋은 이 말에는 부모의 묵직한 진심이 담겨 있다. 자녀가 도약하길 간절히 바라며 그래서 온 힘을 다해 도울 것이란 뜻이다. 동시에 이 말에는 부모의 마음 한구석에 깃든 염려도 숨어 있다. 괴테의 시 〈마법사의 제자^{Zauberlehrling}〉의 한 구절 "한번 불러낸 영들은 다시 거둘 수 없으리"처럼 자녀가 너무 커서 부모의 손이 닿지 않을 수도 있기 때문이다.

처음부터 높은 지위에서 시작한 아이들과 달리 도약으로 올라간 아이들에겐 기존의 세계를 떨쳐야만 하는 숙제가 있다. 그들은 새로운 길을 따라 새로운 지평을 열고 새로운 사람들을 알아가며 새로운 주제와 영역에서 일하게 되는데, 그들의 부모는 그 새로움이 낯설고 때론 수상하기까지 하다. 이 작은 틈은 시간이 갈수록 벌어져 어느새 커다란 골짜기가 된다. 부모와 자식이 그 간극을 넘어 관계를 유지하려면 서로 엄청난 이해심을 발휘해야 한다. 물질적 차이보다는 문화적 차이가 훨씬 극복하기 힘들다.

35세 정치부 기자인 안나는 "아버지와 얘기하는 게 힘들다"라고 말한다. "아버지도 정세에 해박하신 분이긴 하다. 하지만 직업이 직업인 만큼 적어도 정치와 관련해서는 내가 더 잘 아는 게 당연하지 않은가. 그런데 아버지는 그 점을 인정하지 않는다."

자녀의 교육 수준이 부모를 능가할 경우는 더더욱 자녀의 지식과 경험을 따라잡기가 힘들다. 자녀가 새 프로젝트를 하고 해외에 체류하고 새로운 관계를 맺는 등 새로운 경험을 할 때마다 부모와의 거리는 점점 더 멀어진다.

결국 부모와 자식은 서로 다른 안목으로 세상을 보게 되고, 커피 취향에서부터 여성의 권리에 이르기까지 만사에 의견이 엇갈리게 된다.

하지만 분위기가 좋은 집에선 그런 차이들을 웃어넘길 수 있고 서로를 인정하는 계기가 되며, 오히려 좋은 이야깃거리가 되기도 한다. 달라도 가족이기에 정서적으로 가깝게 지내고, 서로의 오랜 경험과 새로운 발견을 흥미롭게 여기며, 서로 약간씩 혹은 엄청나게 다를 수 있다는 사실을 순순히 받아들인다. 이런 태도는 인간적 성숙의 증표이자 상호존중의 신호다. 부모가 도약을 시도하는 자녀를 보며 "잘할 수 있어!"라며 응원하고 도약을 성취한 후엔 "정말 멋지다!"라고 인정할 때 소득수준이나 취향의 차이는 가족 간의 유대를 더욱 끈끈하게 만든다.

이런 부모들 중에는 팔불출 소리를 들어가면서도 자식 자랑을 멈추지 못하는 부모도 있고, 자녀의 관심사를 따라 자기도 덩달아 새로운 세계에 입문하는 부모도 있다. 〈세서미 스트리트 매거진〉의 전직 발행인 마지 케네디Marge Kennedy는 이상적인 부모 자식 관계를 다음과 같이 설명했다. "꾀죄죄한 몰골로 가도 위대한 인물처럼 대접받는 유일한 곳이 바로 부모님 집이다."

**가족이 함께
나아가는 법**

하지만 자녀가 부모보다 앞서간 모든 가정이 그렇게 화목하기만 한 것은 아니다. 혹시 형제자매 중 한 명이 독립하지 못했다면 상황은 좀 더 복잡해진다. 자녀들의 행로가 엇갈리는 가운데 일부 자녀가 성취한 문화적·정신적 도약은 가족의 기쁨이 되기는커녕 갈등의 씨앗이 될 수도 있다. 태생에서 벗어나지 못한 가족 구성원들은 정체성을 위협받은 사람들이 으레 그렇듯 도약한 가족을 향해 거친 말투로 각을 세운다.

이런 가정의 부모는 다음 세대와 함께 한 단계 점프하는 대신 기존의 생활 방식을 고수하려 든다. 그럴 때 자녀들의 여유로운 근무 환경은 오히려 폄훼의 대상이 된다. 그들은 고된 육체노동, 물리적 출퇴근, 상사와 좋은 관계를 맺기 위한 감정노동이 있어야 진짜 노동이라는 고정관념에서 벗어나지 못한다. 특히 자녀가 교사나 기술자처럼 실용적인 가치를 명백하게 인정받는 직업이 아니라 디자인, 미디어, 광물학 같은 분야를 선택한 경우 부모는 자녀가 몸담은 새로운 직업 세계를 전혀 이해하지 못하고 재택근무자나 프리랜서는 아예 일하지 않는 것처럼 취급할 때도 많다. 갈등 초기에 자녀들은 언젠가는 상황이 나아질 것이라 믿으며 가족으로서 의무를 충실히 이행하려 한다.

하지만 가족의 이상한 기대가 그들을 가로막는다. 더 나은 것을 추구하는 것은 당연하지만 더 나은 사람이 된 것처럼 행동하진 않길 바란다.

원가족이 이런 식으로 그림자를 드리우면 높이 뛰어오르던 발걸음에 제동이 걸린다. 그들은 도약을 이룬 자녀 혹은 형제자매의 성과를 인정하는 대신 '사회적 자리 배정'을 하려 한다. 사회적 자리 배정은 사회학자인 페터 뷔흐너Peter Büchner와 안나 브라케Anna Brake가 언급한 용어로 '경력은 이 정도, 도약은 거기까지. 낯선 아비투스는 마음에 들지 않아!'라는 식으로 부모가 자녀에게 보내는 미묘한 메시지를 가리킨다.[3]

예를 들어 사회적으로 큰 성공을 거둔 아들이 약혼식을 하는데 아버지가 정장을 입지 않겠다고 고집을 피운다. 어쩌면 그 아버지에겐 정장 자체가 없을 수도 있다. 부유한 딸의 집에 방문한 어머니가 고급 커피머신에서 추출한 원두커피를 한사코 거절하며 자기 집에서 먹던 인스턴트커피를 내놓길 바란다. 고향의 형제자매들이 IT 기업 이사로 승진한 맏언니의 성공을 "유난히 운 좋은 사람이 있다"라며 은근히 깎아내린다. 가족이라 웃어넘기지만 마냥 웃을 수만은 없는 상황이다.

그들의 눈에 만사가 수월하게 굴러가는 듯한 동년배 친구들이 들어온다. 친구들의 부모님은 전문직으로 맞벌이를 하며 자녀가 이룬 성과에 아낌없는 박수를 보낸다. 그저 한 계단 더 올라갔을 뿐인데도 마치 대단한 업적을 이룬 듯 응원한다. 눈을 돌려 자신의 가족을 바라본다. 부모의 사랑과 신의를 얻으려면 기대를 따라야 한다. 하지만 원래 그 자리에 머무르길 바라는 부모의 요구를 더는 수용할 수 없다.

이와 비슷한 이유로 부모님과 싸운 적이 있는가? 그렇다면 당신은 혼자가 아니다. 원가족으로부터 마음의 거리를 두려는 사람은 누구나 저항을 견뎌야 하는 법이다. 건축가 페터 하이메를$^{Peter\ Haimerl}$도 비슷한 얘기를 한 적이 있다. 그는 디자인은 간소하게, 자재의 재질은 투박하게 살린 독특한 건축물로 독일 건축계의 스타가 되었다. 독일 남동부 작은 마을인 블라이바흐^{Blaibach}에는 그가 지은 콘서트홀이 있다. 나는 그곳에서 그가 투어 행사를 한다는 소식을 듣고 자욱한 안개를 뚫고 단숨에 달려갔다. 투어에서 하이메를은 가족들이 자신의 건축 세계를 거의 이해하지 못한다고 말했다.

"블라이바흐에서 프로젝트를 따려고 공을 들일 때였어요. 제 전작 중에서 19세기 농가를 리모델링한 '칠리' 프로젝트를 샘플로 보여줄 생각이었죠. 그때 어머니가 말씀하셨어요. '맙소사, 그걸 보고 누가 너한테 일을 맡기겠니.'"[4]

사회적 도약이 교육을 통해 일어난다는 사실을 증명하는 사례는 차고 넘친다. 이 말인즉슨 당신의 소득이 부모님을 능가하지 않을 때조차도 당신은 문화적으로 부모님과 전혀 다른 세계를 살아갈 수 있다는 뜻이다. 독일 연방 정치교육원의 보고서는 다음과 같이 말한다. "가족 공통의 화제, 관심사, 가치가 사라진다. 생활환경과 생활 방식은 점점 달라진다."[5]

남들보다 두각을 드러낸다고 해서 오만한 것은 아니다. 그건 그저 원가족이 태클을 걸려고 하는 말이다. 앞길을 스스로 개척하는 사람은 엄청난 변화의 과정을 거쳐야 한다. 원가족의 사고방식과 행동양식도 넘어서야 한다. 하지만 도약을 꿈꾸는 사람들은 기존의 결속과 새로운 관계가 함께 가길 원한다. 그 점에서 페터 하이메를은 성공 사례로 꼽힌다. 그는 태생적 경험에서 영감을 얻어 고향의 전통 농가를 복원하는 동시에 새로운 주거문화를 적용한 건축을 시도했다. 부모님은 그의 급진적인 건축 세계를 이해하지 못한다. 하지만 도약의 길에서도 태생을 놓지 않은 그의 적극적인 노력 덕분에 그들의 관계는 여전히 화목하다.

인연을 끊는 것은
해답이 아니다

소설가 다니엘라 드뢰셔Daniela Dröscher는 자전적 에세이 《너의 클래스를 보여줘!Zeige deine Klasse》에서 친척들이 모두 모인 자리에 헤드폰을 쓰고 앉아 있던 10대 시절을 묘사했다. 시답잖은 동네 소문이나 육아 고민, 누가 무슨 병에 걸렸다거나 곧 죽게 생겼다거나 이미 죽었다는 식의 이야기 등 어른들이 케이크를 나눠 먹으며 오가는 이야기 중 그녀의 귀를 솔깃하게 만드는 주제는 하나도 없었다.[6]

그 글을 읽으며 비슷했던 나의 10대 시절이 떠올랐다. 친척들이 모이는 자리에 나는 항상 소설책을, 가능하면 외국어 원서를 챙겨 갔다. 아마존닷컴이 생기기 전이었으므로 원서는 사회적 격차를 드러낼 만한 문화 자산이었다. 나는 외국어 소설을 들고 따로 앉아 혼자만의 세상을 누렸다. 내겐 영국과 프랑스에 친구가 있었고 그들 덕분에 펭귄클래식이나 갈리마르^{Gallimard} 세계명작을 읽을 수 있었다.

다행히 그런 시절을 통과한 후 우리는 두 세계의 균형을 우아하게 조절하는 법을 배운다. 하지만 뿌리에서 멀어진 길을 돌아갈 수는 없다. 도약자들은 모두 그 거리감 때문에 힘들어한다. 홀로 고통을 감내하느라 겉으로 드러나지 않을 뿐이다. 사회학자 알라딘 엘-마파알라니의 연구에 따르면 도약에 성공한 사람 대부분은 "가족과 얽힌 생물학적 문제들이 사회적 도약과 관련이 있을 것이란 생각을" 하지 못한다. "보통은 그저 개인의 실패로 얼버무려질 뿐이다. 자기가 잘하지 못했거나 부모가 바보같이 굴었다는 식으로."[7] 하지만 우리는 가족들과 잘 지내길 원하고 잘 지내는 게 맞다.

오히려 원가족과 인연을 끊는 것이 더 간단해 보일 때도 있다. 프랑스 노동자 계층에서 태어나 철학자가 된 디디에 에리봉$^{Didier Eribon}$은 사회적 도약을 이룬 후 느낀 심정에 대해 이렇게 말했다. "무엇이 되었는지를 말하노라면 기분이 유쾌하고 우쭐해진다. 한때 무엇이었는지를 말하노라면 영 그렇지 못하다."[8] 상위계층 부모는 자녀들의 명성을 끌어올린다. 하지만 자녀의 세계에 어떻게 들어가야 할지조차 모르는 하위계층의 부모는 안목, 옷차림, 말투 등으로 자신이 얼마나 먼 곳에 있는지를 드러내며 자녀들의 평판에 흠집을 낸다.

그렇지만 나무와 마찬가지로 사람도 뿌리가 잘리면 힘을 쓰지 못한다. 독일인의 80퍼센트가 성공한 인생에는 가족을 위한 헌신이 있어야 한다고 말했다.[9] 이 숫자는 사회적 도약에 성공한 사람도 원가족과의 관계에 문제가 생기면 그 성공을 온전히 누리기 힘들 것이란 예상을 하게 한다. 한번 멀어진 관계는 시간이 지날수록 회복하기 힘들며 가족과의 반목은 스트레스의 원인이 된다. 그래서 나는 가족 간에 찰떡궁합까지 바라진 않더라도 마음의 문을 열고 기다려줄 필요는 있다고 생각한다. 어쨌든 원가족이야말로 우리가 제일 사랑하고 우리의 인생에 가장 큰 영향을 미치는 사람들이지 않은가. 그렇다면 우리는 무엇을 해야 할까?

이중 아비투스를 활용하라

먼저 객관적인 입장에서 관찰해보자. 당신에게 일어난 일은 무엇인가? 당신은 열심히 일했고 차근차근 앞으로 나아가 상위계층의 코드를 배우고 익혔다. 패션부터 음악, 인테리어, 전기차에 이르기까지 주변과 어울리는 취향이라면 가리지 않고 섭렵했다. 당신이 고군분투하는 동안에도 당신의 원가족은 미식의 최고봉은 돈가스라고 생각하고 실내악 연주회는 평생 가본 적이 없으며 무턱대고 상위계층을 향해 분노를 퍼부었다. 꼭 이런 상황은 아니어도 당신은 어떤 계기로 원가족과 돌이킬 수 없는 격차를 확인했다. 무엇이 되었든 차이는 분명했고 어쩌면 그 간격이 어마어마하게 넓어 보일 수도 있다. 하지만 당신이 다리가 된다면 아무리 멀다 해도 그 간격은 다시 이어질 수 있다.

잠시 당신이 다른 나라에 살고 있다고 상상해보자. 당신은 그 나라의 언어에 통달했고 그 나라의 예법도 몸에 익어서 이제는 어떤 상황이 닥쳐도 완벽하게 대처할 자신이 있다. 그렇다고 당신이 모국어를 잊었을까? 아니다. 고향에 돌아오면 금방 모국어 실력이 되살아날 것이다.

마찬가지로 도약으로 새로운 아비투스를 익힌 사람은 두 개의 아비투스를 동시에 갖고 있다. 하지만 이중언어 능력이 자랑스럽게 여겨지는 것과 달리 이중 아비투스는 선망의 대상이 아니다. 심지어 사회학자들은 서로 다른 사회계층에서 저마다의 방식으로 적절하게 처신하는 능력을 마치 결함인 양 취급한다. 피에르 부르디외는 한 사람이 여러 가지 아비투스를 경험한 것을 두고 '쪼개진 아비투스'라고 부른다. '태생적 나'와 '현재의 나' 사이를 오락가락하다 보니 여기에도 저기에도 안 맞는 어중간한 아비투스가 생겼다는 의미로 들린다.

하지만 이 상황을 다른 방식으로 해석해보면 어떨까? 우리의 이중 아비투스가 우리의 내면을 쪼갠다고 생각하는 대신, 사회적으로 두 가지 역할을 감당할 수 있도록 도와준다고 생각해보는 것이다. 우리가 여러 언어를 동시에 구사할 수 있다면 여러 사회계층 사이를 오갈 수도 있는 것 아닐까? 그렇다면 우리의 태생적 아비투스와 성취된 아비투스는 양립 불가한 배타적 속성이라기보다는 한 인격이 지닌 두 가지 스타일로 풀이될 수 있을 것이다.

이 생각을 받아들이면 '쪼개진 아비투스'에 숨은 커다란 장점이 보이기 시작한다. 삶은 당신이 태생적 아비투스와 후천적으로 성취한 현재의 아비투스 사이를 자유자재로 오갈 수 있는 능력을 키워주었다. 물론 계속 오가는 건 번거로운 일이고 때론 착오가 생길 수 있다는 점은 인정한다. 하지만 이중 아비투스는 당신의 태생을 받아들이고 다양한 사람들을 파악하는 데 도움이 된다. 그리고 무엇보다 원가족과의 관계를 계속 유지하기 위해선 이중 아비투스가 꼭 필요하다. 부모나 형제자매가 당신의 관심사나 생각을 따라오지 못할 수도 있다. 그래도 괜찮다. 당신이 그들을 따라갈 수 있으니.

베를린에 거주하는 번역가 케이티 더비셔Katy Derbyshire는 영국의 노동자 가정 출신이다. 요즘 그녀는 시간을 쪼개서라도 정기적으로 가족을 방문하려 애쓴다. "언니는 코딱지만 한 집에 산다. 간혹 성대한 문학 행사에 참석했다가 곧장 언니네로 갈 때가 있다. 그럴 땐 문화적 충돌이 일어나곤 한다. 서로의 삶이 너무 다르기 때문이다. 하지만 며칠이 지나면 긴장이 풀어지고 여유로운 순간이 찾아온다. 몇 시간이고 깔깔 웃으며 어린 조카들의 냄새와 언니의 사랑으로 세례를 받는 그 순간이."[10]

머물기 위해
떠난다

오랜만에 찾아온 당신이 더는 친숙한 예전 모습이 아니라는 것을 알게 되면 당신의 부모님은 어떻게 반응할까? 반면에 성공하긴 했지만 여전히 예전의 삶과 연결돼 있다고 느낀다면 부모님은 한결 느긋한 기분으로 그 변화를 받아들일 가능성이 크다. 그 일은 당신이 시작해야 한다. 적극적으로 주변을 보살피려는 자세가 필요하다. 성공했어도 뿌리를 잊지 않았다는 사실을 증명해 보여야 한다. 외국인을 만나면 외국어를 하듯 언제라도 예전의 세계로 들어갈 채비가 돼 있어야 한다.

그들은 못 하고 당신은 할 수 있으므로 당신이 해야 한다.

예를 들어 부모님이 타던 자전거가 고장 나면 원래 타던 평범한 자전거를 새로 사드리는 편이 낫다. 굳이 일상용과 산악용이 결합된 최신형 하이브리드 자전거를 권할 필요는 없다. 식사 때는 모두가 마시는 음료를 같이 마신다. 적절한 기회에 와인에 대한 지식을 나누되 식탁 위에 올라온 와인에 대해 이러쿵저러쿵하지 않는다. 둘러앉아 얘길 나눌 때는 회사를 경영하면서 다양성을 추구하는 게 얼마나 어려운지에 관한 고민을 털어놓기보다는, 국가대표 여성 축구팀의 최근 경기 실적을 두고 왈가왈부하는 편이 낫다.

당신은 인정과 감탄만큼 사람들의 마음을 쉽게 녹이는 도구도 없다는 것을 잘 알고 있으면서 가족들의 경험을 진지하게 받아들이고 조언을 구할 생각은 해본 적이 없을 것이다. 가령 어린이집에서 일하는 당신의 친척은 비록 국제회의에서 성인들의 논쟁을 중재해본 적은 없겠지만 생떼를 쓰는 두 살짜리를 다루는 일에는 당신보다 훨씬 능숙할 것이다. 그럴 땐 이렇게 말문을 터보면 어떨까? "내게 조언을 좀 해줘. 어린이집 교사의 경험담이 내게 큰 도움이 될 거야." 집안에서 제일 잘나고 아는 게 많은 사람으로 인정받는 당신이 전문가 대접을 해주었다는 사실만으로도 친척의 마음은 눈 녹듯 누그러질 것이다.

공통점을 강조하고 익숙한 화법을 구사하며 가끔 약한 모습을 보이되 절대 거만하게 굴지 않는 이런 노력이 당신에게 해로울 것은 하나도 없다. 스웨덴의 사회학자 비에른 이베마르크$^{Björn\ Ivemark}$와 안나 암브로즈$^{Anna\ Ambrose}$가 연구한 바에 따르면 사회적 도약을 이룬 사람들 중 가장 큰 성공을 거둔 사람들은 바로 이런 이중 아비투스 역량을 갖추고 있었다.[11]

그들은 적극적으로 원가족과 친밀감을 유지하고 가족의 분위기를 긍정적으로 이끄는 책임을 기꺼이 도맡는다. 어떻게 해야 가족이 갈등 없이 편안하게 어울릴 수 있을까? 어떤 주제와 의견을 내놓아야 공감을 얻을까? 가족을 결속시키거나 분열시키는 태도와 계획은 무엇일까? 우리가 서로 다르긴 해도 여전히 친밀하다는 기분을 느끼게 하려면 어떻게 처신해야 할까? 이런 질문들을 하며 끊임없이 고민한다.

물론 얼마나 많은 것을 이루었는지 가족에게 증명하고 싶기도 할 것이다. 하지만 원가족은 자기 삶의 울타리에 갇힌 나머지 자녀의 성취를 제대로 인정하지 않을 때가 많다. 그들은 리더십이 뛰어난 딸이나 혁신적인 아이디어로 세간의 존경을 받는 아들을 칭찬하고 응원하길 꺼린다. 부모의 인정을 간절히 원했던 당신은 상처를 받을지도 모른다. 하지만 넓은 관점으로 상황을 바라보고 관대하게 마음을 먹자. 가족의 아비투스는 한 겹이지만 당신의 아비투스는 두 겹이다. 이중 아비투스를 통해 다른 사람에겐 없는 가능성을 키워라.

함께
앞으로 나아가라

사회적 도약을 이룬 사람이 여전히 가족과 안정적으로 연락을 하고 지낸다면 그것만으로도 대단한 일이다. 하지만 여전히 채워지지 않은 바람도 있다. 아마도 당신은 새로운 삶의 더 많은 부분을 가족들과 공유하고 싶을지도 모른다. 대가족이 함께 여행을 가고 싶을 수도 있다. 가족들이 부담 없이 입어주길 바라며 명품 옷을 선물할 수도 있다. 때론 출신을 감추고픈 내적 갈등 없이 가족을 친구나 동료에게 소개할 수 있다면 얼마나 좋을까 하는 생각도 한다.

만일 당신이 원가족의 존경을 얻을 만한 성과를 이룬다면 그런 일은 충분히 현실이 될 수 있다. 당신의 가슴속에 고이 간직한 이상적인 가족의 모습을 실현할 수 있다는 뜻이다. 단 혼자 힘으로는 안 된다.

양쪽 모두가 새로운 환경에 대처하는 법을 배워야 한다.

자녀가 이룬 사회적 지위에 부모가 함께한다면 가족 내 지위 구조에도 변화가 생긴다. 자녀들은 가족의 리더 역할을 맡아 부모가 더 높은 수준에 이를 수 있도록 적극적으로 돕는다. 재정적 지원은 물론이고 자신의 세계를 공유할 수 있는 다양한 방법을 찾는 것도 자녀의 몫이다.

41세에 아버지가 집배원으로 일했던 고향으로 돌아와 스타트업을 세운 스테판도 그런 사례 중 하나다. 때마다 그는 사업 파트너들에게 직접 만든 엘더베리 플라워 시럽을 선물한다. 어느덧 회사의 상징처럼 되어버린 선물을 준비하기 위해 그와 그의 아버지는 그들만 아는 제조법으로 매년 수십 병의 시럽을 만든다. 또한 아버지는 기차역에서 손님들을 맞이하고 회사 건물의 유지보수와 동절기 관리를 책임진다.

스테판은 자신의 리드를 부모님이 따라주어 기뻤다. 물론 역할이 변하는 과정에서 그와 부모 모두 어느 정도 대가를 치러야 했다. 도약을 이룬 아들은 부모에게 돈과 공감 그리고 칭찬과 응원을 아낌없이 보냈다. 부모는 아들이 베푼 것들을 기꺼이 받아들였다. 그들은 사회적 지위와 지식 측면에서 아들이 훨씬 우월하다는 점을 암묵적으로 인정했고 때론 그 사실을 명시적으로 표현하기도 했다.

도약에 성공한 자녀 모두가 스테판처럼 부모와 가깝게 지내는 것은 아니다. 또한 모든 부모가 스테판의 부모처럼 역할 변화를 성숙하게 받아들이는 것도 아니다. 하지만 가족과 함께 전진하는 프로젝트가 성공한다면 모두가 그 혜택을 누릴 수 있다. 과거와 현재가 조화롭게 섞이면 하나의 큰 그림이 완성된다. 가족이 서로를 이해하고 끈끈한 관계를 유지할 때 세대를 이어 도약하는 아름다운 이어달리기는 현실이 된다.

독일 바이에른 주의회 의장인 일제 아이그너$^{Ilse\ Aigner}$는 그 가능성을 증명한 모범 사례다. 그녀의 부모님은 전자제품 수리점을 운영했고 그녀는 중학교 졸업 후 라디오와 TV를 비롯한 각종 전자제품 수리를 배웠다. 그리고 그곳에서부터 정치 인생을 시작했다. 그녀는 청년연합 바이에른 지부장으로 뛰어올라 베를린 의회에 진출했고 연방 소비자보호부 장관과 바이에른주 총리를 거쳐 마침내 주의회 의장이 되었다. 그러나 권력의 수뇌부에 도달한 여느 정치인과 달리 그녀는 뮌헨의 고급 주택가가 아닌 고향 마을에 산다. 여동생 집 바로 옆에서, 어머니와 함께.

지금부터 당신이 해야 할 일

출생으로 얻은 가족은 우리의 사회적 지표다. 당신도 나이와 성과가 아닌 오로지 가정환경에 따라 평가받은 경험이 한 번쯤은 있을 것이다. 그리고 도약으로 높은 지위에 오른 사람일수록 자신의 가정환경이 '부적절하다'라는 생각에 시달린다. 원가족의 사회적 지위가 그 사람의 피부색보다 더 큰 차별의 근거가 될 때도 많다.[12]

운이 나쁘면 당신의 긍정적 이미지가 궁색한 출신 때문에 훼손되기도 한다. 그 정도까지는 아니더라도 원가족의 배경은 당신이 원년 멤버가 아니라는 사실을 같은 계층 사람들에게 누설하는 단서가 된다. 사회 구조 전체가 바뀌지 않는 한 그런 선입견은 뒤집을 방도가 없다.

그래서 당신은 가끔 출신배경을 미화하고 싶다는 욕망을 느낀다. 하지만 그럴수록 더 당당하게 상황을 돌파해야 한다. 만약 가족이 당신을 위해 최선을 다하고 싶어 한다는 확신이 든다면 그때는 가정 안에서 변화를 도모해보는 것도 좋다. 먼저 다양한 생활 방식과 경험에 대해, 어디서 차이가 발생하는지에 대해, 당신이 지금 속해 있는 계층의 사람들은 어떻게 의사소통을 하는지에 대해 허심탄회한 이야기를 나눠라. 당신이 먼저 고민을 털어놓는다면 가족들도 신중하게 받아들일 것이다. 지금 당장 생각보다 더 큰 변화가 일어날 수도 있다.

아홉 번째 힘

적당한 밀도의 네트워크

–

연대를 발판 삼아 도약하라

몇 년 전 대학에서 학문적 연구법을 강의할 때 있었던 일이다. 직장에 다니면서 경영학 과정을 이수하는 학생들을 대상으로 한 수업인지라 학장은 강의 수준을 낮게 잡을 것을 권했다. 첫 수업에서 나는 학생들에게 신뢰할 만한 정보를 어디에서 얻느냐고 물었다. 그때 한 학생이 손을 들고 일어나 자기는 믿을 만한 정보를 얻는 주된 출처가 삼촌이라고 답했다. 순간 강의실 여기저기서 웃음이 터졌고 나 역시 당황한 기색을 감추지 못했다.

"삼촌이 혹시 학계 종사자인가요?"

그 학생은 아니라고 답했다. 휴대전화 판매점을 운영하는 그의 삼촌은 집안에서 가장 성공한 인사로 꼽히고 그래서 모든 친지가 그 가게를 사랑방처럼 드나든다고 했다. 그 학생은 대학 졸업 논문에 대한 조언도 삼촌에게 구하는 게 당연하다고 여겼다.

사회적 지위를 막론하고 사람들은 서로 돕고 신뢰한다. 관계 속에서 감정은 긴밀하게 얽혀 있다.《해리 포터》에서 마법사 덤블도어가 "우리는 힘을 합친 만큼 강해진다. 그리고 분열한 만큼 약해진다"라고 말한 것처럼 우리는 사회적 관계 속에서 살아가는 존재다. 그래서 가난한 환경에서 가족과 친지 관계가 유독 끈끈해 보일 때가 많다. 형편이 팍팍할수록 가족, 이웃, 친구들은 더 긴밀하게 서로를 돌본다.

반면 사회적 지위가 올라갈수록 네트워크의 밀도는 낮아지고 대신 범위가 넓어진다. 상위계층은 더 먼 곳의, 더 많은 사람과 관계를 맺는다. 높은 계층일수록 자신의 사회적 자본을 지역과 국가의 경계 너머로 넓게 퍼트린다.

긴밀한 관계가
언제나 정답은 아니다

출생으로 사회적 지위를 물려받은 사람들과 달리, 도약으로 높은 사회적 지위에 오른 사람들은 더 이상 선대의 그림자 안에 머무를 수 없다. 대부분의 도약자가 처음에는 가정에서 든든한 지원을 받는 동년배들의 성과를 혼자서 따라가려면 얼마나 많은 지식을 쌓고 얼마나 격렬하게 싸워야 하는지를 가늠조차 하지 못한다. 대대손손 재산과 권력을 쥐고 산 가문의 자손은 선대의 발자국만 잘 따라가도 금방 목적지에 도달한다.

대표적인 사례로 44세의 환경 전문가 마르쿠스를 들 수 있다. 그는 곧 가업을 상속받기로 예정되어 있다. 현재는 부모 가까이에 살면서 조부모 때부터 회원으로 활동해온 각종 모임과 위원회 소속으로 활동 중이다. 그의 딸은 그가 졸업한 고등학교에 다닌다. 그는 고등학교 때 친구들과 여전히 친하게 어울리며 생일파티뿐 아니라 사업도 함께 한다.

이런 그의 이력을 당신은 너무 밋밋하다고 여길지 모른다. 인생을 막 시작하던 무렵에는 나 또한 당신과 비슷하게 생각했다. 그러나 지금은 마르쿠스의 미래가 얼마나 창창할지, 그 인생의 도면이 눈앞에 생생히 그려지는 기분이다.

> 부모의 다정한 보살핌 아래 아무런 어려움 없이 사회적 자본을 쌓을 수 있는 사람은 발버둥 치며 노력할 필요가 없다.

경제적·문화적 자본과 마찬가지로 사회적 자본도 균일하게 분배되지 않는다. 낮은 계층에서는 사회적 자본이 가족, 친지, 친구, 동호회 회원, 직장 동료로 한정된다. 새벽 3시에 수도관이 터져서 난감할 때 전화를 걸어 도움을 청할 수 있는 사람들이다. 반면 지위가 높아질수록 꼭 친하지 않아도 전문가, 의사결정자, 권위자들과 폭넓게 연결된다. 이런 차이는 두 가지 측면에서 도약자들에게 불리하게 작용한다.

1. 도약자들의 성장 과정에서는 가족의 울타리를 넘어 인맥을 넓혀야 한다고 조언해주는 사람이 없었다. 보고 배울 만한 롤 모델도 없었다. 그들의 부모와 조부모, 이모, 삼촌들은 그들의 직장과 사회생활에 도움이 될 만한 네트워크와는 동떨어진 생활을 한다.
2. 도약자들은 익숙한 네트워크 안에서도 지지와 응원을 받지 못한다. 그들의 원가족은 사회적으로 성공하는 법에 대해 아는 바가 적다. 그래서 자녀의 야망을 회의적으로 바라본다. 심지어 가족 안에서 누군가 치고 나가는 상황이 생기면 어떻게 대처해야 할지 몰라 당황할 때도 많다.

물론 형편이 넉넉지 않은 집안이 다 이렇다는 뜻은 아니다. 그들 중에도 가족의 구성원에게 아낌없는 지지와 지원을 보내는 집이 있다. 하지만 가족의 전폭적인 지원을 받는다고 해도 여전히 그들에겐 부족한 부분이 있다. 직업적·사회적 도약을 뒷받침하는 필수 요소들, 이를테면 넓은 인맥, 강한 성취욕, 건강한 자존감 같은 것이 턱없이 부족하다. 그래서 도약자들이 감수해야 할 상대적 핸디캡이 얼마나 큰지를 객관적으로 제시하기 어렵다.

혹시 담임 선생님이 당신에게 관심을 덜 기울이는 것 같거나 교수 딸이나 사장 아들과 함께 참여한 인턴십에서 유독 당신만 시시한 업무를 맡는 것 같은 기분이 든 적이 있는가? 그게 바로 도약자의 핸디캡이다.

무리를 지어 자전거를 탈 때 선두에서 달리면 에너지를 30퍼센트 덜 쓰고도 같은 속도를 낼 수 있다. 하지만 도약자들은 이 '드래프팅 효과'를 기대할 수 없다.[1]

관계와 연대의 효과

대기업에 취업하고 싶은데 마침 대학 동창이 그곳에서 일하고 있다면 당신은 그에게 전화를 걸어 이것저것 물어볼 수 있다. 소설을 써본 적이 있는 사람은 글감을 두고 상의할 만한 출판 편집자가 한 명쯤은 있다. 대도시에서 오랫동안 인맥을 쌓아온 사람이라면 딸이 런던 비즈니스 스쿨에 지원할 때 화룡점정이 될 만한 추천서를 써줄 사람을 어렵지 않게 찾을 수 있다.

네트워크 혹은 인맥이란 단어를 듣고 평범한 사람들이 머릿속에서 그리는 상황은 이런 식이다. 자기가 들어가고 싶은 곳의 문을 활짝 열어줄 마법사를 알고 지내는 것. 그런 인맥이 있는 한 아무 노력을 하지 않아도 성공이 알아서 찾아오리라 믿는다. 남들은 터벅터벅 걸어가지만 인맥이 두터운 사람은 태양 주위를 도는 레너드 혜성처럼 빠른 속도로 내달릴 수 있다고 말이다. 하지만 네트워크는 그렇게 단순한 개념이 아니다.

독일 사람들은 인맥을 '비타민 B'라고 부른다. 관계를 뜻하는 독일어 '베치웅Beziehung'의 첫 글자로 만든 조어다. 비타민 B는 에너지를 공급하고 지구력과 집중력을 강화하는 영양소다. 하지만 섭취 즉시 명백한 효과가 나타나진 않는다. 비타민 B가 충분하다고 해서 마라톤 우승을 하거나 카리스마 넘치는 연설가가 될 수는 없다. 인맥도 마찬가지다. 인맥이 직접적인 성과로 이어지는 경우는 드물다. 다만 당신이 최상의 경기력을 갖출 수 있도록 간접적으로 이바지할 수는 있다.

적합한 출발점으로 끌어주는 관계

나는 어디에 재능이 있을까? 내가 자아를 실현할 수 있는 분야는 어디일까? 거기까지 어떻게 가야 할까? 그걸 이루려면 무엇이 필요할까? 도약자들은 이런 질문에 대한 답을 원가족에게서 얻기가 쉽지 않다. 그들에게 공식적 혹은 비공식적 멘토가 절실하게 필요한 이유다.

"출발선의 불평등이 확고하게 자리 잡은 결과 가난한 집 자녀들은 교육을 통한 신분 상승이 거의 불가능해졌다." 작가 크리스티안 바론Christian Baron은 저소득층의 현실을 다룬 자전적 소설 《자기 계급의 사람Ein Mann seiner Klasse》에서 이렇게 말한다. "내가 이만큼 이룰 수 있었던 것은 모두 출발선까지 나를 이끌어준 사람들 덕분이다."[2]

우연을 기대하고 무작정 기다린다고 해서 그런 사람들이 당신을 찾아오진 않는다. 용기를 내서 적극적으로 멘토를 찾아야 한다. 저소득층을 위한 지원 사업, 각종 재단의 멘토링 프로그램, 대학생을 위한 워크

숍, 전문가 양성을 위한 국가 장학금 등 당신이 장애물을 극복하고 옳은 방향을 잡아가도록 도와줄 기회는 직접 찾아야 한다.

자극을 주는 관계

당신은 누구와 주로 시간을 보내는가? 누구로부터 영향을 받는가? 현재 당신은 누구이고 훗날 어떤 사람이 되고 싶은가? 의식적으로든 무의식적으로든 우리는 주변의 영향을 받으며 살아간다. 그들의 조언을 따르고, 그들의 경험에서 교훈을 얻고, 그들이 추천하는 책이나 영화에 관심을 갖고, 그들이 열광하고 관심 두는 것을 따라 한다.

그러나 야망이나 투지 혹은 자아실현 방식에 관해서라면 주변을 그저 따라가기보다는 바람직한 롤 모델을 정해놓고 닮으려고 노력하는 편이 좋다. 롤 모델이 반드시 지인일 필요는 없다. 소설 속 인물이나 드라마 캐릭터에서 영감을 얻어도 된다. 혹시 미국 드라마 〈마담 세크리터리Madam Secretary〉를 본 적이 있는가? 엘리자베스 매코드라는 인물이 외무부 장관으로 임명되면서 시작되는 이 드라마에선 영어 말고도 배울 점이 많다. 격식 있는 대화에 어울리는 목소리 톤부터 옷차림, 위계에 따른 태도, 행동 전략, 리더십 등 다양한 배움을 얻을 수 있다.

후광이 되는 관계

이름 뒤에 잘 알려진 타이틀이 붙으면 주목을 받기 수월하며 도약에도 가속이 붙는다. 인사권자들은 자기 앞에 놓인 수백 장의 이력서를 훑

다가 명문대 졸업, 대기업 인턴십 수료, 언론에 자주 오르내리는 CEO의 비서실 근무 경력 등에 시선을 멈춘다. 그곳이 바로 다른 사람이 당신과 구별되는 지점이다. 당신이 어디서 공부했는지, 누구를 위해 일했는지, 어떤 팟캐스트에 패널로 출연하는지, 누구에게 전화를 걸 수 있는지, 어떤 네트워크에 소속돼 있는지, 어떤 기관에 어떤 직책으로 참여하고 있는지, 얼마나 많은 사람이 당신의 유튜브 채널을 구독하고 있는지 등 당신이 맺은 관계의 양과 질은 당신이 누구인지를 말해준다.

당신을 키워주는 관계

당신은 대단한 노력파일지도 모른다. 하지만 그 노력이 성공으로 빛나려면 다른 사람이 당신의 성과를 인정하고 찬양해야 한다. 영향력 있는 인물이 당신을 알아보고, 추천하고, 언급하고, 인용하고, 당신과 연결되고 싶어 한다면 당신의 이름은 관련 분야를 넘어서까지 널리 알려질 것이다. 물론 자기 일만 잘하면 인맥 따위 없어도 그만이라고 생각할 수도 있다. 하지만 그 결과는 현상 유지에 불과하다. 그러니 가능한 한 많은 사람이, 특히 당신 분야의 핵심 인물들이 당신의 이름을 묻고, 알고, 기억하게 만들어야 한다.

함께 잠재력을 발휘하는 관계

두 사람 이상이 일하는 곳에서는 서로 실력과 정보와 인맥을 나누며 발전한다. 상대성 이론을 연구하던 알베르트 아인슈타인은 친구이자 동료인 미셸 베소$^{Michele\ Besso}$를 이상적인 스파링 파트너로 삼았다. 스티브 잡스는 스티브 워즈니악과 함께 애플을 세웠고, 빌 게이츠도 폴 앨런과 함께 마이크로소프트를 창업했다. 여론조사기관 갤럽의 보고에 따르면 두 명이 공동으로 창업한 회사가 가장 성공적으로 굴러가는 것으로 나타났다.[3]

도약은 암벽등반과도 닮았다. 한 밧줄에 몸을 묶고 올라가는 암벽등반대는 기량이 비슷한 사람들끼리 발을 맞춰 산을 오른다. 함께 간다고 해서 어려움이 없는 건 아니다. 하지만 훨씬 안전하게 갈 수 있다. 사회적 도약도 일종의 등반이다.

당신의 성공을 이해하는 관계

사회적 기반이 든든하지 않은 가정의 부모들은 교육이란 자고로 자녀들의 모자란 점과 보완할 점을 지적하는 것이라고 이해한다. 노동 계층 부모들은 성인이 된 자녀들의 성공이 어떤 의미인지 제대로 파악하지 못한다. 독일 엔지니어 협회에서 우수 인재상을 받은 것이 어떤 의미인지, 컨설팅 회사의 시니어 임원이 어떤 자리인지, 학회에 기조연설자로 초대되었다는 것이 무엇을 뜻하는지 제대로 이해하지 못한다. 대단한 성공을 거둔 도약자들이 유독 가족으로부터는 제대로 인정받지 못하는 이유다.

그런 아쉬움을 가족의 울타리 바깥에서 달랠 수 있는 곳이 바로 사회적 네트워크다. 가족에게선 얻지 못한 용기와 영감을 동종 업계의 동료들 혹은 유사한 성공을 거둔 사람들에게서 얻을 수 있다. 그곳에서 당신의 성공은 이해받고 공유된다.

때론 예기치 못한 행운이 찾아와서 같은 커뮤니티의 누군가가 지지와 응원을 보내는 것을 넘어 실질적인 도움을 줄 때도 있다. 자동으로 이름이 올라간 동창회, 무심코 적은 블로그 게시글, 우연히 참석한 점심 자리, 링크드인^{LinkedIn}에 달아놓은 댓글 하나가 발단이 되어 중요한 모임에 초대를 받고, 스카우트 제의를 받고, 상임고문으로 임명될 수 있다. 그냥 그런 일이 일어난다. 당신이 아는 누군가가 또 다른 누군가를 알기에 생기는 일이다. 그런 일까지 당신이 예상할 순 없다.

미국의 작가이자 마케팅 전문가인 포터 게일$^{Porter\ Gale}$은 "오늘날 인맥 쌓기는 성공의 사다리를 높이 올라가기 위한 용도만은 아니다"라고 말했다. "인맥은 협력이자 집단지성이며, 파트너십이자 오랜 기간 가치를 공유하는 관계다."[4]

느슨한 관계의
놀라운 가치

우리가 정서적인 결속을 느끼는 관계의 범위는 그리 넓지 않다. 부모와 형제자매, 배우자, 자녀, 친구에 기껏해야 회사나 동종 업계 동료 정도다. 우리는 그들과 함께 시간을 보내고 동질감을 느끼고 생각과 고민을 나눈다. 새로운 것을 개발할 때도 그 관계 안에서 서로의 생각을 주고받으며 아이디어를 발전시킨다. 항상 같은 사람끼리 모인다는 것은 비슷한 관심사와 사고방식, 견해만 나눈다는 뜻이다. 그래서 똘똘 뭉치는 작은 집단 안에만 머물러서는 새로운 것을 구상하거나 정신세계의 폭을 확장하기 어렵다.

당신이 계속 발전하길 원한다면 매년 생일파티를 함께 하고 매주 성가대에서 함께 노래를 부르는 사람들에게서 잠시 벗어나, 새로운 사회적 네트워크를 구성할 필요가 있다. 새로이 확장한 관계는 기존의 긴밀한 관계와 근본적으로 다르다. 놀이터에서 안면을 튼 다른 아이의 부모, 가끔 이메일을 주고받는 회사 동료, 당신과 직책이 같은 거래처 직원, 상공회의소에서 주최한 강연의 휴식 시간에 우연히 대화를 나눈 사람 등이 그런 관계에 포함된다. 혹은 옛 동창이나 교수님, 헬스클럽 트레이너나 전 직장 동료, 단기 프로젝트에서 함께 일했던 사람이나 해외여행에서 마주쳤던 지인 등 살다가 우연히 알게 되었으나 금세 관심에서 멀어져 휴대전화 주소록에만 저장돼 있던 사람들도 해당된다.

그런 관계는 친밀하지도 안전하지도 않다. 당신이 거기에 대단한 의미를 두지 않는 게 오히려 당연하다. 하지만 다르게 생각할 수도 있다. 느슨한 네트워크로 연결된 능력과 전문성, 자원은 더 넓은 세계를 바라보는 관점을 제공한다. 때론 혼자서는 결코 떠올리지 못했을 방향으로 당신을 인도하기도 한다.

당장 내 인생을 되돌아봐도 그런 사례가 떠오른다. 느슨하고 약하며 희미해졌다고 생각한 관계가 지금 내가 서 있는 이곳으로 나를 데려다 놓았다. 세미나에서 발표한 내 논문이 다른 수강생들의 논문보다 훨씬 흥미로웠다고 칭찬해준 교수님 덕분에 나는 내가 연구에 자질이 있다는 사실을 깨달았다. 회사에서 독립해 처음 회사를 차렸을 때 중요한 일을 제안한 사람은 예전에 프로젝트를 함께 했던 매니저였다. 일을 함께 하면서 자주 부딪쳤던 사이라 기대하지도 않았는데 그쪽에서 먼저 연락해서 내게 일을 맡겼다. 뮌헨 문학관에 나를 강사로 추천한 사람은 대규모 미팅에서 딱 한 번 마주친 적이 있는 출판사 편집장이었다. 그 덕분에 나는 예상치 못한 분야에 첫발을 내디딜 수 있었다.

이런 경험을 통해 나는 느슨한 관계가 지닌 위력을 충분히 평가하지 못했다는 사실을 깨달았다. 느슨한 관계는 우리가 자전 궤도 바깥에서도 누군가를 만나고 정보를 수집하고 문화를 경험하도록 다리를 놓아준다. 그런 관계가 많을수록 예상치 못한 기회와 힌트를 얻고 깜짝 놀랄 일이 늘어난다.

하지만 느슨한 인맥이 모든 것을 해결해주는 것은 아니다. 낯선 사람과 관계를 맺어보려고 들인 노력이 허사로 끝날 때도 적지 않다. 그래서 많은 도약자가 느슨한 관계에 큰 의미를 두지 않으려 한다. 현재 당신이 도약하려고 애쓰는 중이라면 이미 실감하고 있을지 모른다. 도약에 들어가는 노력만으로도 엄청나서 불필요한 곳에 들어가는 에너지는 최대한 아끼고 싶을 것이다.

인맥을 쌓는 일은 그 자체로 중노동이다. 시간과 자금, 정신력을 상당히 투자해야 한다. 높은 곳으로 올라가느라 가뜩이나 힘이 드는데 모르는 사람과 관계를 맺는 일에 에너지를 소모해야 하니 힘에 부치는 것도 당연하다. 하지만 새로운 계층으로 올라서기 위해서는 어려워도 꼭 해야 하는 일이다. 그래서 상류 사회에서는 그런 교류에 들어가는 노력을 '사회적 의무'라고 부른다.

새로운 환경에서
네트워크를 형성하는 법

사회의 어느 계층에서든 네트워크는 필요하다. 하지만 새로운 계층에서 네트워크를 형성하려면 막대한 노력이 필요하다. 블로그에 게시글을 써야 하고 초대에 응해야 하며, 클럽 정기모임에 참석해야 하고 회비와 식사비와 입장료와 운영비를 분담해야 한다. 온라인에서든 오프라인에서든 단발적인 노력은 물거품처럼 사라지며 끊임없이 노력을 기울여야 신뢰와 친밀감이 유지된다.

상위계층에 올라갔다고 해서 인맥을 관리하는 의무에서 자유로워지는 것도 아니다. 대소사를 챙기고, 근황을 나누고, 관심을 기울이고, 경험을 공유하고, 진심을 보일 때 관계가 유지된다. 부모로부터 계급을 물려받은 상속자들은 이런 기술들을 어렸을 때부터 배우며 자란다. 반면 도약자들에겐 그런 노하우가 없다. 그래서 처음에는 처신하기 힘들어한다. 애매하게 아는 사람들 사이에서 투명인간처럼 서 있는 불쾌함을 견디기 힘들 수도 있다.

도저히 하기 어렵다면 이 사회적 게임에서 빠져도 된다. 하지만 기왕에 상호작용을 해보리라 마음먹었다면 몇 가지 확실한 전략을 배우는 것도 좋다. 그러면 사회생활이 한결 편해질 뿐 아니라 인맥을 쌓기도 쉬워진다.

그냥 해보라

나이키의 'Just do it!'은 인맥을 쌓으려는 사람에게도 권할 만한 슬로건이다. 망설이지 않고 '그냥 해보는' 자세가 습관이 되면 제일 좋다. 방법은 여러 가지다. 퇴근 후 업계 행사에 얼굴을 비추고, 퇴사한 동료와 온라인 미팅을 잡고, 자기 분야에 관한 게시글에 댓글을 달고, 외근하고 들어오는 길에 대학 동창을 잠시 만나 커피를 마시는 것이다. 여기서 핵심은 시간이 날 때마다 자연스럽게 사람을 만나되 정보가 아닌 그 대상에 관심을 기울이는 것이다. 이런 활동이 당장은 결실을 맺지 않을 수도 있다. 하지만 인맥을 관리하는 것도 복근을 관리하는 것처럼 습관이 되면 어렵지 않다.

태생적 한계를 벗어나라

프랑스 작가 귀스타브 플로베르Gustave Flaubert는 "호감을 준다는 것은 자신을 낮춘다는 뜻"이라고 했다. 특히 교육으로 도약을 이룬 사람들은 다른 사람의 기분을 좋게 만들어주려다 자기 체면이 떨어질까 염려한다. 나도 그런 걱정을 해본 적이 있다. 하지만 현실은 그 반대다. 오히려 도약자들은 평균보다 많이 벌고 평균보다 높은 위치에 있는 사람을 회의적인 시선으로 바라본다. 그래서 그들의 비위를 맞추기보다는 무뚝뚝하게 대할 때가 많다.

유쾌한 분위기를 조성하고, 위계질서에 맞게 행동하며, 다른 사람들이 빛나도록 칭찬하는 것은 굴복이나 굴종이 아니라 서로 주고받는 게임에 가깝다. 이런 상호작용에 익숙해지는 가장 간단한 방법은 이메일이나 SNS를 통해 상대를 칭찬하고 감사를 표현하는 다소 과장된 방식을 배우는 것이다. 좀 낯설더라도 용기를 내어 상대를 칭찬하고 감사를 표현했다면 이제 칭찬과 감사를 받은 상대의 반응을 유심히 살펴보라. 모두는 아니지만 대부분이 당신과 보낸 것과 똑같은 감사를 되돌려줄 것이다. 이것이 감응의 법칙이다. 주는 사람이 받는다.

버블이 아닌 그물을 만들어라

튼튼한 사회적 네트워크는 당신을 익숙한 세계를 넘어 낯선 세계로 연결해준다. 이를 통해 당신은 더욱 빠르게 성장하고, 자아와 시야가 확장되며, 본래 가지고 있던 신념과 확신에 의문을 품는다. 그러나 사회적 버블은 원래부터 품고 있던 의견과 행동을 고착시킨다. 익숙한 물방울 안에 당신을 단단히 가둬둔다. 지금 당장 당신의 SNS 계정을 열어 연락

처를 훑어보라. 네트워크에 해당하는 사람은 누구이고, 버블에 해당하는 사람은 누구인가?

얼음 깨는 법을 배워라

새로운 관계에 들어가려면 용기가 필요하다. 특히 당신을 제외한 모든 사람이 이미 오랫동안 서로를 알고 지낸 것처럼 보이는 관계로 들어가는 건 엄청난 도전이다. 하지만 이미 당신은 경험을 통해 알고 있을 것이다. 일단 한 발 들이기만 하면 나머지는 저절로 해결될 때가 많다는 걸 말이다.

소통 전문가인 가브리엘라 마이어Gabriela Meyer는 진입장벽을 우아하게 넘어서는 방법에 대해 이렇게 조언한다. "무슨 말을 할까 우물쭈물하지 말고 속으로 다섯을 세라. 그리고 상대를 응시하며 미소를 짓고 다가가라. 그러면 당신은 이미 원하는 곳에 들어간 것이다."[5] 그다음에는 상대가 부담스럽지 않을 만한 질문으로 입을 뗀다. "여기엔 무슨 일로 오셨어요?", "오늘 강연은 마음에 드셨어요?", "그거 괜찮아 보이는데 혹시 어디서 구할 수 있을까요?", "마지막으로 이렇게 눈이 많이 온 게 언제인지 기억하세요?"

이런 식의 레퍼토리를 몇 가지 준비해두면 대화의 문을 열기가 한결 수월하다. 당신이 이렇게 말문을 트면 상대는 대부분 안도하며 기꺼이 대화에 응할 것이다.

더 성공한 사람과의 관계를 관리하라

헝가리의 물리학자 알베르트-라즐로 바라바시$^{\text{Albert-László Barabási}}$는 사회적 네트워크를 수학적 개념으로 설명한다. '바라바시-알베르트 모델'은 성장하는 네트워크에는 수많은 작은 노드^{Node}(기점) 외에도 몇몇 중요한 노드가 나타난다고 설명한다. 한 사람이 자기 분야에서 경제적 성공을 거둘 수 있을지 없을지를 결정하는 개인과 기관은 바로 그 노드 위에 있다. 이런 연구 결과에 바라바시는 "내 분야에서 중요한 연구자들이 나를 알아야 하고 나도 그를 알아야 한다"라는 결론에 이르렀다.

그래서 그는 젊은 연구자 시절부터 '연결이 많은 중요한 노드', 즉 그에게 성공을 가져다줄 사람에게 접근해 이렇게 말했다. "안녕하세요. 저는 라즐로 바라바시입니다. 당신의 논문을 읽었습니다. 혹시 저녁 식사를 함께할 수 있을까요?" 그에겐 이런 말조차 쉽지 않은 일이었다. "실은 내 방에만 칩거하며 수학 문제를 풀고 싶은 마음이 간절했다."[6] 실제로 저녁 식사가 성사되는 경우도 드물었다. 하지만 접근 대상 중 대부분이 커피 한잔 마실 기회는 허락했다.

연락은 진심으로 그리고 개인적으로 하라

사람들은 인맥 쌓기를 거창한 일 혹은 영혼을 파는 일로 여겨 부담을 느낀다. 하지만 서서 잠깐 얘기를 나눈 사이에 무슨 의미 있는 관계가 싹트진 않는다. 사람들이 서로에게 공감할 때, 함께 무언가에 열중할 때, 힘을 합쳐 프로젝트를 해낼 때 인맥이 생긴다. 이런 식의 공통 경험은 서로를 높이 평가하고 긍정적으로 기억하는 기반이 된다. 그럴 때 상대를 챙기는 것은 본인의 기쁨이 된다. 그리고 이상적인 경우 직장이 바뀌거나 더는 같은 일을 하지 않을 때조차 그 기쁨이 유지된다.

지금부터 당신이 해야 할 일

사회적 네트워크의 실질적 가치는 얼마나 다양한 지점을 연결하고 얼마나 멀리까지 영향력을 미치는지에 달려 있다. 이상적인 모델은 가족과 친구로 이뤄진 긴밀하고 좁은 네트워크에 분야와 산업, 국가와 지역을 넘나드는 느슨한 관계가 추가되는 것이다.

도약자들에게 유익한 인맥은 다음 두 가지 유형이다. 하나는 당신을 도약으로 이끌고 심지어는 그 길을 탄탄하게 닦아주는 사람들이다. 그들은 자신의 경험과 안목, 인맥을 베풀어 당신이 앞으로 나아가고 지름길을 찾고 위험한 지점을 피할 수 있도록 도와준다. 그들이 어디까지 당신을 도울 수 있을지는 예측하기 어렵다. 번뜩이는 아이디어를 제공하는 데서부터 임원 추천까지 모든 것이 가능하다.

다른 하나는 당신과 처지가 비슷한 도약자. 사실 그들만큼 힘이 되는 존재도 없지만 현실에선 그 가치를 제대로 인정받지 못한다. 그들은 당신에게 여러 가능성을 제시할 뿐 아니라 할 수 있다는 용기를 불어넣는다. 도약이 이성적, 감정적으로 어떤 의미인지 이해해주고 공감해줄 유일한 대상도 바로 그들이다.

열 번째 힘

성공을 판단하는 잣대

당신만의 최고 가치를 추구하라

군수 베른바르트 뢰벤베르크^{Bernward Löwenberg}는 매우 화려한 이력의 소유자다. 법학자이며 정치가이고 연방공로십자가훈장 수여자이자 유럽연합 로비스트다. 그의 딸 코넬리아도 대학에서 법학과 독어학을 공부했다.

그런데 어느 날 딸은 학업을 중단하고 결혼을 했다. 그리고 남편을 도와 육가공 공장을 경영하는 한편 출판사를 차려 자기가 쓴 스릴러 소설을 출간했다. 작가로서의 성공은 쉽게 찾아오지 않았지만 일단 존재감을 드러낸 다음부터는 거침없이 도약했다. 이제 그녀는 넬레 노이하우스^{Nele Neuhaus}와 함께 독일어권에서 가장 많이 읽히는 스릴러 소설 작가로 꼽힌다.[1] 그녀는 책 판매 수입의 상당 부분을 기부해 재단을 설립했으며 어린이의 언어능력을 향상시키는 프로젝트를 진행하고 있다.[2]

당신이 보기에 아버지와 딸 중 누가 더 높은 사회적 지위에 도달했는가? 만일 같은 질문을 받는다면 나는 답하지 못할 것 같다. 하지만 둘 중 한 사람과 인생을 바꿔 누가 되고 싶은지를 묻는다면 확실하게 답할 수 있다. 둘 중 누가 더 사회적으로 높은 지위에 있는지 객관적으로 판단하기는 어렵다. 둘 다 눈부신 성공 가도를 걸었다. 하지만 선택한 경로와 도달한 정상이 너무 달라서 하나의 잣대로 우열을 가릴 수 없다.

서로 다른 성공을 거둔 부녀의 사례를 통해 우리는 소득이나 학력, 유명세만으로는 한 사람의 사회적 지위를 평가할 수 없다는 사실을 알 수 있다. 한 사람의 사회적 성공을 평가할 때는 그 사람에게 최고의 가치가 무엇인지 고려해야 한다.

성공을 판단하는 나만의 잣대

세계적인 베스트셀러 작가 존 스트레레키 John Strelecky는 "오렌지를 원한다면서 블루베리 덤불을 뒤지지 말라"라는 말을 남겼다. 이 말을 사회적 도약에 적용해보면 성공적인 도약의 필수 조건을 알 수 있다. 사회에서 제일 앞자리를 차지하는 게 도약의 전부는 아니다. 당신이 차지한 위치가 당신에게 어울리며 당신의 취향에 부합할 때 비로소 당신은 소망을 이뤘다는 만족감을 느낄 것이다. 사회학에서 객관적인 사회 위치와 주관적인 사회 위치를 구분하는 까닭이다. 사회경제적 지위에 관한 객관적 평가는 그 사람이 차지한 지위의 정도를 평가한다. 반면 주관적 평가는 당신이 자신의 성공을 어떻게 평가하는지에 따라 결정된다.

이는 콘서트를 예매할 때 좌석을 고르는 것과도 흡사하다. 간혹 예매자가 좌석 등급은 선택할 수 있되 정확한 자리를 고를 수는 없는 공연이 있다. 그럴 때 남은 좌석 중 제일 좋은 좌석이 무작위로 배정된다. 예약 시스템이 그 가격대에서 제일 좋다고 판단한 좌석을 주는 것이다. 그런데 나는 그렇게 예매된 좌석 번호를 받아 들고 실망할 때가 한두 번이 아니었다. 좌석을 고를 때 나는 보통 구석이나 3층을 선호한다. 그렇게 해서라도 앞자리에 앉는 게 중요하기 때문이다. 반면 나보다 키가 1.5배 정도 더 큰 남편은 앞사람 머리 너머로 정면을 바라볼 수 있기 때문에 뒤에 앉더라도 중앙에 앉는 편을 선호한다. 내가 무슨 말을 하려는지 알겠는가?

어디가 좋은 자리인지는 각자가 중요시하는 가치에 따라 다르다.

물론 대다수 사람은 명문대 졸업, 존경받는 직업, 풍족한 생활을 보장하는 소득을 높은 지위의 기본 조건으로 여긴다. 하지만 당신은 어떤가? 당신이 원하는 지위에 도달했다는 사실을 언제, 어떻게 알아볼까? 나는 지난 1년간 새로운 사람을 만날 때마다 항상 이 질문을 던졌다. 돌아온 대답들을 열거하면 다음과 같다.

매일 새로운 것을 배울 때, 대가족을 이룰 때, 열정적으로 일할 때, 부모가 이룬 것보다 더 많은 걸 이룰 때, 바다가 보이는 집을 가졌을 때, 내가 사는 도시를 선도하는 주요 인물로 꼽힐 때, 일주일에 이틀은 내가 하고 싶은 일을 하면서(예를 들면 산에 올라 버섯을 따면서) 보낼 수 있을 때, 책임을 질 때, 영향력을 미칠 수 있을 때, 신문에 얼굴이 나올 때, 역사책에서 주석이 아닌 본문에 내 이름이 등장할 때, 내가 계획한 것을 모두 이루었을 때, 배우자를 만나 행복한 결혼생활을 유지할 때, 아무한테도 나에 대해 설명할 필요가 없을 때, 내 사업 아이디어를 실현할 때, 운동 목표를 달성할 때, 돈이 너무 많아서 더 이상 중요하지 않을 때, 원하지 않는 사람들과 함께 시간을 보낼 필요가 없을 때, 쉰 살에 은퇴할 수 있을 때 등이다.

이 답들을 통해 나는 사람이 각양각색이듯 성공에 대한 해석 또한 저마다 다르다는 사실을 확인했다. 누군가는 직장에서, 누군가는 사생활에서 성공을 찾는다. 성공은 추상적인 개념일 수도, 손에 쥘 수 있는 구체적인 대상일 수도 있다. 성공이란 단어에서 위엄을 느낄 수도 있지만 친근감을 느낄 수도 있다. 성공을 가볍게 생각하는 사람 중에는 모두가 잘 지내고 나도 잘 지내면 최고라고 말한 이도 있었다.

이렇듯 지위에는 객관적인 성공 지표 외에도 다양한 개인적 요소가 포함된다. 누군가는 영향력과 발언권이, 누군가는 늘어나는 가족이, 누군가는 언어구사력이 떨어지는 아이들을 돕는 일이 중요하다. 더불어 우리가 자신을 누구와 비교하는지도 중요하다. 사회심리학자 마이클 크라우스Michael Kraus와 니콜 스티븐Nichole Stephen은 함께 쓴 책에서 "사회 계층은 단지 그 사람이 얼마나 많이 가졌는가 하는 것 그 이상"이라고 말한다. "남들이 가진 것과 비교해서 내가 얼마나 많이 가졌다고 생각하는가도 중요하다."³

성공을 측량하는 데 물질은 중요한 척도다. 하지만 물질적 성공이 우리에게 너무 많은 것을 요구하도록 내버려 두어선 안 된다. 부를 쌓느라 여가, 자유, 가족, 건강을 담보 잡힌다면 성공은 우리에게 행복이 아닌 부담의 요인이 될 것이다. 오히려 그 반대로 행동할 때, 즉 당신이 사랑하는 일을 하고 가치 있다고 여기는 것을 실천할 때 당신은 자신에게 근사한 사람이 될 것이다. 좋은 기분은 당신의 태도에도 영향을 미쳐 여유나 당당함 같은 상위계층의 특징이 당신에게서도 자연스럽게 드러난다. 당신의 객관적인 사회 지위가 높아졌기 때문이 아니라 당신이 자신을 훌륭하다고 느끼기 때문이다.

당신이
선망하는 기회는?

옳은 곳에 서 있다는 기분은 돈으로 살 수 없을 만큼 소중하다. 당신만의 별을 좇을 때 당신은 온전하고 충만한 기분을 느낄 수 있다. 하지만 많은 도약자에게 이런 얘기는 머나먼 세계에서 들려오는 메아리처럼 들린다. 대부분 어릴 때부터 현실적으로 생각하는 법을 익혀온 그들에게 이런 얘기는 낯설기 때문이다.

그들은 주로 손품과 발품이 들어가는 노동에서 역량을 발휘하고 싶어 한다. 즉 많은 사람의 선망을 받는 견실한 기업에 고용되거나 고소득 직업을 갖는 데서 큰 만족을 얻는다. 사회생활을 학자금 대출로 시작하고 할머니의 유산 따위는 기대할 수 없기에 실용적이고 현실적인 대책을 중요시한다. 감정 상태나 자기만족을 보살피는 것은 사치로 느낀다. 주어진 기회를 순순히 받아들이는 것은 익숙한 습관이다. 그들은 오렌지가 없으면 블루베리라도 상관없다고 생각한다. 이런 사고방식은 사회 전반에 퍼져 있어 남들로부터 공감을 얻기도 쉽다.

하지만 한 가지만 짚고 넘어가자. 그렇게 해서 도달한 그 위치에 당신은 진심으로 만족하는가?

35세 라우라는 내과 전문의다. 원래는 디자이너가 되고 싶었다. 대학 진학을 앞두고 미술 선생님의 도움을 받아 건축학과에 제출할 포트폴리오도 완성했다. 그러나 가족이 그녀의 앞길을 막았다. 그녀의 부모님은 디자인을 '연필로 끼적거리는 것'으로 치부했고 제대로 된 돈벌이를 할 수 없다고 생각했다. 성적이 의과대학에 가기 충분했기에 그녀는 다른 사람들이 선망하는 기회를 차마 내치지 못했다. 그러나 지금은 시간을 되돌릴 수 있다면 다른 선택을 하겠다고 말한다. 의사가 존경받는 직업인 건 분명하지만 그녀의 심장을 뛰게 하진 못하기 때문이다.

자신의 소망을 따르는 데는 대가가 따른다. 꿈꾸는 직업보다 생계형 직업이 금전적으로 나을 때도 많다. 이른바 '합리적 선택'을 하는 편이 더 많은 존경을 받고 안정적으로 보일 때도 있다. 마음속 별을 따라갔다가는 중요한 사람들과의 인연이 끊어질지도 모른다.

넬레 노이하우스도 그랬다. 남편은 그녀가 스릴러 소설로 성공할 수 없을 거라고 예단했다. 그래서 회사에 나와 일을 도와주길 바랐다. 그녀가 거부하자 갈등이 커졌고 결국 결혼이 파탄 났다.[4] 자신만의 가치를 추구하는 길에는 비용이 뒤따르기 마련이다. 하지만 이 점마저 미리 알고 대비하면 훨씬 수월하게 대처할 수 있다.

성공에는
여러 얼굴이 있다

덴마크의 철학자 쇠렌 키에르케고르 Søren Kierkegaard 는 "절망의 가장 흔한 형태는 자기가 아닌 사람이 되는 것"이라고 말했다. 그의 관점에서 볼 때 우리가 높은 지위에 있다고 느낄 수 있는 유일한 방법은 우리의 재능과 염원, 포부와 욕구에 부합하는 주관적 지위를 갖는 것이다. 따라서 계급상승을 향한 야망에 불타오를 때조차 어떤 자리가 우리를 만족시킬지에 관한 질문을 멈춰선 안 된다.

내가 추구해야 할 우선순위는 무엇이며, 나를 웃게 만드는 것은 무엇인가? 내가 잘하는 일이라고 자신할 만한 것은 무엇이며, 어떤 경우에라도 타협할 수 없는 나의 가치는 무엇인가? 나아가 개인적인 행복과 직업에서의 성공, 정신적·신체적 건강, 의미를 찾으려는 노력, 아름다움에 대한 동경과 세상을 향한 책임, 의무와 책임에서 풀려나 무위도식하고 싶은 열망은 당신 안에서 어떻게 연결되는가?

성공과 지위에 대한 자신만의 개념을 찾아가는 과정은 목적지에 도달하기가 쉽지 않다. 그래서 대표적이라 할 만한 선택지 여덟 개를 제시하고자 한다. 여기서 당신의 마음이 더 기우는 네 가지를 선택하면 헷갈릴 일이 적다. 아래 표의 각 행에서 당신에게 좀 더 어울린다고 생각하는 단어를 네 개 선택해보자.

최정상 ■	자유 ■	권력 ■	명성 ■
관계 ■	창조력 ■	삶의 질 ■	삶의 가치 ■

네 단어를 주관적인 판단에 따라 중요하다고 생각하는 순서대로 번호를 매겨라. 그런 다음 4번은 삭제한다. 이제 이어지는 내용에서 당신이 선택한 세 가지 중요한 성공 개념에 대한 글을 읽어보자. 성공의 개념에 대한 답을 설명하는 글은 아니다. 오히려 당신은 질문을 받을 것이다. 그 안에서 자신만의 답을 찾길 바란다. 당신이 '좋은 곳'이라고 느끼는 자리가 어디인지 아는 사람은 오직 당신뿐이다.

최정상

이것은 성공을 정의하는 가장 명백한 방식으로, 가장 간단하게 실현할 수 있는 목표이기도 하다. 높이 올라가는 것을 성공으로 간주하면 경로는 무척이나 다양하다. 오렌지로 행복을 얻든, 블루베리로 행복을 얻든 상관이 없다. 무엇을 하든 객관적 기준에서 최고가 되는 것이 중요하다. 그 기준은 소득이나 계급이 될 수도 있으며 이뤄낸 성과가 얼마나 독창적인지가 될 수도 있다. 때로 당신은 명실상부 정상이라 일컫는 곳에 올랐어도 그 자리에 멈춰 서지 않고 산소가 부족해 숨쉬기 힘들어질 때까지 계속 전진한다.

여기까지 설명에서 당신의 모습이 보이는가? 당신은 야심가인가? 경쟁, 기업가정신, 집념 등의 단어를 들으면 무엇이 연상되는가? 당신은 일벌레인가? 성공을 위해서라면 그 어떤 위험도 감수할 준비가 되어 있는가? 당신에게 인기는 얼마나 중요한가? 당신에게 최정상은 어디인가? 어느 지점에 이르면 도약을 멈출 생각인가, 아니면 8,000미터에 이르는 정상에 올랐더라도 곧장 다음 정상을 향해 나아갈 생각인가?

자유

'독립적일 것. 초연할 것. 부담과 네트워크, 타인의 기대로부터 해방될 것.' 슈테피 그라프 Steffi Graf 는 꿈을 이루었다. 프로 선수로 세계를 제패한 그녀는 30세에 테니스계를 완전히 떠났다. 말하자면 그녀가 정상까지 올라간 건 내려오기 위함이었다.

모순처럼 들리는가? 그렇게 생각하는 당신은 지금 하는 일을 얼마나 오래 할 생각인가? 당신에게 경제적 독립은 얼마나 큰 의미를 지니는가? 그리고 그것을 위해 얼마나 많은 것을 포기하는가? 당신은 삶에서 얼마만큼의 자유와 자유로운 공간을 원하는가? 일주일에 몇 시간을 일하는 데 쓸 수 있는가? 일이 없으면 무엇을 하고 싶은가? 주 5일 노동제를 벗어난 삶을 원하는가? 어디서 일하고 싶은가? 사무실인가 집인가 아니면 세상 끄트머리 어디인가? 혼자 일하는 게 좋은가, 아니면 팀으로 일하는 게 좋은가? 당신이 주도적으로 팀을 이끌길 원하는가, 아니면 조력자가 되길 바라는가? 당신에게 주체적인 삶이란 어떤 의미인가? 돈을 벌지 않아도 된다면 하고 싶은 일이 따로 있는가? 당신이 가진 것 중 현재는 쓰고 있지 않지만 언젠가 발현시키고 싶은 재능, 포부, 열망이 있는가? 일상의 굴레에서 벗어나 당신만의 상상력을 펼쳐보라.

권력

당신은 자신이 지도자, 권위자, 오피니언 리더라고 생각하는가? 일을 밀어붙이고 사람들을 끌어가는 데 능숙한가? 당신은 지위가 무엇이라고 생각하는가? 직장이나 친구 모임 혹은 동호회에서 당신의 역할을 어떻게 설명할 수 있는가? 위계가 없는 수평적인 질서에 대해 어떻게 생각하는가? 스티브 잡스는 "사람들을 편하게 대하는 것은 내 소관이 아니다. 내 일은 그들을 더 나아지게 만드는 것이다"라고 말했다. 당신은 어떻게 생각하는가? 당신은 다른 사람과 당신에게 많은 것을 요구하는 편인가? 권력, 특권, 지배 같은 단어를 들을 때 당신은 어떤 생각이 드는가? 자신에게 솔직해지길 바란다.

명성

명성은 자기 일을 충실히 한다고 해서 얻어지지 않는다. 대중을 의식해야 한다. 관심과 주목, 칭찬은 당신에게 어떤 의미인가? 당신은 자신의 목소리를 내는 것을 중요하게 여기는 사람인가? 당신은 타인의 주목을 받아야 성공하는 직종에서 일하고 있는가? 당신의 분야에서 성공하려면 스포트라이트를 받는 편이 나은가, 아니면 조용히 일에 몰두하는 편이 좋은가? 당신이 카메라나 레드카펫, 관중의 환호를 즐기는 사람이 아니라면 친밀한 관계 너머까지 영향력을 미칠 방법은 무엇일까? 어떤 기회를 통해 자신의 영향력을 강화할 수 있으리라 전망하는가? 존경과 유명세 중 당신이 더 중요하다고 생각하는 가치는 무엇인가?

관계

사회관계 측정학^{Sociometry}은 한 사람이 어떤 그룹에서 어떤 지위를 누리는지를 다루는 학문이다. 여기서는 당신 자신을 분석 대상으로 삼아보자. 당신의 관계는 어디까지 이어지는가? 사람들 사이에서 당신은 얼마나 좋은 평판을 얻고 있는가? 당신은 타인의 기여와 협력을 얼마나 중요하게 생각하는가? 친목과 협동은 당신에게 얼마나 큰 가치인가? 당신은 단체생활을 즐기는가, 아니면 혼자 활동하는 편을 선호하는가? 성공한 사람들과의 관계는 당신의 삶에 어떤 영향을 미치는가? 잘 맞는 사람을 사귀는 데서 기쁨을 느끼는가? 사람들과 함께 움직이고, 그들의 이야기를 듣는 것이 즐거운가? 누군가와 함께일 때 흥미로운 아이디어가 더 많이 샘솟는가? 어떻게 하면 공동체를 위해 더 많은 시간과 관심을 기울일 수 있을까?

창조력

당신은 관리형 인간인가, 아니면 창조형 인간인가? 당신의 마음을 사로잡은 것은 무엇인가? 당신의 삶에서 통찰, 혁신, 지식, 창의력 중 무엇이 얼마나 중요한가? 변화와 아이디어, 시도 등의 단어를 들을 때 당신은 어떤 반응을 보이는가? 당신은 손으로 일하는 사람인가, 아니면 머리로 새로운 생각을 떠올리는 사람인가? 당신이 무조건 해내고 싶은 것, 연구하고 싶은 것, 바꾸고 싶은 것은 무엇인가? 당신에겐 "이것 때문에 산다"라고 말할 만한 무언가가 있는가? 당신이 자기 행동에 완전히 몰두할 때는 언제인가? 돈을 벌 필요가 없다면 현재와는 다른 어떤 분야에서, 어떤 방식으로 당신의 재능을 발휘하고 싶은가? 비록 그런 일이 실제로 일어나지 않는다고 해도 가끔은 다람쥐 쳇바퀴 돌 듯 반복되는 일상 너머로 상상력을 펼쳐보는 것도 의미가 있다.

삶의 질

좋은 인생은 무엇이라고 생각하는가? 일반적인 성공의 기준을 떠나 당신에게 가장 중요한 것은 무엇인가? 일 외에 가족과 쇼핑, 식사 준비, 파티, 여행 그리고 당신이 꿈꾸는 모험을 위해 쓸 수 있는 시간이 얼마나 되는가? 당신에게 여가와 문화, 자연과 미적 감각은 어떤 의미인가? 당신은 무엇에 매료되는가? 무엇에 열정을 쏟고 싶은가? 당신의 소망대로 자유롭고 즐겁게 살고 있는가? 도약은 당신의 삶에 어떤 즐거움을 선사하는가? 도약을 위해 애쓰다가 건강을 소홀히 하지는 않는가? 충분히 휴식하고 속도를 늦출 만한 여유가 있는가? 흥미를 추구하고 재능을 개발할 여유가 있는가? 당신이 이상적인 삶을 살고 있다는 기분을 느끼기 위해서는 무엇이 바뀌어야 하는가?

삶의 가치

당신의 인생에 한 가지 가치가 있다면 그것은 무엇인가? 도약에서 당신이 바라는 바는 무엇인가? 당신의 마음을 사로잡은 롤 모델이 있는가? 의미를 추구하는 여정에서 더 높은 지위는 어떤 역할을 하는가? 당신이 반드시 실현하고자 하는 가치는 무엇인가? 결코 포기할 수 없는 가치는 무엇인가? 당신이 생각하는 가치 있는 사회의 모습은 어떤 것인가? 만약 당신이 〈포브스〉가 선정한 세계 100대 부자가 된다면 무엇을 이루고 싶은가? 당신이 공공의 복지를 위해 기여할 수 있는 방법은 무엇인가? 당신이 하고 싶은 일은 무엇인가? 현재의 일상에서는 어떤 가치를 실현하고 있는가?

옳은 일을 하는 데
너무 늦은 때는 없다

"이기는 팀을 바꾸지 마라."

지금 내가 이 말을 꺼낸 의도가 무엇인지 눈치챘는가? 상황이 좋을수록 의심이나 변화에 대한 소망은 구석으로 밀려나기 쉽다. 특히 예상 밖에 일이 잘 풀려서 쉽게 원하던 지위에 올랐을 때는 더더욱 변화를 도모하기 어렵다.

도약자들은 상황이 좋을수록 더 많은 기쁨과 가치를 누리려는 열망을 쉽게 잠재워버린다. 그런데 도약자야말로 열망을 가질 권리가 있는 사람들이다. 뒤를 한번 돌아보라. 당신의 경우는 어땠는가? 아마 돈과 시간의 제약 때문에 자신을 시험해볼 기회가 많지 않았을 것이다. 지극히 합리적 판단에만 근거해 학교나 직업을 선택해야 했을 수도 있다. 당신의 관심사와 꿈을 충분히 반영하지 못한 결정을 내려야 했을지도 모른다. 만약 그랬다면 객관적으로 대단한 목표를 달성했더라도 여전히 바꾸고 싶은 부분이 있을 것이다.

미셸 오바마가 그랬다. 하버드 대학교를 졸업한 그녀는 시카고에서 가장 유명한 변호사 사무소 중 하나에 채용되었다. 그녀는 스물다섯 살에 이미 이룰 수 있는 최고의 자리에 올랐다. 엄청난 월급을 받으며 47층 사무실에서 일했다. 아르마니 정장을 입고 사브 자동차를 샀다. 그렇게 해서라도 그녀는 머릿속에서 울려대는 잡음을 무시하려고 애썼다.

하지만 어느 순간 그녀는 자신이 잘못된 길을 골랐다는 걸 깨달았다. 그래서 어머니에게 지금 하는 일에서 행복을 느끼지 못한다고, 하지만 자기가 정말 원하는 일을 다 해도 이만큼 많은 돈을 벌기는 어려울 것 같다고 불평했다. 그러자 어머니는 이렇게 말했다. "일단은 돈을 벌고 행복은 나중에 신경 쓰렴."[5]

나 또한 어머니와 그런 대화를 나누었다면 비슷한 대답을 들었을 것 같다. 하지만 실제로는 한 번도 그런 얘길 나눈 적이 없다. 굳이 대화하지 않아도 어머니는 확실한 성과가 창의적인 시도보다 우선이고, 안정적인 일자리가 원대한 꿈보다 먼저라는 걸 알기 때문이다.

대학을 졸업한 직후 나는 그런 우선순위를 의심할 엄두조차 내지 못했다. 글로벌 대기업에 취직했고 업무에 만족하진 못했으나 금전적 보상은 충분히 받았다. 경영진의 말을 전달하고 직원들과의 의사소통을 돕는 일로 돈을 벌어 집을 샀다. 주어진 자리에서 최선을 다했다. 나와 내 또래들은 가족을 위해 자기 욕망을 쉽게 포기하는 부모님을 보며 자랐다. 그래서 이미 현재의 위치가 안락한데도 불구하고 완벽한 행복이 아니라는 이유로 다른 것을 추구하길 꺼렸다.

그런데 몇 년이 지나자 목표를 둘러싼 내면의 갈등이 한 방에 해소되는 마법 같은 일이 일어났다. 다니던 회사가 도산한 것이다. 퇴사 제안은 내가 어떤 삶을 살고 싶은지 한 번 더 생각할 기회를 주었다. 나는 무얼 원하지? 그제야 나는 어떻게 해야 내게 맞는 방식으로 일할 수 있을지, 어떻게 해야 즐겁게 일하고 책임을 다할 수 있을지를 고민할 수 있었다.

지금부터 당신이 해야 할 일

"위대함에 이르려면 좋은 것을 포기하는 걸 두려워하지 마라."

세계 최초의 억만장자로 꼽히는 존 D. 록펠러 John D. Rockefeller 의 말이다. 하지만 현실은 말처럼 쉽지 않다. 우리 인생의 블루베리밭은 다른 사람들이 탐을 낼 정도로 풍성한 열매를 맺을 때가 종종 있기 때문이다. 오렌지에 계속 미련을 두는 우리가 욕심쟁이처럼 느껴질 정도다. 그래도 몇 가지는 분명 짚고 넘어가자. 높은 직책, 연말 성과급, 가족이나 여가를 챙기기 좋은 여유로운 근무 환경, 매사를 주도할 수 있는 지위 등 당신의 인생에서 열매를 풍성하게 맺는 블루베리밭은 무엇인가? 그렇다면 당신을 유혹하는 오렌지는 무엇인가? 창의력을 충분히 펼칠 수 있는 자유로운 환경인가? 흥미로운 일과 책임인가? 자기만의 관심사와 가치를 추구할 수 있는 플랫폼인가? 한 번쯤 전혀 다른 것을 시도해볼 기회인가?

블루베리밭을 오렌지 농장으로 바꾸려면 어떻게 해야 할지 한번 고민해보라. 그 변화가 근본적인 전환을 뜻할 수도 있다. 하물며 도약에 도움이 되는 장점이나 편의 몇 가지를 포기해야 할지도 모른다. 그러나 작은 규모로 변화를 꾀할 수도 있다. 보통은 블루베리와 오렌지를 한곳에 심지 않지만 블루베리밭에 오렌지를 한두 그루 심는 것만으로도 주관적 지위가 올라가는 기분을 느낄 수도 있다.

열한 번째 힘

타인의 평가에도 단단한 마인드셋

―

의지, 회복탄력성 등 심리적 자산을 쌓아라

부자, 상속자, 대기업 임원 등은 사회적 상위계층의 대표 주자들이다. 하지만 알렌바흐 여론조사 연구소에서 실시한 국가별 비교 조사에 따르면 그들을 둘러싼 이미지는 점점 나빠지고 있는 것으로 보인다.[1] 독일 사람 대다수가 돈과 권력, 명성을 가진 사람들에 대해 이기적이고 탐욕스러우며 배려가 없다고 평가했다. 또한 독일의 응답자 두 명 중 한 명은 전쟁과 기후변화, 금융위기, 인권유린 같은 범세계적 문제의 책임이 대부호들에게 있다고 생각했다. 미국에서는 네 명 중 한 명이, 영국에서는 다섯 명 중 한 명이 같은 견해를 보였다.

이는 유독 독일의 최상위 계층이 놀고먹는 상속자, 허풍쟁이, 탈세자들의 집합소가 되었다는 뜻일까? 아니면 독일 대중이 유난히 시샘이 많은 것일까? 그것도 아니면 우리가 킴 카다시안 따라잡기 같은 TV 쇼를 너무 많이 본 나머지 허영과 사치에 찌든 상위계층 문화에 대한 편견에 사로잡힌 걸까?

어쩌면 매우 부유한 사람들에 관한 미심쩍은 소문은 그들보다는 우리의 됨됨이와 관련이 있는지도 모른다. 사회적으로 큰 성공을 이룬 사람들의 매너나 선의를 깎아내리는 태도는 그들이 이룬 것의 절반도 따라가지 못했다는 심리적 열등감을 해소하려는 궁여지책으로 볼 수도 있다. 적어도 도덕적 측면에서는 우위라고 믿으면 자존심을 지키는 데 도움이 되니까.

하지만 그런 태도는 그들의 강점을 배울 기회를 차단한다. 재능과 성과로 정상에 오른 사람들은 대개 성공에 유리한 방향으로 성격이 형성되었을 가능성이 크다. 알렌바흐 연구소의 조사 결과에 따르면 사람들이 개인적으로 부자들을 알게 되면 곧장 그들에 대한 부정적인 평가가 사라진다고 한다. 부자들의 지적인 면모와 혁신적 능력에 놀라고 감탄하다 선입견으로 딱딱했던 마음이 녹아내리는 건지도 모른다.

상위 1%의 마인드는
무엇이 다른가

초반에는 말이 잘 통했다. 날씨에서부터 휴가, 뷔페, 고품질 비건 버터,

애청하는 팟캐스트 채널까지 온갖 주제를 넘나들며 대화를 이어갔다. 그러다 하는 일 얘기가 나왔고 마침내 상대는 내게 무슨 책을 쓰냐고 물었다. 내가 전작인 《아비투스》에 대해 대강 설명하자 상대는 기다렸다는 듯 그 주제에 대해 자기가 아는 바를 거침없이 늘어놓았다.

"아, 식사 예절이나 드레스 코드 같은 걸 다루시겠네요. 근데 그런 게 책을 쓸 만큼 많나요?"

나는 눈알을 굴리고 싶은 걸 꾹 참으며 그럴 때마다 하는 대답을 내놓았다.

"네, 다행히도 그래요."

틀린 말은 아니다. 외모와 행동을 통해 아비투스가 드러난다. 하지만 그 두 가지는 거대한 빙산의 일각일 뿐이다. 빙산의 90퍼센트는 수면 아래에 숨어 있듯, 아비투스도 드러나는 작은 부분과 드러나지 않는 큰 부분으로 이뤄져 있다. 열린 마음, 확신, 정서적 안정 등 당신이 인생을 성공적으로 경영하는 데 필요한 심리적 자본은 드러나지 않는 아비투스에 해당한다. 그 각각의 요소가 어떤 비율로 어떻게 구성되어 자본을 이루는지는 개인마다 다르며 쉽게 파악되지도 않는다.

성공에 도움이 되는 성격적 요소가 풍부하게 갖춰진 사람은 때가 되면 날개를 단 듯 높이 날아간다. 맵시 있게 정장을 입는 법이나 랍스터를 우아하게 먹는 방법을 아는 것은 심리적 장비를 갖추는 일만큼 중요하지 않다. 어차피 그런 고전적 에티켓은 빠르게 의미를 잃어가는 중이다.

문화적·사회적 자산과 마찬가지로 심리적 자산도 불균등하게 분배

된다. 고급 주택가에서 태어난 아이들은 어릴 때부터 자신을 대단하게 생각하고 성공을 확신하며 자란다. 반면 빈민촌에서 태어난 아이들은 아예 그런 감정을 느끼지 못하고, 평범한 서민 아파트에서 자라는 아이들도 그런 기분을 만끽할 기회는 드물다. 더 정확히 말하면 가난한 집 아이들은 부잣집 아이들과는 전혀 다른 심리적 자산을 물려받는다.

사회적 지위가 낮은 부모일수록 세계관에서 강압과 불안이 차지하는 비중이 높다. 살림살이가 팍팍한 사람들은 합리적인 계산에 따라 자녀를 키운다. 상위계층에서는 자원과 선택지가 넘쳐나고 가끔은 일반인의 상상을 넘어설 정도로 넘쳐나는 데 반해, 하위계층에서 자라는 아이들은 일상의 반경을 넘어서거나 일회성에 그치는 기회를 감당할 준비가 되어 있지 않다.

혹시 당신은 어떤 등산화를 살지 고민해본 적이 있는가?

> 만일 동네 뒷산을 오르고자 한다면 비싼 등산화에 돈을 쓰지 않아도 된다. 원래 갖고 있던 값싼 운동화로도 충분하다.

심리적 장비도 마찬가지다. 일반적인 경력을 쌓는 데 요구되는 성격은 최고의 성공을 추구할 때와는 다르다. 남들과 엇비슷한 경력을 유지하고자 한다면 열심히 노력하려는 의지와 맡은 바 책임에 대한 의무감, 신중하고 정확한 태도와 약속을 지키는 신의, 주어진 길을 고집스레 걷는 묵묵함이 필요하다. 때론 고객의 압력이나 방해, 조직의 부당한 요구를 참고 견디는 능력도 요구된다. 이런 자질을 갖춘 사람은 두드러지지 않고 모나지 않게 소박한 생활을 꾸릴 수 있다. 하지만 그 이상을 원한다면 상위계층의 정신세계를 갖춰야 한다.

착실한 노력으로
뛰어난 성과를

도약을 논할 때 성과는 빠질 수 없는 단어다. 두 단어가 동의어는 아니지만 그 둘이 우리의 머릿속에 나란히 자리를 잡은 데는 다 이유가 있다. 도약자만큼 노력을 많이 하는 사람은 없다. 도약자만큼 맡은 바 책임에 대한 의무감이 강한 사람도 없다. 그들만큼 자기를 증명해야 하고, 점점 더 나아져야 하고, 최고의 성과를 내야만 한다는 명제를 굳게 믿는 사람도 없다. 베를린의 콘라트 아데나워 재단에서 조사한 바에 따르면 사회적 신분 상승을 이뤄낸 사람들 절반 이상이 발전의 필수 요소로 성실과 집념을 꼽았다.[3]

이 의견에 동의한다면 당신 또한 낮은 곳에서부터 뚜벅뚜벅 걸어 정상에 오른 사람이다. 한 번에 한 발씩, 한 번에 한 계단씩, 처음부터 끝까지 혼자 힘으로 올라야 했던 당신에겐 다른 선택지가 없었을지도 모른다. 혹은 무엇보다 성과가 중요하며 성공을 하려면 재미없는 일도 꾸준히 해야 한다는 말을 매일같이 들으며 자랐을 수도 있다. 그래서 당신은 아무도 하지 않으려는 일을 떠맡고, 주말에도 출근해야 하는 현실을 받아들이고, 상사가 아이디어를 재촉하면 야근을 하고, 맑은 가을날 저녁에 집 소파에 앉아 편안히 보내는 대신 상공회의소에서 주최하는 만찬 행사에 참석하는 사람이 되었을 것이다.

하지만 당신이 애쓰는 사람일수록 노력한 만큼 손에 쥐지 못한다는 것을 깨닫는 순간 큰 좌절감을 느낀다. 당신이 몇 년째 갈고 닦는 길을 누군가 홀연히 밟고 지나갈 때 마음에 회의가 쌓인다. 이게 다 무슨 짓인가? 나는 무엇을 위해 이렇게 노력하며 내가 노력으로 얻은 것은 무엇인가?

내게도 그런 경험이 있었다. 나 또한 노력과 성과가 성공의 문을 여는 열쇠라고 굳게 믿었다. 그런 시각 자체가 틀린 것은 아니다. 결정적인 포인트 하나가 빠졌을 뿐이다. 바로 부잣집에 태어난 사람들도 부지런하고 성실할 수 있다는 사실이다.

일반적인 선입견과 달리, 사회적 지위가 높은 사람일수록 낮은 계층의 사람들보다 일을 더 많이 한다. 이는 네덜란드의 경제학자 파울 슈미츠Paul Smeets가 연구를 통해 밝혀낸 사실이다. 슈미츠의 연구팀은 백만장자 800명과 평균소득자 1,200명을 대상으로 노동과 여가 생활 방식을 분석했다. 그 결과 평균소득자는 하루의 25퍼센트를 일하는 데 쓰며, 재산이 250만 유로(약 35억 원) 이상인 사람들은 하루의 30퍼센트를 일하는 데 쓰는 것으로 나타났다. 통근과 가사에 쓰는 시간은 두 그룹 모두 엇비슷했다.[4]

부자와 가난한 사람의 차이는 무엇보다 일을 다루는 방식에 있다. 상위계층 사람들은 자신이 할 수 있는 것을 증명하는 데 공을 들이지 않는다. 그들은 자기가 원하는 게 무엇인지, 어떤 수준인지 잘 안다. 거기까지 가는 길도 분명히 안다. 하지만 지위가 낮은 계층과 달리 상위계층은 투지와 집념의 아비투스 없이도 성과를 낸다. 이들은 시간의 압박에 시달리지 않고 타인의 응원이나 채찍질을 바라지도 않는다. 중간에 난관을 만나도 별로 지치는 기색이 없다. 이런 태도는 상위계층을 구분하는 표식 중 하나다.

> 그들에게 스트레스와 분주함은 '당연하지 않은 것을 얻기 위해 애쓰는 중'이란 신호로 보인다.[5]

상위계층은 그런 식의 스트레스와 무관하다. 고난도 업무도 식은 죽 먹기로 해치우는 것처럼 보인다. 만사가 수월해 보이는 것은 지위가 높을수록 자기방어를 위해 능력을 증명할 필요가 없기 때문이다. 꼭대기에 앉은 사람들에겐 초과근무나 업무 정확도가 중요하지 않다. 그들의 성과를 촉진하는 것은 야망이나 관심 혹은 장래를 내다보는 안목이다. 패션디자이너로서 더 오를 곳이 없다고 자부한 카를 라거펠트$^{Karl\ Lagerfeld}$는 이렇게 말했다. "나는 자제력이 없다. 노력해야 할 때 자제가 필요한 게 아닌가. 나는 노력하지 않는다."[6]

당신도 이런 태도를 가질 수 있다. 일단 사회생활에서 첫걸음을 뗐다면 빨리 시작하는 게 좋다. 당신만의 특별한 재능은 무엇인지, 어떤 식으로 세상에 기여하길 원하는지, 무엇을 위해 아침에 눈을 뜨는지 생각해보라. 당신이 지금 하는 일로 어떤 미래를 꿈꾸는지 정확한 그림이 그려질 것이다. 지향점이 분명하다고 해서 일의 분량이 줄어들진 않겠지만 확실히 집중력이 높아지고 힘들다는 기분이 줄어들 것이다. 그리고 일의 주도권을 갖고 남들로부터 점점 더 많은 존경을 받을 것이다.

언젠가도 나중도 아닌
지금 당장

외국어를 배워라. 새로운 분야에 대한 정보를 수집하라. 직업 능력 훈련을 위한 연수를 받아라. 반년 동안 남미 여행을 떠나라. 저평가 우량주에 투자하라. 살다 보면 가끔 당신 앞으로 너무 커서 감당할 수 없을 것 같은 기회가 배달되곤 한다. 당장은 기회를 받아들이기가 부담스러울 수도 있다. 그래서 많은 도약자가 자기에게 찾아온 기회를 마다한다. 가진 것이 그리 많지 않은 사람은 얻을 것과 잃을 것을 신중하게 저울질하고, 불확실성의 세계로 들어가길 주저한다. 하지만 개중에는 행운의 여신이 찾아왔다고 환호하며 단번에 그 기회를 잡아채는 사람도 있다. 이른바 '벼락 성공'은 그런 사람들의 것이다.

이제라도 곰곰 생각해보자. 당시엔 사정이 힘들다는 것을 알면서도 어금니를 꽉 깨물고 그 공부를 했더라면 지금 당신은 어디쯤 있을까? 그때 영어 초급 과정을 수강했더라면, 예상치 못하게 공석이 된 팀장 자리를 받아들였더라면, 바로 그 시점에 주식거래를 시작했더라면, 급매로 나온 해안가 주택을 샀더라면 지금 어떻게 되었을까? 물론 '했더라면, 했더라면' 타령이 소 잃고 외양간 고치기처럼 들릴 수도 있다. 하지만 적어도 앞으로 올 기회를 노련하게 붙들기 위해서는 과거를 충분히 돌아봐야 한다.

오스트리아 시골 마을에서 태어나 미국에 이민 와서 할리우드 스타가 되고 캘리포니아 주지사 자리에까지 오른 아널드 슈워제네거^{Arnold Schwarzenegger}의 성공 비결은 일단 시작하고 실행하는 데 있었다. "주머니에 손을 넣고선 성공의 사다리를 오를 수 없다"라고 말한 그는 오늘날 미국에서 가장 유명한 인물 중 하나로 꼽힌다.

모든 상황에서 당신은 선택의 기회가 있다. 하루에 50번씩, 짬이 날 때마다 스마트폰을 꺼낼 것인가, 아니면 넷플릭스를 켜서 〈기묘한 이야기〉를 정주행할 것인가, 아니면 가치 있는 목표를 이루기 위해 노력할 것인가. 매일 15분씩 피아노 연습을 하거나 잠깐이라도 어학 애플리케이션을 켜서 스페인어를 배운다면 당신은 긍정적 미래를 향해 나아가는 태엽을 감기 시작한 셈이다. 이는 분명 직업적 미래나 개인의 발전, 건강 혹은 사회적 관계 형성을 위해 가치 있는 투자가 된다.

가치 있는 변화를 일찍 도모할수록 더 많은 시간을 자유재량으로 쓸 수 있다. 그렇게 오랫동안 작은 발걸음들을 옮기다 보면 어느새 높은 곳에 성큼 올라서 있는 자신을 발견할 것이다. 지금은 아스라이 느껴지는 먼 미래가 언젠가는 코앞의 현실이 될지 모른다.

성공의 꿈을
성공의 확신으로

지금으로부터 25년 전, 매우 더운 여름날이었다. VIP 고객 중 한 명이 내게 아주 까다롭고 방대한 프로젝트를 맡겼다. 공교롭게도 비슷한 시기에 독일 굴지의 출판사로부터 감성지능에 관한 책을 내자는 제안을 받았다. 많은 사람이 그 주제에 대해 말하던 때이므로 책을 낸다면 오랫동안 내가 소망하던 작가의 길에 들어설 것은 자명해 보였다.

문제는 단 하나, 3개월 남짓에 초고를 완성해야 한다는 것뿐이었다. 그 조건은 수정이 불가했고 나는 기한을 지킬 수 있을지 확신이 들지 않았다. 아무리 머리를 굴려도 둘 중 하나를 선택해야 할 상황처럼 보였다. 절호의 기회를 놓치든가, 중요한 고객을 놓치든가.

그런데 친구 하나가 머리를 쥐어뜯던 나를 딜레마에서 꺼내주었다. 그녀는 "받을 수 있는 도움을 최대한 모아봐"라고 조언했다. "혹시 경제적으로 손해를 보더라도 네게 가치가 있다면 그 일은 해야만 해." 사업가 부모님 슬하에서 자란 친구는 시도하는 프로젝트마다 이윤을 내는 것이 건전한 경제 운용은 아니라는 사실을 어릴 때부터 배웠다. 그녀는 때로는 다른 것, 가령 소망하는 미래에 투자하는 것이 단기적 이익에 우선할 수 있다고 생각했다.

물론 그날 당장 나의 마인드셋이 바뀐 것은 아니다. 하지만 돌이켜 보니 그날 적어도 성공을 향한 꿈과 믿음의 차이는 분명히 알게 된 것 같다. 원대한 꿈은 우리가 장래를 두고 무엇을 소망해야 할지를 알려준다. 하지만 그 꿈만으로는 한 발짝도 나아갈 수 없다. 성공에 대한 믿음은 그와 다르다. 그것은 공허하게 울려 퍼지는 응원가도, 허망한 백일몽도 아니다. 성공을 향한 굳은 믿음은 우리의 능력을 묶고 있던 쇠사슬을 풀어준다.

성공에 대한 굳은 믿음 덕분에 우리는 평소라면 외면했을 위험과 도전을 감수할 수 있다.

세계 최고의 골키퍼인 올리버 칸$^{Oliver\ Kahn}$은 중요한 것은 언제나 모든 단계에서 성공하는 게 아니라고 말한다. "그보다는 하는 일 전체에서 성공을 거두는 게 중요하다."[7] 이런 관점은 행동은 변화시킨다. 만약 내가 타고난 신중함을 따랐더라면 두 가지 프로젝트 중 하나를, 아마 당시 로션 제안에 확약하지 않았던 출판을 포기했을 것이다. 하지만 나는 내적 저항을 무릅쓰고 두 마리 토끼를 다 잡았다. 고객으로부터 수주한 프로젝트 일부를 아웃소싱으로 해결했고, 책은 공저자를 구해 자료 수집을 맡겼다. 책은 무사히 완성되었고 잘 팔렸지만 그래도 내가 받은 인세 이상을 공저자에게 지불해야 했다. 하지만 상관없었다. 그 결정은 옳았고 나는 이후 20년 동안 그 덕을 보고 있다. 그 결정이 지금 나를 이 자리에 데려다놓았다.

부유한 집 아이들은 어릴 때부터 부모에게서 성공의 믿음에 대한 교육을 받는다. '뜻이 있는 곳이 길이 있다'는 믿음을 간접경험으로 배우는 것이다. 그들의 부모는 어떻게 기회를 잡고, 어떻게 위험을 처리하는지 생활에서 선보인다. 그렇게 해서 세상의 대부분 문제가 해결 가능하고, 현명하게 대응한다면 대부분의 위험 요소는 제어할 수 있다는 사실을 경험한 아이들은 스스로에 대한 믿음이 저절로 생긴다.

반면 넉넉지 않은 집안에서 자란 당신은 기회와 위험을 더 신중하게 다루는 데 익숙할 것이다. 부모님으로부터 위험은 피하는 게 좋다고 배웠기에 성공에 대한 믿음은 낯설거나 심지어는 의심스럽다. 부족한 형편에서는 이런 태도가 합리적이다. 가진 게 적을수록 손에 쥔 것을 지키는 게 중요하기 때문이다. 그러나 도약하기에 적절한 전술은 아니다.

그렇다면 어떻게 해야 몸에 밴 습관에서 벗어날 수 있을까? 실은 이미 오래전부터 당신은 노력해오고 있다. 목표를 이룬다는 보장도 없이 오르막을 걸어오지 않았던가. 이룬다는 보장은 없었지만 그 일을 하고 싶고 할 수 있다는 확신은 있었다. 그리고 점점 목표에 가까워지고 있다. 비록 원하는 정상에 다다르진 못했다 할지라도 출발점보다는 훨씬 높이 올라와 있다. 이를 아는 것이 성공의 믿음이다. 이것이 당신의 행동에 영향을 미치고 당신에게 힘을 주며 당신을 위기에서 구출한다.

완벽보다는 발전을

독일의 외무부 장관 아날레나 베어보크도 위기에서 탈출해야만 했다. 2021년 봄에 녹색당의 총리 후보로 지명된 그녀는 여론조사에서 꿈에 그리던 지지율을 기록했다. 하지만 거듭된 실수로 인기는 추락했다. 베어보크는 실수를 인정하고 미비했던 점을 보완하며 선거전을 치렀다. 여성가족부 장관을 지낸 정치인 리타 쥐스무스Rita Süßmuth가 "정상에 오른 사람은 집에서만 눈물을 보인다"라고 말했던 것처럼 베어보크도 이를 악물고 버텼다.

결과는 참담했다. 베어보크를 후보로 지명한 녹색당은 기대에 못 미치는 성적으로 패배했다. 녹색당 공동대표인 로베르트 하베크Robert Habeck가 부총리가 되었고 베어보크는 외무부 장관이 되었지만, 임명 직후 시행한 여론조사에서 독일 국민의 55퍼센트가 그녀를 신뢰하지 않는다고 답했다. 그런데 얼마 지나지 않아 러시아가 전쟁을 시작했다. 베어보크는 독일의 외교 전략을 완전히 바꿨고 불과 몇 달 만에 그녀는 현 정부에서 가장 사랑받는 장관으로 급부상했다.

정상으로 도약하는 길에 왕도는 없다. 큰 성공을 위해선 어떤 결정을 내려야 할지도 미리 알 수 없다. 사회학자이자 베스트셀러 작가인 라이너 치텔만Rainer Zitelmann은 정상에 선 사람과 중간에 머무른 사람을 구분하는 중요한 차이로 '실수를 처리하는 방식'을 꼽는다.[8] 큰 성공을 거둔 사람들은 쉽게 당황하지 않는다. 물론 그들도 서두르다가 일을 망치거나 창피를 당할 때가 있고 그런 상황이 달갑지만은 않다. 하지만 그들은 낭패를 봐도 좌절하지 않으며 배움의 기회로 삼는다.

이럴 때는 어떻게 대응할 수 있을까? 대안은 무엇일까? 계속 여기에 있는 게 나을까? 아니면 나아가야 할까? 놓친 부분은 무엇일까? 무엇을 대비했더라면 좋았을까? 무엇을 고쳐야 할까? 다음 기회가 있다면 달리 어떻게 할 수 있을까? 어떻게 하면 내 능력을 개선할 수 있을까? 이렇게 생각하는 사람들은 완벽주의자들처럼 실수에 좌절하지 않는다. 새로운 것을 시도하고, 경험하고, 깨달음을 얻고, 배우고, 뒤를 쫓아가고, 한 발 더 나아간다.

물론 돈이 많고 성공한 사람들은 든든한 완충재가 있어서 추락의 충격이 덜하지 않겠느냐고 반문할 수 있다. 하지만 실제로는 높은 곳에서 떨어질수록 추락의 고통이 더 큰 법이다. 돈과 인맥이 반동을 줄여줄지는 모르지만 그렇다고 추락이 없던 일이 되거나 감춰지진 않는다. 게다가 꼭대기는 중간보다 훨씬 많은 주목을 받는다.

나는 어떤 계층에 속하든 불완전한 순간을 잘 대응하려면 강인한 성격이 필요하고, 계층을 막론하고 어디에나 그런 성격의 소유자들이 있다고 생각한다. 다만 그 빈도가 다를 뿐이다. 요하네스 구텐베르크 마인츠 대학교의 조사에 따르면 형편이 넉넉지 않은 사람들은 자신을 불운한 환경의 희생자로 인식할 때가 많은 반면, 재산이 많은 사람들은 거의 그런 생각을 하지 않는 것으로 나타났다. 덕분에 그들은 대재앙

속에서도 자기 운명의 개척자가 된다. 보통 사람들처럼 남들의 칭찬과 평가에 목매지 않는다.[9] 이런 마인드셋은 역풍이 몰아칠 때 견디는 힘이 된다.

안온한 중산층에서는 실수를 대하는 태도가 사뭇 다르다. 그들은 큰 성공으로 가는 길엔 으레 넘어야 할 장애가 있다는 사실을 받아들이긴 하지만 아무것도 나타나지 않길 바란다. 이들의 자녀는 학교에서부터 실수해서는 안 된다는 교육을 받는다. 받아쓰기는 100점을 받아야 하고 낙제는 있을 수 없는 일이다. 리코더를 불 때조차 서투르더라도 멋있게 연주하기보다는 한 음 한 음 정확한 소리를 내는 게 중요하다. 그렇다 보니 즉흥연주를 청하면 묵묵부답이 돌아온다.

이들은 어릴 때부터 발전이 아니라 완벽이 기준이라고 배운다. 불행하게도 이런 태도는 족쇄가 된다. 실수나 오류를 없애는 데 치중하는 사람은 확실히 보장된 것만을 선호한다. 안전이 제일이라는 신념은 발전을 제한한다. 아무런 실수 없이 해낼 수 있는 일은 아주 작은 계획뿐이기 때문이다.

능력을 최대치로 키우려면 실수를 피할 수 없다.

실험하고 개선하고 과감한 시도를 하려면 실수를 받아들여야만 한다. 얼마 전 골프 레슨을 받다가 코치에게서 이런 말을 들었다.

"실수 샷을 기입하지 않으면 경기를 할 수 없어요."

이 말을 듣자마자 나는 기억의 노트를 펼쳐 저장했다. 골프장 안이든 밖이든 진실은 바뀌지 않는다. 누구나 완벽한 기량으로 경기를 펼치길 바란다. 누구나 기적과 같은 완벽한 퍼포먼스가 단번에 완성되길 희망한다. 하지만 현실은 그와 다르다. 학습은 완성이 더디고 불편을 감수하지 않고서는 안전지대를 벗어날 수 없다. 예상치 못한 실수와 어긋난 계획을 딛고 일어설 때 우리는 한계를 넘어 성장할 수 있다.

골프 실력을 늘리려면 계속 공을 치는 수밖에 없다. 실점을 최소화하면서 고칠 수 있는 것은 고치고, 도저히 칠 수 없는 공이면 할 수 있는 데까지 끌고 가서 마무리를 지어야 한다. 그리고 다음 경기에는 다른 방법으로 조금 더 잘해보려고 애쓰는 것이다.

지금부터 당신이 해야 할 일

최근 뮌헨 지역 행정부에 새로운 수장이 부임했다. 바이에른 주도인 뮌헨의 질서와 안전 부서들은 이제 사법 전문가인 한나 사뮐러-그라들Hanna Sammüller-Gradl의 지휘 아래 움직인다. 그녀는 취임 연설에서 자신이야말로 해당 직책의 적임자라며 "안전이라면 내가 최고의 전문가"라고 말했다. 성공을 확신하는 것처럼 들린다. 간결하고 분명하며 타당하다. 아날레나 베어보크 외무부 장관은 자신의 전문성을 "나는 국제법에서 나왔다"라는 강렬한 한마디로 표현했다.

확실한 존재감을 원하는가? 그렇다면 먼저 당신의 능력을 명확하게 전달할 수 있는 짧고 간결한 문장을 찾아보자. 당신이 할 수 있는 일들을 찬찬히 돌아보고 당신만의 독특함을 짧고 쉬운 문장에 담아보라. 그 문장이 당신 귀에도 착 감기는가? 말하기 쉬운가? 들었을 때 거부감이 들지 않고 편안한가? 그렇다면 적절한 상황에 적극적으로 활용해보길 권한다. 그렇지 않다면 좀 더 고민하고 수정해보자.

열두 번째 힘

흔들리는 감정을 제어하는 신중함

–

서서히 목표에 다가가라

《우체국 아가씨Rausch der Verwandlung》는 오스트리아 작가인 슈테판 츠바이크Stefan Zweig가 90여 년 전에 발표한 고전문학 작품이다. 시골 작은 마을에서 우체국 직원으로 일하는 크리스티네라는 인물이 갑자기 화려한 세계에 발을 들이며 펼쳐지는 신분 상승 스토리다.

팍팍한 하루하루를 살아가던 주인공에게 어느 날 전보가 날아든다. 미국에 이민 가서 부자가 된 이모가 보낸 전보에는 스위스의 호화 호텔에서 함께 휴가를 보내자는 제안이 담겨 있었다. 이모를 만난 크리스티네는 그곳 분위기에 맞추기 위해 머리 스타일을 바꾸고 이모의 옷을 빌려 입고선 "우아한 색조에 반들대는 가구가 있는 방, 화려하고 안락한 호텔, 큰돈을 의심 없이 쓰는" 새로운 환경에 마법처럼 적응한다.[1]

난생처음 그녀는 노동과 가난이 없는 세계를 경험한다. 그러나 느닷없이 시작된 꿈은 그만큼이나 돌연히 끝나버린다. 크리스티네의 출신에 대한 소문이 사람들의 입길에 오르내리기 시작한 것이다. 이모는 자신의 평판을 지키기 위해 호텔을 떠나고 크리스티네도 원래의 궁핍한 일상으로 돌아간다. 그런데 고향으로 돌아간 크리스티네는 원래의 생활이 비참해서 견뎌내질 못한다.

가파른 도약은 현기증을 일으킨다. 본인의 의도와 무관하게 급속도로 일어난 도약일수록 흔들림이 심하다. 변신에 취해 중심을 잡기가 어렵다. 아직은 미숙한 감정 속에 그간 이루지 못했던 모든 것을 만회하고 보충하고 싶다는 욕망이 거칠게 뒤섞인다. 이처럼 변화에 휘청거리지 않고 여유 있게 대응하기 위해서는 새로운 높이에 서서히 젖어들어야 한다. 정신의 한계는 하루아침에 확장되지 않는다.

약점
채우기

가끔은 문이 저절로 열릴 때가 있다. 상상해보라. 모두가 선망하는 외국 대학이 당신의 지원을 받아들인다. 생각지도 못했던 곳에서 당신에게 이직을 제안한다. 회사 선배가 탄탄한 승진 코스로 알려진 팀에 당신을 스카우트한다. 불가능해 보였던 승진이 가능해진다. 문득 기가 막힌 아이디어가 떠오른다. 기대하지 않았던 곳에서 큰돈이 들어온다. 창업을 준비 중이던 대학 동창이 동업하자고 제안한다. 지금까지 당신이 했던 모든 프로젝트를 합친 것보다 큰 사업이 당신 몫으로 할당된다. 영화처럼 사랑에 빠졌고 결혼을 했는데 그 상대가 상위계층 출신이라 지금까지 알고 지냈던 것과 전혀 다른 세계로 자연스럽게 합류한다.

이처럼 높은 곳을 향해 방향을 전환하는 일이 예기치 않게 일어나기도 하지만 때론 강한 열망과 오랜 기다림 끝에 찾아오기도 한다. 계기가 어떻든 그런 사건은 당신의 정신세계에 영향을 미친다. 이제 나는 누구인가? 다른 사람들은 나를 누구라고 생각하는가? 벌써 이렇게 멀리 왔다고? 이 상황을 내가 도모한 것인가? 내가 이 일의 적임자가 될 수 있을까? 혹시 사람들이 내 불안을 눈치채진 않을까? 내가 이 자리에 어울리지 않는 사람이란 걸 어떻게 숨길 수 있을까? 이 모든 것이 주제넘는 짓이면 어쩌지?

이런 걱정을 떨치지 못하는 자신을 소심하다고 탓할 필요는 없다. 가파른 신분 상승은 기회뿐 아니라 위험도 내포하고 있음을 알고 있는 당신은 오히려 지혜로운 사람이다. 높은 지위에 처음 발을 디딘 사람은 주변의 매서운 눈초리를 피할 수 없다. 처음에 아무리 좋은 인상을 주었더라도 두 번째 시험을 통과하지 못하면 신뢰는 금방 꺾이고 만다. 그들은 새로 진입한 유망주에게 자신의 소망을 투영한다.

당신에게 많은 걸 기대한 사람일수록 어쩌다 당신이 부주의하거나 능력이 부족한 모습을 보이면 더 크게 실망한다. 따라서 졸업장이나 추천서, 역량 등이 제대로 갖춰져 있어야만 추락하지 않고 높이 날아오를 수 있다. 화려하게 꾸며진 이력서, 과장되게 떠벌리는 웹사이트, 급조된 논문 등은 언뜻 그럴싸해 보이지만 당신에게 건 기대에 부응할 수 있어야 신뢰가 유지된다. 그렇지 않으면 영리하게 꾸며낸 이미지는 오히려 부메랑이 되어 돌아온다.

슈테판 츠바이크의 소설 속 주인공도 되돌아온 부메랑에 무릎을 꿇어야 했다. "여전히 자기 자신에게 속고 있는 동안 사람들은 벌써 그녀의 순진하고 유치한 속임수를 하나하나 밝혀냈다."[2]

경솔은
절대 금물

소문과 험담은 빨리 돈다. 정신없이 돌면서 '먼지와 파편'을 날린다.[3] 그러므로 하늘을 향해 열려 있는 기회, 빛나는 후광, 박수갈채, 다시없을 특권 등에 현혹돼선 안 된다. 맑은 정신으로 현실의 바닥을 딛고 서서 끊임없이 약점을 보완하고 공격당할 만한 지점을 방어해야 한다. 당신이나 나보다 잃을 게 훨씬 많은 사람도 그런 전략으로 명성을 지켰다. 독일의 대문호 토마스 만Thomas Mann이 그 대표적인 사례다.

노벨 문학상 수상자인 그는 작가로서의 경력이 절정에 이른 1938년 미국으로 추방당했다. 이미 그는 자신의 위대함을 다른 사람에게 증명할 필요가 없었다. 하지만 망명지에서 첫 순회 강연이 계획되자 마치 미래가 불확실한 신인 작가처럼 철저하게 준비했다. 그는 영어에 능통한 편이었는데도 독일어로 원고를 써서 전문가에게 번역을 맡겼고 영어 교사를 고용해 강연을 연습했다. 까다로운 단어 위에는 음가를 발음기호로 메모했다. 그렇게 작성한 원고를 단상에 올라서기 직전까지 반복해서 읽었다.

시대를 대표하는 이야기꾼으로 꼽히는 토마스 만은 대중 앞에서 자신의 어떤 허점도 드러나길 원치 않았다.[4] 그 대가로 터무니없이 높은 강연료를 받고자 할 때는 더더욱 완벽을 추구했다. 애플의 창립자인 스티브 잡스도 마찬가지였다. 그 역시 프레젠테이션을 경쾌하고 우아하게 진행하기 위해 최선을 다해 공을 들였고, 그 결과 프레젠테이션의 전설로 남았다.

당신이 한 단계씩 올라갈 때마다 당신에게 요구되는 능력과 성실성, 정확도의 수준이 올라간다. 한번 정상에 올랐다고 해서 모든 게임이 끝난 게 아니다. 그 자리를 유지하는 것 또한 외줄타기처럼 아슬아슬한 과정이다. 심지어 도약은 첫발부터 사람들에게 다가가고 관계를 맺는 것으로 시작되기에 이 단계에서 경솔은 절대 금물이다. 셰익스피어의 표현을 빌리면 용기의 핵심은 '신중함'이다.[5]

높은 곳을 향해 출발한 사람은 자연히 익숙한 세계에서 멀어진다. 모델 클라우디아 시퍼Claudia Schiffer도 그런 경험을 했다. 뒤셀도르프의 한 클럽에서 춤을 추다가 모델로 발탁된 열일곱 살 소녀는 곧장 학교를 때려

치우고 샤넬 쇼의 런웨이로 달려갔다. 이후 그녀가 표지를 장식한 패션 잡지만 해도 1,000권이 넘는다.

변호사의 딸이었던 시퍼는 또래의 다른 소녀들보다 훨씬 많은 혜택을 누리며 자랐다. 그런데도 워낙 급격한 도약을 이룬 터라 변화에 적응하는 데 애를 먹었다. "나는 갑자기 이 세계에 던져졌다." 모델계의 최정상에 도달한 그녀의 머릿속엔 온통 한 가지 생각뿐이었다. '맙소사, 더는 안 될 것 같아. 잠이나 더 잤으면 좋겠네. 너무 피곤해서 온몸이 고장 난 것만 같아.'[6]

그러나 단숨에 추락한 신화 속 이카루스와 달리 시퍼는 날개를 불태우지 않고도 하늘 높이 날아올랐다. 그녀의 장점은 깜짝 놀랄 만큼 아름다운 외모만이 아니었다. 그녀는 허세를 부리지 않았고 겸손했으며 시간을 엄수하고 성실하게 행동했다. 유명해진 다음에도 가족을 세심하게 부양했고 재산 관리도 잘했다. 요즘은 노화 관리마저도 능숙하게 해내는 듯하다.

직업적 전문성 외에도 그녀가 성공할 수 있었던 비결은 고공비행하면서도 그 기분에 도취되지 않았다는 데 있었다. "슈퍼모델이란 단어를 처음 들었을 때 나는 크게 소리 내어 웃지 않을 수 없었다. 내게 딱 들어맞는 말이었기 때문이다. 일할 때 나는 슈퍼맨처럼 굴지만 실제 생활에선 클라크 켄트가 된다."[7] 런웨이를 압도하는 슈퍼모델도 실생활에선 소심하고 현실적이며 가끔은 수줍음도 탔던 모양이다. 실생활에서조차 슈퍼모델이었다면 그녀는 아마도 견디지 못하고 추락했을지 모른다.

당신을
흔드는 것들

드디어 기회의 문이 열렸다면 당신은 어떤 생각을 할 것인가? 한 번에 세 계단씩 성큼성큼 올라야 한다는 부담이 차올라 마음이 묵직해질 것이다. '무얼 할 수 있는지 보여줘야 해. 내가 어디에 속해 있는지 증명해야 해. 새로운 높이가 어색하더라도 절대 주눅 들어선 안 돼. 성공 비결을 코칭하는 블로그들을 읽노라면 이런 조언 일색이다. 자기를 내세워라! 적극적으로 홍보하라! 눈에 잘 띄도록 하라! 더 많은 것을 얻어내라!'

원칙적으로는 모두 옳은 말이다. 하지만 우리는 습관적 존재라는 사실을 잊어선 안 된다. 급격한 성공은 우리가 믿고 있던 세계를 뒤집어놓는다. 그러니 고대하던 승리의 순간에 감정이 엉뚱하게 날뛰는 것은 지극히 정상적인 현상이다.

충격

갑자기 큰 과제를 맡은 사람들은 예상치 못한 행운에 얼떨떨해하곤 한다. 클라우디아 시퍼도 처음 파리로 오디션을 보러 오란 제안을 받았을 때 비슷한 기분을 느꼈다고 했다. 인터뷰를 통해 이 말을 전한 독일의 한 일간지는 그녀처럼 자신에게 재능이 있다는 확신이 없이 일을 시작한 모델은 세상에 없을 것이라고 했다.[8]

불안

도약자들은 종종 자기가 이룬 성과가 정당하지 않고 스스로 성공할 자격이 없다고 느끼곤 한다. 그들의 머릿속은 매우 복잡하다. 그들은 새로운 상황에 완벽하게 대처하는 법을 알지 못한다. 스스로 중요한 결정을 내리는 데 익숙지 않고 새로운 지위가 가져온 안락함을 당연한 듯 누리는 일도 어려워한다.

스트레스

성공의 파도가 넘실대는 환경에서 태어나지 않은 사람은 오히려 잃는 것에 익숙하다. "나는 매일 저녁 8시까지 사무실에서 일했고 그 덕분에 승진 기회를 한 번도 놓치지 않았어." 내게 이렇게 말한 친구는 노동자의 아들로 태어나 테크놀로지 기업의 부사장 자리까지 올랐다. "만약 너도 나와 같은 길을 걸었다면 혹시 발을 헛디딜까 하는 걱정을 한시도 놓지 못했을 거야."

죄책감

많은 도약자가 자신이 성공을 누릴 자격이 있는가를 두고 깊은 고민에 빠진다. 그들은 자기보다 덜 행복한 친구 혹은 동료들을 보며 양심의 가책을 받는다. 때론 자신의 성공이 부당하다는 기분을 느끼거나 자신이 결국 사기꾼으로 밝혀질까 봐 두려워하기도 한다.

소외감

이 감정은 피할 수 없다. 계층을 이동하면 예전의 관계뿐 아니라 지식과도 이별해야 한다. 그런데 새로운 규칙과 관례는 아직 반 정도만 이해한 상태다. 그래서 이제 막 도약한 사람들은 정신적으로 무인도에 사는 기분을 느낀다. 그럴 때 가짜 친구를 사귀거나 경솔한 결정을 내릴 위험이 특히 크다.

계층도약은 예상치 못한 불안을 일으킨다. 입문자들이 스키를 배울 때 느낌과도 비슷하다. 이제 막 스키를 타기 시작한 사람은 스키와 폴을 몸에 맞게 조정하고 다가오는 리프트에 다른 사람들과 함께 엉덩이를 얹는 일만으로도 부담을 느낀다. 한 단계 높은 사회적 지위로 전진할 때도 비슷한 부담감이 찾아온다.

클라우디아 시퍼는 냉철함을 유지하는 것으로 그 문제를 해결했다. 패션 잡지 〈보그^{Vogue}〉의 수석편집장 애나 윈터$^{Anna\ Wintour}$는 "그녀가 항상 자기 자신을 지켜왔다는 것 그리고 실제 모습이 그 어떤 사진이나 광고에서보다 더 아름답고 도발적이라는 것"에 감탄한다고 밝혔다.[9] 그녀에게 본받을 점은 한둘이 아닌데, 그중 하나는 느긋하게 움직이는 것이다. 도약자들에게 이는 꼭 필요한 자세다. 새로운 상황이 벌어지면 일단은 관망하면서 어디로 움직일지를 신중하게 계획해야 한다. 새로운 깨달음, 새로운 경험에 정신이 적응할 때까지는 시간이 필요하다.

아비투스도 마찬가지로, 성공보다 한발 늦게 따라온다. 따라서 시작

단계에서는 너무 움츠러들지도, 그렇다고 너무 과하게 굴지도 않도록 정신을 바짝 차리고 행동해야 한다. 성공에 대한 첫 느낌이 예상과 다르더라도 당황할 필요는 없다.

성공에 쉽게 취하지 않는 성숙함

이제 정말 당신은 사회의 상단에 올랐다. 재정적 압박과 빡빡한 규칙, 자기 검열과 자기 증명의 의무로부터도 벗어났다. 사람들은 당신을 원하고 당신 앞에서 아부를 떤다. 지구 반대편에 와 있는 기분이다. 향기로운 샴페인처럼 성공도 사람을 취하게 만든다. 그래서 크고 놀라운 도약을 이뤄낸 사람일수록 정도를 벗어난 행동을 할 위험이 크다. 금전과 관련해 성급한 결정을 내리거나 미숙하게 권력을 휘두르거나 유흥에 흠뻑 빠지기도 한다.

지금 냉정을 되찾지 않고 승리의 기쁨에 도취돼 비틀거리면 사람들은 당신을 참아주지 않을 것이다. 이제 막 부와 명예를 얻은 사람들 중 가장 무모한 이들은 손에 쥔 것을 과시하고 특혜를 주장하며 과한 요구를 남발하고 다른 사람보다 우위에 서려고 안달하는 부류다.

린다 에반젤리스타Linda Evangelista는 클라우디아 시퍼와 동급의 슈퍼모델이지만 1만 달러 미만으로는 쇼에 서지 않겠노라 선언한 이후로 점점 업계에서 설 자리를 잃어가고 있다. 테니스 선수 알렉산더 츠베레프Alexander Zverev는 올림픽에서 금메달을 땄음에도 자기 마음에 들지 않는 판정을 내린 심판을 라켓으로 공격한 이후 추락한 평판을 회복하지 못하고 있다. 슈테판 츠바이크의 소설《우체국 아가씨》의 여주인공 크리스티네 역시 화려하고 새로운 삶에 푹 빠진 나머지 그 생활이 원래 자신과는 어울리지 않는다는 것을 잊었다. 그리고 "오직 자신과 자신을 휘감은 행복만을" 느꼈다.[10]

큰 성과를 얻기 위해서는 추진력과 자기표현에서도 변화를 주어야 한다. 이는 의심의 여지가 없다. 그러나 열정으로 자신을 드러내는 것과

정신적 미성숙	정신적 성숙
거만: 큰소리치기 좋아하고 잘난 체하며 남들보다 우위에 서려 하고 인정을 요구한다.	**관용**: 마음을 넓게 쓰고 성공의 기쁨을 함께 누리며 주목받는 자리를 타인에게 양보한다.
낭비: 과소비로 욕구를 해소하거나 보복 소비를 한다. 투기에 빠지거나 빚을 질 때도 있다.	**가치소비**: 소비욕을 통제하고 사치품을 지양한다. 미래를 내다보며 소비하고 투자한다.
권력욕: 남들보다 낫다는 기분을 느끼고자 우위를 강조한다. 지배하길 바라고 종종 남들을 경멸하거나 위협한다.	**리더십**: 모범이 되고 사람들과 잘 어울린다. 방향을 제시하고 길을 열어주며 사람들에게 영감과 확신을 부여한다.
명예욕: 호감과 인기를 얻고자 한다. 관심과 인정을 추구한다.	**존경**: 상대의 목소리를 귀 기울여 듣고 관심을 기울인다. 타인의 욕구를 존중한다.
과열: 정신없이 바쁘고 속도가 빠르며 혼자 앞서 나간다.	**온건**: 느긋하고 경쾌하며 침착하다.

이기적으로 과시하는 것은 언뜻 비슷해 보이지만 분명히 다르다. 자기를 뽐내는 행위 뒤에는 불안정하고 미성숙한 성격이 숨어 있을 때가 많다. 정신적인 성숙은 감정을 조절하고 통제하는 능력으로 드러나며, 그걸 해내는 사람만이 도약한 지위를 계속 지킬 수 있다. 정신적 미성숙함과 성숙함의 차이를 보여주는 앞의 표를 살펴보면서 자신의 현재 태도를 되돌아보도록 하자.

**지금부터
당신이
해야 할 일**

우리가 오른 것이 산이든, 계층의 사다리든 간에 정상에서 내려다보이는 전망에 취해버리면 다음 발을 헛디디기 쉽다. 그간 보지 못했던 풍경이 눈앞에 펼쳐지면 기분이 잠시 혼미해질 수는 있다. 팔다리에 여전히 오르막을 오르던 느낌이 남아 있으면 더욱 그렇다. 그럴 때 우리에게 필요한 것은 새로운 높이를 이해할 시간이다.

첫 흥분이 가라앉을 때까지는 잠자코 기다려야 한다. 침착하게, 중요한 결정은 유보하고, 거만하게 굴지 말고, 섣부른 약속도 하지 말아야 한다. 외즐렘 튀레치와 우구어 자힌처럼 말이다. 그들은 공들여 개발한 코로나 백신의 효과가 검증되었다는 통보를 받자마자 제일 먼저 "차를 한잔 마셨다."[11] 기쁘지 않아서 그랬을까? 그렇지 않다! 크고 예상치 못한 성공이 찾아왔을 때 현실적이고 차분하게 대처하는 사람일수록 엇나가거나 치우칠 우려가 적다. 축배를 들고 인증샷을 찍고 파티를 하는 것은 나중에 해도 괜찮다.

열세 번째 힘

품격이 느껴지는 스타일
-
세련된 취향을 키워라

어느 날 인스타그램 피드를 훑다가 상류층의 취향을 딱 세 문장으로 요약한 탁월한 글을 발견했다. "마음의 평화는 새로운 성공, 건강은 새로운 재산, 친절은 새로운 멋." 혹시 지금까지도 포르쉐나 재규어, 알이 큰 진주, 휴일에 즐기는 사냥, 오페라나 발레 공연 관람, 이탈리아 명품 패션 등으로 부자를 알아볼 수 있다고 여겼다면 지금 당장 생각을 바꾸는 게 좋다.

물론 과거의 지위상징은 여전히 유효하다. 그러나 일부 보수 집단을 제외한 일반 사회에서는 성공에 대한 개념이 달라지고 있다. 상류층의 고급 취향은 은은하고 친밀하게 드러난다. 후드티를 입었는지 정장을 입었는지, 인스타그램 대표 사진이 셀카인지 프로 사진작가가 촬영한 프로필사진인지, 자전거를 타고 있는지 기사가 운전하는 리무진을 타고 있는지로 사회적 지위를 구분하던 시대는 지났다. 대리석 바닥, 직원들이 오가는 모퉁이에 떡하니 자리 잡은 사무실, 주 60시간씩 일해야 하는 바쁜 직장 생활도 한물간 지위상징이다.

그래서 높은 지위에 있는 사람들은 다양한 영역에서 존재감을 드러내려고 애쓴다. 최근 자영업자들을 대상으로 정보를 제공하는 플랫폼에서 "지금은 한 사람이 성공한 은행가이자 자상한 아빠이자 스케이트보드를 타는 중년 남성이 될 수 있는 시대"라는 설명을 읽은 적이 있다. 성공한 은행가가 골프나 승마가 아니라 스케이트보드를 타도 괜찮은 시대가 된 것이다.[1]

그러다 보니 많은 사람이 부와 지위를 예전만큼 확고부동한 개념으로 받아들이지 않는 경향이 있다. 마치 미술 문외한들이 현대 미술을 보며 "저 정도는 나도 해"라고 착각하는 것처럼 상류층의 취향을 쉽게 따라 할 수 있다고 오해하는 것이다. 하지만 안타깝게도 현실은 그렇게 녹록지 않다. 상위계층의 아비투스는 예나 지금이나 매우 복잡하고 미묘해서 이 계층의 특성이 몸에 배지 않은 입문자들은 갈팡질팡할 수밖에 없다. 게다가 이제는 상위계층이 자동차나 시계가 아닌 가치와 여유를 상징으로 삼으면서 성공한 사람들의 코드를 간파하는 일은 한층 어려워졌다.

아비투스는
변한다

피에르 부르디외가 사회계층에 따라 취향이 다르다는 사실을 밝혀낸 1970년대 말에는 모든 것이 명백했다. 사회의 꼭대기를 차지한 지배계층은 자기 입맛에 맞게 취향을 개발했다. 그들은 베토벤과 바르톡의 음악을 듣고 피아노를 직접 연주하며 철학 에세이를 읽었다. 휴가 때는 우아한 호텔에서 휴가를 보내며 요트와 테니스를 즐겼다.

중산층은 지역의 문화센터에서 교양을 쌓았다. 대중과학서를 읽고 휴가 때는 문화유적이나 유명 관광지를 찾아다니고 펜션이나 가족호텔에서 묵었다. 뮤지컬을 즐겨 관람하고 식단을 조절하거나 맨손체조로 몸매를 관리했다. 소득수준과 교육 수준이 더 낮은 계층은 축구를 하고 대중가요를 듣고 텃밭을 가꾸었다. 요즘에는 여기에 차체를 낮게 튜닝한 자동차와 리얼리티 예능이 추가될 수 있을 것 같다.

상대적으로 요즘은 계층에 따른 취향의 경계가 많이 무너졌다. 외무부 장관이 대중가요를 듣고 기업 총수들은 축구에 열광하며 백만장자들이 넷플릭스를 시청한다. 철학자들은 머리를 식히러 휴양지를 찾고 권투는 야만이 아니라 지적 경계를 탐색하는 스포츠로 여겨진다. 나도 시간이 날 때는 전자책 리더기의 추천을 받아 로맨스 소설을 읽곤 한다. "상위계층이 문화적 잡식동물로 발전하리라"라고 했던 미국의 사회학 교수 리처드 A. 피터슨 Richard A. Peterson 의 예측은 정확했다.[2]

현대적 방식으로 교육받은 사람은 매사에 개방적이다.

하지만 속단은 금물이다. 고급문화와 예술에 대한 애호, 전통 스포츠는 여전히 사회적 지표로 역할한다. 클래식 음악과 대중음악, 골프와 미니 골프, 이탈리아 화덕 피자와 냉동 피자가 각각 상징하는 지위는 동일하지 않다. 물론 다양한 방식으로 문화를 향유하는 것을 취향의 다양성으로 해석할 수도 있다. 하지만 문화적 스타일을 계층을 구분하는 기준으로 볼 때 모든 취향이 같은 높이에 있다고 말하기는 어렵다.

사회학자 하인츠 아벨스[Heinz Abels]는 "위에서 아래로 향하는 미묘한 차이는 차별과 거부로 나타난다"라고 분석했다. "반면에 아래에서 위로 향하는 대중문화는 기본적으로 문화적 경계가 존재하지 않는다는 환상을 심어준다."[3]

예를 들어 프로 테니스계를 제패한 슈테피 그라프와 안드레 아가시[Andre Agassi]가 요즘 유행하는 피클볼[Pickle Ball]을 친다고 한다면 나름 새로운 경험에서 새로운 즐거움을 느끼리라 짐작할 수 있다. 그렇다고 해서 플라스틱 공으로 하는 이 경쾌한 게임이 700년 전통의 테니스와 동급이라고 생각하는 사람은 미묘한 문화적 코드를 전혀 읽지 못하는 사람이다.

상위계층은 기분 전환 삼아 중산층이나 서민층이 선호하는 세계에 잠시 발을 담글 뿐이다. 이는 그들의 우월한 미적 감각이나 오랜 세월 쌓은 교양, 분위기에 아무런 타격을 입히지 않는다. 그리고 그들은 낮은 세계에서 좋은 것을 발견한 즉시 고급 제품으로 재생산한다. 최근에 내가 맥주 전문점에서 먹은 버거가 그랬다. 호밀빵 사이에 그 지역에서 생산한 신선한 쇠고기 패티, 바질 페스토, 유기농 양상추를 끼운 고급 수제 버거는 드라이브스루로 사 먹던 패스트푸드와는 이름만 같았다.

하지만 역방향으로의 전환은 그만큼 쉽지 않다. 중산층 이하에서 상위계층으로 도약한 사람은 그들의 일상에서 반짝이는 미적 감각과 무심한 듯 세련된 생활 방식을 습득하기 위해 애를 써야 한다. 쉽진 않지만 애쓰면 배울 수 있다.

상위층의 가치관

하위계층과는 달리 상류사회에서는 스타일과 취향이 한 갈래가 아니다. 채석공장 사장과 출판사 사장, 스타트업 창업자와 사회학과 교수는 모두 같은 로터리 클럽 회원이다. 그러나 그들은 학력, 재산, 지역 기반이 모두 다르고 따라서 아비투스도 제각각이다. 지누스 연구소$^{Sinus-Institut}$는 독일의 상위계층과 중상위계층에 해당하는 인구를 습관과 가치관, 인생관에 따라 다음과 같은 세 집단으로 구분했다.[4]

보수적 품위 집단

상류사회에 대한 일반적 이미지에 제일 부합하는 집단이다. 이 집단의 구성원들은 대부분 기업에서 경영을 책임지거나 그 외에도 정치적·경제적으로 중요한 위치에 있으며 세련된 예절과 고급스러운 물건을 중요하게 여기며 근본을 지키려는 경향이 강하다. 이들은 로고가 드러나지 않는 명품, 고급 예술, 최고급 와인, 커프스버튼, 신분에 어울리는 여가 활동을 중시한다. 이들이 협회, 재단, 클럽, 후원회 등에 참여하는 것은 그저 비즈니스상 도움이 되기 때문이 아니라 자신이 윤리적·사회적으로 책임지는 위치에 있다는 자부심을 드러내기 위해서다.

탈물질주의자 집단

주로 교육 엘리트들로 구성돼 있다. 보수적 품위 집단보다 더 많은 채널과 플랫폼을 활용할 수 있는 이들은 사회적 영향력 면에서는 보수 집단의 우위에 있다. 균형과 의미를 중시하며 자기결정권과 시간 주권에 대한 욕구가 큰 편이다. 지적·문화적 관심사의 수준이 높고 분야에 따라 취향이 확실하며 환경이나 정의, 평화 등의 이슈에서 문제를 해결하고자 하는 의지가 강하다. 탈물질주의자 집단은 부유한 집단에 속하지만 겉모습만으로 그들의 지위를 알아보기는 어렵다. 그들은 권위적인 문화나 과시적인 소비는 지양하며 권력구조나 특권에 대해서도 미심쩍은 태도를 보인다.

성과주의자 집단

성과주의자들은 비범한 성과에서 만족을 찾는다. 뛰어난 경력으로 고

위임원이 되거나 자영업으로 자수성가한 사람들이 주를 이룬다. 그들은 야망이 큰 만큼 역량도 뛰어나다. 온라인과 오프라인을 가리지 않고 인맥을 맺으며 그 관계를 적극적으로 활용한다. 효율과 경쟁 중심적인 생활을 추구하며 신기술, 그중에서도 디지털 기술에 관심이 많다. 고소득자가 많고 최신 기술, 현대적 디자인, 고품질 스포츠 장비, 최신 교육, 시간 절약을 위한 서비스에 지출을 아끼지 않는다. 다양한 종목의 스포츠를 즐기며 운동 결과와 경험을 기록하고 남들과 공유하는 것을 즐긴다.

보다시피 상위계층이라고 모두 같은 결은 아니다. 보수적 품위 집단과 탈물질주의자가 만나면 서로 이해할 수 없는 부분이 많을 것이다. 그러나 그들은 하나의 공통점으로 연결된다. 그들의 취향과 생활 방식은 낮은 계층으로서는 감당할 수도, 상상할 수도 없을 만큼 높은 수준이다.

이 규칙은 수학에서 사용하는 이차원 좌표계로 설명된다. y축에서 보면 세 가지 상류사회가 모두 같은 높이에, 다른 계층보다 높은 위치에 배치된다. 셋 다 사회에서 가장 높은 위치를 차지하고 많은 재산과 높은 학력을 지녔으며 갖가지 특권을 누리고 산다. 반면 x축 기준으로는 각자 자리가 다르다. 지향점, 가치관, 현대성 등은 분명 제각각이다. 성과주의자 집단은 보수적 품위 집단보다 훨씬 현대적이고, 탈물질주의자 집단은 보수적 품위 집단보다 훨씬 수평적이다. 여기에 연령도 변수로 작용한다. 성과주의자 집단은 상류사회에서 가장 젊은 축에 속한다. 그들은 내일의 엘리트 집단이다. 그들이 삶을 대하는 방식은 차츰 연장자들의 낡은 분위기를 대체하고 상위계층의 대세가 될 것이다.

그렇다면 이 같은 분석이 당신에게는 어떤 의미일까? 당신이 최상위층으로 이동한다면 당신의 아비투스도 낮은 곳에 머물러 있을 수는 없다. 당신의 취향이 함께 발전한 다음에야 당신은 진정 그들과 동등한 위치에 서 있는 기분을 느낄 것이다. 하지만 당신보다 높은 수준의 취향을 따라잡는 방법에서는 예전보다 선택지가 다양해진 것을 확인할 수 있다. 도약자들은 더 이상 어떤 독점적인 엘리트 이미지에 자신을 짜 맞추기 위해 팔다리를 꺾지 않아도 된다.

현재 가진 것을
좀 더 세련되게

아날레나 베어보크가 최정상 정치인으로 성장하는 과정을 통해 우리는 도약이 어떻게 이뤄지는지 관찰할 수 있다. 그녀는 단기간에 지위를 탈바꿈하는 것이 어떤 의미인지 보여주는 진귀하고 모범적인 사례다.

무엇보다 그녀의 발전을 선명하게 드러내는 것은 그녀의 옷차림이다. 독일 총선을 반년 앞둔 2021년, 일간지 〈쥐트도이체 차이퉁〉은 특별 섹션에서 베어보크의 스타일을 해부했다. 신문은 전반적으로는 그녀의 패션을 칭찬하면서도 개선할 곳이 몇 군데 있다고 지적했다. 그러고선 만일 그녀가 선거에서 승리해 일개 정치인이 아니라 독일 정부의 관료가 된다면 옷차림을 "좀 더 고급스럽게, 좀 더 세련되게, 좀 더 외교적 격식에 맞게 수정해야 한다"라고 평가했다. 다른 나라는 독일 외무부 장관의 의상비 예산이 얼마인지엔 관심이 없고 오로지 격식만을 따질 테니 말이다.[5]

그녀는 언론의 권고를 적극적으로 수용한 듯 외무부 장관으로 임명된 직후 변신을 도모했다. 독일 외교관들의 수장이 된 그녀는 자기 취향을 유지하면서도 옷의 길이나 색상, 부츠와 가죽 재킷, 깃 없는 블라우스 등을 새 역할에 맞게 재해석했다. 국제 무대에 설 때는 정장으로 권위를 드러내는 '파워 드레싱Power-Dressing'의 전통을 지키면서도 자신만의 개성을 놓치지 않았다. 그 결과 그녀만의 혁신적인 패션이 탄생했다. 베어보크는 상황에 어울리면서도 기존의 여성 지도자들과는 전혀 다른 스타일을 만들어냈다. 그 안에서 그녀는 다른 누구도 아닌 자기 자신처럼 보였다.

더 높은 세계에 들어가기 위해서는 끊임없이 취향을 가꿔야 한다는 것은 정설이다. 베어보크의 사례에서처럼 '현재 가진 것을 좀 더 세련되게'라는 원칙을 따른다면 당신도 분명 상위계층에 어울리는 취향을 가질 수 있다. 무엇을 입고 사고 어떤 일에 에너지를 쏟든지 당신과 당신의 취향, 당신의 지위와 어울려야 한다.

옷차림과 스타일링

기본이 되는 핵심 아비투스다. 성공을 거듭할수록 외모를 꾸미는 지출도 확연히 늘어나기 마련이다. 비싼 옷은 핏과 소재, 풍기는 분위기에서 차이가 난다. 외모를 가꿀 때 관건은 단순히 비싼 것을 두르는 게 아니라 당신의 지위와 상식을 벗어나지 않는 선에서 당신만의 개성을 찾는 데 있다. 만약 당신이 평범한 비즈니스 정장을 넘어선 의상이 필요하다고 판단한다면 먼저 다음 질문에 대한 답을 신중하게 찾아보자.

당신이 전달하고자 하는 메시지는 무엇인가? 당신의 옷차림은 어떤 메시지를 전달해야 하는가? 당신의 지위에서 강조되는 면은 무엇인가? 간혹 사소한 변화가 큰 효과를 낼 때도 있다. 힌트를 얻고 싶다면 미국 드라마 〈마담 세크리터리〉를 보라. 극 중에서 이제 막 외무부 장관으로 임명된 엘리자베스 매코드는 스타일을 바꿀 필요가 있다는 제안을 "스타일리스트 따위는 필요하지 않아"라며 거절하고선 직접 다림질을 한다. 하지만 다음 회차에서 그녀가 생각을 바꾸는 에피소드가 나온다. 그녀는 전문가를 찾아가 대대적인 변화 없이도 현재 직위를 충분히 대표할 수 있는 옷차림에 대해 교육을 받는다.

분위기

이제는 제복, 칭호, 견장, 클럽 배지가 사라지면서 성과를 명시할 방법도 사라진 것처럼 보인다. 하지만 남들에게 우리가 이룬 것을 드러낼 방도가 완전히 사라진 것은 아니다. 외모와 언어, 몸짓은 여전히 계층을 구분하는 사회적 표식으로 남아 있다. 그것은 우리 몸에 배어 있어서 언제 어디서나 영향을 미친다. 사람들이 찰나의 사소한 행동을 포착해 타인의 지위를 식별한다는 것은 과학적 연구를 통해서도 확인된 바 있다. 한 문맥으로 이어지지 않는 단어 일곱 개만 들어도 사람들은 화자의 사회적 지위를 판별해냈다.⁶

발음과 톤만큼이나 웃음, 표정, 자세, 제스처도 풍부한 정보를 제공한다. 당신의 지위를 누설하는 단서들은 수도 없이 많다. 그런데 간단한 변화 하나만으로도 상위계층의 분위기를 풍길 방법이 있다. 바로 속도를 줄이는 것이다. 말과 걸음과 몸짓의 속도를 늦추는 것은 생각보다 큰 효과를 발휘한다. 몸과 혀가 움직이는 순간 자신에게 '천천히!'라고 속삭여보라. 도약은 중노동이다. 올라가노라면 숨이 찬다. 하지만 당신이 힘겹게 올라가고 있다는 사실을 다른 사람들은 모르는 편이 낫다. 짐짓 느긋하게 행동할 때 당신의 능력은 좀 더 밝게 빛날 것이다.

식사

프랑스의 철학자 마르셀 모스Marcel Mauss는 식사를 "사회적 현상의 총합"이라고 정의했다.⁷ 음식 섭취는 칼로리와 영양분을 흡수하는 행위 이상이다. 우리가 무엇을, 어디서, 누구와 어떻게 먹는지는 우리 지위를 드러내는 직접적인 단서다. 사람들이 존귀하다고 여기는 모든 가치, 즉 매너와 전문성, 부, 건강관리, 국제 정세에 관한 지식, 지구 환경에 대한 책임감 등이 식사를 통해 드러난다. 식재료를 능숙하게 다루는 솜씨, 지속가능성을 고려한 재료, 정갈하고 아름다운 식기 등에서 계층을 구분하는 특징이 나타나며 다양한 조리법과 이국적인 재료, 최신 요리 트렌

드에 개방적인 태도는 그 사람의 수용성과 해박함을 나타낸다. 당신이 선호하는 음식이 일본식 소바인지, 양념갈비인지, 슈퍼푸드인지는 상관없다. 중요한 것은 그 음식에 대해 충분히 말할 수 있는 지식을 갖고 있는지, 얼마나 품질을 중요하게 생각하는지다.

주거생활

조명과 프라이버시 보호, 에너지 효율과 지속가능성을 고려한 소재 등은 주거생활에서 지위가 표현되는 지점이다. 더불어 경치와 입지는 돈으로 환산할 수 없을 만큼 귀중한 가치다. 예산이 충분치 않을 때는 정리 정돈을 잘하고 단순하게 가구를 배치한 다음, 유행을 타지 않는 클래식한 소품으로 포인트를 주는 것이 현명하다. 현란한 장식이나 너무 키치한 소품들은 집안에 들이지 않는 편이 낫다. 아름다움을 해치는 물건들은 과감히 정리하라. 비싼 조각상이나 개인 수영장을 들일 수 없다면 환경친화적이고 단순하며 따뜻하고 수공이 많이 들어가는 생활용품만으로도 상위계층의 분위기를 낼 수 있다.

스포츠맨십

당신이 즐기는 스포츠가 요트인지 승마인지 사이클인지는 상관없다. 상위계층은 자연과 가깝게, 집단으로부터 자유롭게 스포츠를 즐긴다는 점에서 다른 계층과 구분된다.[8] 어떤 종목인지보다는 얼마나 잘하느냐가 중요하다. 최상위층은 스포츠에서도 전문적 지식과 장비를 갖추고 강도 높은 훈련을 통해 실력을 키운다. 필요하다면 전문가의 코칭도 마다하지 않는다. 경쟁과 성과에 안달하지 않는 사람조차도 요가 스튜디오나 스키장, 골프장에서는 돋보이고 싶어 한다. 따라서 도약자들이 스포츠를 통해 소속감과 인정을 얻고자 한다면 자기 종목에 열정적으로 임할 필요가 있다. 다만 승부에 집착해서 상대를 물고 뜯어선 안 된다. 이 점만 경계한다면 당신의 스포츠가 트램펄린인지 마장마술인지는 중요하지 않다.

신기술을 대하는 자세

최상위층 사람들은 유기농 와인과 SUV 자동차, 수준 높은 기술을 선호한다. 그들은 디지털 기기를 능숙하게 다루는데 그중에서도 성과주의자들은 가장 높은 수준의 디지털 기술을 갖추고 생활의 모든 측면에 최적화해 적용할 줄 안다. 또한 상위계층은 상황에 따라 온라인과 오프라인을 적절히 활용한다. 만약 당신이 상위계층 모임에서 호감을 사길 원한다면 스마트폰은 가방 안에 넣어두는 편이 좋다. 당신이 응급실 의사나 소방대장이 아닌 한 지금 당신 앞에 앉아 있는 사람보다 더 중요한 사람은 없다. 상위계층은 신기술을 활용해 사업을 시작한 사람들을 환영하지만 외골수 같은 행동에는 공감해주지 않는다. 그들에게 가장 이상적인 인물상은 다재다능하되 폭넓은 교양을 갖춘 사람이다.

문화

예전에는 교양과 고급문화가 상위 1퍼센트의 전유물이었다. 그러나 엘리트층을 주로 연구해온 미하엘 하르트만^{Michael Hartmann}에 따르면 최근 들어 문화적 소양은 상류층의 아비투스로서의 의미를 상실했다.⁹ 그렇다면 이제 문화는 중요하지 않은 걸까? 그렇지 않다. 이유는 두 가지다.

첫째, 예술과 기술에 대한 이해는 우리의 시야를 넓혀준다. 둘째, 연극과 전시, 인공지능의 윤리에 관한 대화에 무조건 참여해야 하는 것은 아니지만 계층의 사다리를 오르려는 사람은 그런 주제에 몇 마디 얹을 수 있는 능력이 꽤 중요하다. 그러니 관건은 문화가 중요한가 아닌가가 아니라 미술과 천문학과 철학을 어떻게 배울 것인가다.

내 경험에 따르면 감정적으로 접근할 때 좀 더 쉽게 배울 수 있다. 놀라움이나 감동 같은 감정을 동력으로 삼아보자. 나는 어릴 때 오페라나 오케스트라 연주를 접한 적이 없어서 클래식 음악을 섭렵하는 데 꽤 오랜 시간이 걸렸다. 그런데 우연히 초대받아 간 부활절 연주회에서 슈베르트의 〈바위 위의 목동^{Der Hirt auf dem Felsen}〉이 연주되는 순간 귀가 번쩍 뜨이는 경험을 했다. 그 후 클래식과 가까워졌고 전문가라고는 할 수 없지만 애호가 수준은 되는 것 같다.

개론서를 파고 전곡을 듣고 전집을 읽는 데 시간을 낭비하지 마라. 일단 당신의 마음을 건드린 한두 작품으로 시작하라. 듣고 보고 감동하라. 일단 흥미를 깨운 다음, 이를 실마리로 삼아 점점 반경을 넓혀나가면 된다.

여유롭고 초연할수록
존재감이 드러난다

지인 중에 면적이 400평방미터인 대저택을 설계 중인 건축가가 있다. 그 저택의 주인은 4인 가족이 살 예정인데 집의 모든 공간이 매일 활용될 수 있도록 해달라고 요청했고 그래서 집에 손님용 빈방은 하나도 생기지 않을 예정이다. 이런 주문에는 상위계층의 의식 변화가 반영된 것으로 보인다. 21세기에는 과시나 무의미한 낭비로 보이는 아비투스는 선망의 대상이 되지 않는다. 이를 피에르 부르디외는 다음과 같이 표현했다.

> 우아해지려고 애쓰지 않아도 우아하고, 구별되려는 의도가 없어도 구별되는 게 중요하다.[10]

애쓰지 않고 우아함을 실현하는 것은 말만큼이나 어려운 일이다. 도약자들은 애써서 높은 곳에 다다른다. 하지만 중턱까지 오르는 동안 몸에 밴 습관이 정상에 오르는 데는 도움이 되지 않는다. 마지막으로 올라야 할 정상의 이름은 '초연함'이다.

정해진 목표물에 도달하기 위해 갖은 애를 다 쓰는 야심은 이제 막 상류층에 입문한 초짜들의 특징이다. 엘레나 페란테는 《나폴리 4부작》에서 그런 야심이 과할 때 벌어지는 현상을 문학적으로 풀어냈다. 주인공은 대학 졸업을 목전에 두고 곧 결혼할 남자의 가족들을 처음 만났는데, 시간이 지난 후 당시를 회상하며 허세에 찬 그날의 행동을 후회했다. "마리아로사, 아델레, 피에트로의 논리적이고 냉철하며 위트 있는 말들에 비하면 그저 흥분해서 산더미처럼 쏟아낸 나의 말들은 얼마나 부끄러운지."[11]

어색한 단어 선택, 과장된 자기 홍보, 너무 엄격하게 지키는 예의범절은 초짜들의 상징이다. 사치품 소비나 지위상징이 될 만한 물건들을 과시하는 것도 자신의 지위를 100퍼센트 확신하지 못하는 사람들의 눈물겨운 노력이다. 소속감은 무작정 노력하거나 돈을 쓴다고 해서 얻어지지 않는다. 당신이 성공을 떠벌린다고 얻어지는 것도 아니다. 당신이 성공을 확신하고 다른 사람들이 그것을 느낄 때 소속감은 자연스럽게 날아와 당신의 품 안에 안길 것이다. 그러니 존경받고 싶다는 욕구로 마음이 조급하더라도 초연하게 행동하는 연습을 하라.

초연하다는 것은 작정하고 덤비지 않는 태도를 뜻한다. 느긋하고 여유로운 태도가 몸에 배면 당신이 '덜' 드러나리라는 조바심과 달리 실제로는 당신이 '더' 드러날 것이다. 막스 플랑크 경험적 미학 연구소 Max-Planck-Instituts für empirische Ästhetik는 우아함에 관한 기존 이론의 부족함을 보완하기 위해 연구를 진행 중이다. 그 첫 결과에 따르면 우아하고 고상한 취향은 "유연함과 경쾌함, 조화, 의심할 나위 없는 초연함, 섬세함 그리고 아주 약간의 탁월함"으로 구성되며 여기에 엄격함과 간결함이 더해진다.[12]

지금부터 당신이 해야 할 일

상류층의 아비투스는 벼락치기로 배울 수 없다. 핼러윈 의상을 고르듯 고만고만한 몇 가지 모델 중 하나를 따라 할 수도 없는 노릇이다. 고상한 취향을 가지려면 우선 사물과 행동의 미묘한 특성을 감지하는 능력이 기본이다. 이는 감수성 훈련을 통해 키울 수 있다. 베를린 자유대학교의 미하엘 토마스Michael Thomas 교수는 "아름다운 대상을 자주 접하는 경험이 취향을 판별하는 능력과 감각하는 능력을 키워준다"라고 말한다.[13]

그런데 이 과정은 몇 달이 아닌 몇 년에 걸쳐 완성된다. 왜냐하면 패션에서부터 음악 취향에 이르기까지 당신이 무엇을 선호하는지는 감정과 강하게 연결되어 있기 때문이다. 당신이 아름답거나 어울린다고 느끼는 것이 당신에겐 정상적이고 올바른 것이므로 그 외에 다른 것을 생각해내기가 쉽지 않다.

아비투스에 변화가 생길 때도 과거의 경험이 현재에 영향을 주는 '이력효과Hysteresis'가 작용하므로 일단은 멈칫하는 순간이 찾아온다. 조바심 낼 필요는 없다. 아비투스는 서서히 움직인다. 지금 당장은 변화를 느끼지 못할 수도 있다. 그래도 변화를 위한 투자를 계속해나간다면 엘레나 페란테가 말한 '보이지 않는 갑옷'에 서서히 다가갈 수 있다. 그리고 그 갑옷은 태어날 때부터 입고 있었던 것처럼 당신을 보호해줄 것이다.[14]

열네 번째 힘

결핍을 이겨내는 자기인정

가면 증후군을 극복하라

그녀는 화물차 운전사의 딸로 태어났다. 하지만 20대 초반에 백만장자의 상속녀로 둔갑해 뉴욕 상류사회에 입성했다. 그녀가 호텔리어, 은행가, 돈 많은 후원가 등을 속여 수십만 달러를 훔치기까지는 많은 시간이 필요치 않았다. 하지만 결국은 사기죄로 체포되어 징역형을 선고받았다. 그녀의 본명은 애나 소로킨Anna Sorokin, 신분 세탁을 위해 자작한 가명은 델비Delvey다. 그녀는 사기꾼이 된다는 것에 한 치의 두려움도 없었던 희대의 사기꾼이었다.

그런데 그녀의 변호를 맡은 토드 스포덱Todd Spodek은 정반대의 인물이었다. 애나 소로킨의 사기극을 그린 넷플릭스 시리즈 〈애나 만들기〉에서도 두 인물 간의 대비가 선명하게 그려진다. 스포덱은 실제로 많은 것을 이룬 인물인데도 미천한 태생이 드러나 사기꾼 취급을 받을까 봐 전전긍긍한다. 그는 뉴욕 엘리트 가문 출신인 아내가 저녁 행사를 위해 꺼내놓은 턱시도를 바라보며 이렇게 말한다.

"가끔 턱시도를 입고 당신과 이런 행사에 갈 때면 내가 아무리 '뉴욕 포터스'의 마거릿 밴더번 포터와 결혼한 남자라 하더라도, 심지어 저 턱시도가 보통 사람들 월급보다 비싸다 하더라도 나는 내가 발레파킹하는 사람처럼 느껴져. 부자들의 차를 대신 주차해주고선 팁을 받아서 엄마 집 월세를 줘야 할 것 같은 기분이야."[1]

이른바 '가면 증후군'에 걸린 사람들은 성공한 다음에도 자기가 사기꾼으로 밝혀질까 봐 괴로워한다. 내가 정말 여기에 속한 사람일까? 내가 이걸 할 수 있다고? 이 모든 게 운이면 어쩌지? 그들의 내면엔 남들 눈에 비친 자신의 모습이 거짓이며 결국 들통날 것이란 공포가 깊게 새겨져 있다. 자아상이 불안한 사람은 고공비행의 즐거움을 만끽하지 못한다. 분명 성공했는데도 당당함은 보이질 않고 생산적인 아이디어를 내는 데 쓰여야 할 정신력은 자꾸 엉뚱한 곳에서 소진된다.

세계 최고도 피해 갈 수 없는
가면 증후군

정말 희한한 일이다. 마침내 좋은 자리를 차지했다. 그 자리를 위해 많은 것을, 혹은 모든 것을 바쳤는데 막상 차지하고 보니 자신이 없다. 연구에 따르면 사람들의 70퍼센트가 종종 겉으로 보이는 자기 모습처럼 될 수 없다고 느낀다. 특히 집안에서 최초로 대학을 졸업한 사람들에게서 이런 현상이 자주 나타난다.[2] 그들의 지적 능력, 창의력, 그 외 여러 능력은 수십 년에 걸쳐 검증되었다. 그럼에도 불구하고 그들은 성공의 정당성에 의구심을 품는다. 뛰어난 성과를 낸 다음에도 가면 증후군은 쉽사리 해결되지 않는다.

"프린스턴 대학교를 다니는 동안, 법학을 전공하는 동안, 다양한 관직에 종사하는 동안 단 한 번도 내가 있는 세계에 소속되어 있다는 기분을 느끼지 못했다." 미국 연방대법관인 소니아 소토마요르Sonia Sotomayor는 브롱크스 빈민촌에서 히스패닉계 간호사의 딸로 태어났다. 이제는 명실상부 최고의 자리에 올랐음에도 그녀는 "항상 나를 돌아보며 내가 사람들의 기대를 충족시키고 있는지 자문한다"라고 말한다.

배우이자 제작자이며 아카데미상 2회 수상자인 톰 행크스Tom Hanks도 비슷한 경우다. 그의 아버지는 요리사로 일하며 그와 동생들을 홀로 키웠다. "당신이 무엇을 성취했든 어느 순간 '내가 여기까지 어떻게 왔지?'라고 자신에게 묻는 순간이 찾아온다. 내가 사기꾼이라는 걸 누군가 알아채서 모든 것을 빼앗기게 되는 때는 언제일까?"[3] 자기 분야에서 최고로 꼽히는 사람들도 이런 고민을 하는 걸 보니, 사회적 도약은 정말로 높은 산을 오르는 것과 비슷하단 생각이 든다.

높이 올라갈수록 어지러움도 커지기 때문이다. 나 역시 그랬다. 열아홉 살 때 내 계획은 아주 간단했다. 고등학교를 졸업하고 대학을 마치고 좋은 직장을 찾고 상류사회에 자연스럽게 들어가 물 만난 고기처럼 수준 높은 생활을 누리는 게 내 목표였다. 고등학교 때 교환학생이 되어 잠시 구경한 이후 나는 그 세계에 단단히 매료되었다. 하지만 스물아홉 살에 새로운 걸 깨달았다. 내가 원래 있었던 곳에서부터 여기까지 정정당당하게 왔다는 걸 증명해야 한다는 기분이 들었다. 그 어떤 직업적, 개인적 성공도, 그 어떤 외부의 격려도, 심지어 고급 스포츠카나 명품 가방 같은 지위상징도 그 부담감에서 나를 해방시키지 못하리라는 생각에 사로잡혔다.

　서른아홉 살에 나는 책을 썼고 그 책은 독일 인터넷 서점에서 《해리 포터》 시리즈만큼이나 많이 팔렸다. 그런데도 라디오나 TV에서 책에 관한 인터뷰를 할 때마다 대학 입학 면접을 치르는 것 같은 부담감에 시달렸다. 그때의 기분은 아직도 생생해서 가끔 비슷한 악몽을 꾸곤 한다. 내가 생각하고 말하는 것들이 과연 가치가 있는 것인가 하는 의심이 항상 나를 따라다녔다. 시간이 흐르면서 나는 그것들을 숨기는 법을 배웠다. 하지만 그것들이 여전히 내 안에 있다는 걸 안다.

　미셸 오바마는 이 주제에 관해서도 숨김없이 속내를 터놓았다. "그건 결코 사라지지 않는다." 그녀는 가면 증후군을 여전히 극복하지 못했다고 고백한다. 이 말을 할 당시 그녀는 40대 중반이었고 미합중국의 퍼스트레이디였다. "나는 시카고 흑인 구역에서 공립학교를 다니던 작은 소녀, 미셸 로빈슨일 뿐인데 왜 온 세상이 나를 대단하게 보는지 모르겠어' 하는 기분이 사라지지 않는다."⁴ 이처럼 세계에서 가장 유명한 여성도 가슴 깊은 곳에는 자신을 하찮게 여기는 마음이 남아 있다.

결핍이 주는
불안함

큰 성공을 거둬도 가면 증후군에 시달릴 수 있다. 가면 증후군은 자기가 사기꾼일지도 모른다고 느끼는 감정, 즉 시냅스에 흐르는 전기신호다. 이 느낌은 우리를 몰아치지만 그저 머릿속에서 일어나는 소동일 뿐이다. 하지만 그 느낌에서 불행이 시작되는데, 이는 단지 우리가 그 느낌에 속기 때문만은 아니다. 비현실적인 두려움은 현실에서 가장 뛰어넘기 힘든 장애물이자 도전이며 답이 나오지 않는 숙제다. 만약 당신이 두려움에 몸을 맡긴 채 남들 눈에 띄지 않는 자리에만 앉아 있으면 사기꾼이나 가짜라는 사실이 밝혀져 망신을 당할지 모른다는 불안은 줄어들지 모른다. 하지만 안전지대에 머무는 동안 자기 능력을 발견할 수 있는 기회를 놓치게 된다. 남들이 당신에게 기대하는 것을 실제로 이뤄낼 가능성이 큰데도 시도조차 하지 못하는 셈이다.

그런데 미셸 오바마의 급격한 도약에서 우리는 가면 증후군이 꼭 부정적인 것만은 아니라는 사실을 확인할 수 있다. 그녀는 자기가 충분하지 못하다는 감정을 느끼면서도 도약을 이뤄냈다. 팍팍한 형편에서 변호사로, 퍼스트레이디로, 독립적인 목소리를 내는 정치인으로 성장하더니 급기야 많은 사람이 대통령 후보가 될 자격이 있다고 여기는 지도자의 반열에까지 올랐다.

그러니 가면 증후군을 해결하는 방법을 진지하게 고민해야 한다. 가면 증후군은 당신에게 얼마나 영향을 미치는가? 당신의 고공비행을 얼마나 방해하는가? 다음 표에서 해당하는 항목에 표시해보자.

문항	자주 그렇다	가끔 그렇다	거의 아니다	전혀 아니다
작은 실패 하나가 큰 성공보다 더 마음 쓰인다.				
감당할 수 없어 보이는 일은 맡고 싶지 않다.				
평가를 받거나 대중 앞에 나설 일이 생기면 온몸에 힘이 빠진다.				
남들이 내 능력과 성과를 높게 평가하는 것에 깜짝 놀란다.				
실패할 것 같은 일은 피한다.				
축하받는 것을 즐기지 않고, 과대평가를 받으면 마음이 불편하다.				
팀의 성과를 자기 공으로 돌리는 사람을 보면 화가 난다.				
나는 나 자신을 특별한 사람으로 생각하지 않는다.				
나는 내 성공이 우연이나 행운이라고 생각한다.				

혹시 당신이 체크한 항목이 주로 왼쪽 열에 치우쳐 있는가? 그렇다면 당신은 남들 눈에 비친 자기 모습이 실제보다 더 크고 근사하다고 느끼고 있다. 그 주관적인 생각은 당신의 성공에 상당한 손해를 끼칠 수 있으며, 적어도 당신이 행복을 느끼는 데는 무조건 지장을 준다. 승진을 보장하는 해외 프로젝트, 명성 높은 국제 학술대회의 초대, 유명한 유튜브 채널과의 인터뷰 같은 기회가 찾아오면 당신은 고심 끝에 거절하고 만다. 당신이 아직 충분치 않다는 것을, 그 정도로 경험이 많거나 그 정도로 탁월하지 않다는 것을 세상이 금방이라도 알아챌지 모른다는 걱정 때문이다.

프랑크푸르트 대학교의 심리학과 교수 소냐 로르만Sonja Rohrmann은 가면 증후군에 중점을 두고 오랜 연구를 진행해왔다. 그녀는 가면 증후군으로 발생하는 결과를 제시하면서 이를 단순히 상념으로 치부할 수 없다고 강조한다. 가면 증후군에 걸린 사람들은 "스스로 능력이 부족하다고 생각한 나머지 승진의 기회를 알아서 내치고 자기 수준보다 낮은 지위를 지키다가 나중에 후회할 때가 많다."[5]

그렇다면 우리가 이렇게 생각하는 이유는 무엇일까? 능력이 부족하기 때문은 아니다. 도약자들은 이미 그 능력을 충분히 검증받은 상태다. 계단을 하나씩 밟아서 올라온 사람들은 부모와 조부모의 성공에 업혀서 올라온 동년배들과는 비교할 수도 없이 많은 것을 감당하고 이뤘다. 재능이나 지적 능력과도 아무 상관이 없다. 그보다는 더 근본적인 이유가 있다.

성공한 도약자가 자신을 사기꾼처럼 느끼는 배경에는 결핍감이 숨어 있다.

"나는 항상 남들 뒤를 간신히 따라가는 것은 기분을 느낀다." 뮌헨 소극장의 극장장을 지낸 요한 지몬스Johan Simons의 고백이다. 가난한 부모님을 둔 그는 인문계 고등학교 진학을 꿈도 꾸지 못했다. 그 회한이 오늘날까지도 그의 마음속에 사나운 울분으로 남았다.[6]

비록 과거사일지라도 결핍의 경험은 자존감에 흔적을 남긴다. 그런 사람은 괜찮지 않다. 괜찮아 보일 뿐이다. 배우고, 따라잡고, 버티고, 발전하지만 아무리 발버둥을 쳐도 저 위에서 시작한 사람들과 '거의 비슷하게' 여겨지는 정도다. "내가 이걸 했을까?" 나폴리 4부작을 통해 엘레나는 묻는다. "거의. 나는 나폴리 리오네에서 벗어난 걸까? 거의. (…) 나는 학년 졸업시험마다 나를 시험하고 고민하는 교수들에게 환영받는 학생일까? 거의."[7]

현재 도약 중인 사람과 이미 정상에 도달한 사람은 전혀 다른 감정으로 살아간다. 정상을 정복한 사람을 에워싼 아우라는 "우린 언제나 이 자리에 있었어"라고 말하는 듯하다. 물론 도약 중인 사람들도 그들이 출발한 지점에서부터 계산하면 훨씬 더 높이 올라왔다. 그러나 자기 존재를 확신하는 감정은 여전히 기반이 약하다. 불안은 곧 두려움으로 변질된다. 그들은 자기 손으로 일군 명성에 거품이 덮이는 것을 두려워하며 그들의 귀엔 '도약'이란 단어가 '도둑'으로 들리곤 한다.

자기 능력을
제대로 알아보는 법

그렇다면 우리 머릿속에서 가면 증후군을 쫓아버릴 방법은 없을까? 희소식을 전하면 중년 이후부터 가면 증후군은 저절로 그 기세가 약해진다는 연구 결과가 있다. 그 덕분에 우리의 자존감은 60~70세에 최고조에 이른다.[8]

물론 그때가 될 때까지 무작정 기다릴 수만은 없다. 인생은 현재진행형이 아니던가. 당신은 지금 직장에서 중대한 결정을 내려야 하고, 지금 계층의 사다리 한 칸을 더 올라야 하며, 지금 당신 앞에 열린 세계에서 느긋하게 움직이고, 지금 최고의 역량을 발휘해야 한다. 이 바람을 실현하는 데 가면 증후군은 늘어진 복근만큼이나 쓸모가 없다. 안타깝게도 가면이나 복근이나 단박에 해결해주는 마법은 없다. 하지만 다음과 같은 사고의 전환은 가면 증후군에서 벗어나는 데 도움이 될 것이다.

성공이 모든 것을 해결해주리라 기대하지 마라

마음을 단단히 먹어라. 아무리 큰 성공도 가면 증후군을 완전히 물리치진 못한다. 오히려 특권이 넘쳐나는 환경에 들어가면 이미 극복했다고 생각했던 불안감이 새삼스레 밀어닥칠 수 있다. 원래 당신은 작은 호수에 사는 큰 물고기였다. 그런데 크고 새로운 물로 나가니 더 크고 노련한 물고기들에게 에워싸여 스스로가 피라미처럼 느껴질지 모른다.[9]

그럴 때마다 내가 아직 제대로 준비되지 않았으면 어쩌나, 주제넘게 덤빈 것은 아닌가, 결국 깜냥이 안 되는 사람으로 발각되면 어쩌나 하는 생각이 머릿속을 어지럽힐 것이다.

그런 생각과 맞서려면 끝없는 상념에 종지부를 찍어야 한다. 가면 증후군을 인지하고 있는 그대로 인정하되 거기에 큰 의미를 두지는 마라. 가장 좋은 방법은 성가신 머리카락 한 가닥을 귀 뒤로 넘겨놓듯 걱정과 불안도 옆으로 넘겨놓는 것이다. 불안감은 사라지지는 않는다. 하지만 적어도 당신이 걷는 길을 막아서진 못할 것이다.

가면 증후군을 경보로 활용하라

가면 증후군은 당신에게 위험 신호를 보낸다. 그 신호를 신중하게 검토하면 안전을 보장받을 수 있다. 위험을 최소화할 방법은 무엇인가? 당신을 도와줄 사람은 누구인가? 강하고 안전하다고 느끼기 위해 필요한 것은 무엇인가? 이런 생각을 마쳤다면 가면 증후군이 몰고 오는 패닉에서 벗어나라. 당신은 위험을 충분히 검토했으므로 기회를 포기할 필요가 없다. 일정과 준비물, 함께 일할 동료를 적절하게 선택해 위험에 대비하면 된다.

타인의 인정을 받아들여라

긍정적인 피드백을 감사히 수용하라. 특히 당신에게 중요한 사람이 그 말을 할 때는 더욱이 마다할 이유가 없다. "별것 아니에요" 또는 "운이 좋았죠" 등 진부하고 시시한 반응 대신 "감사합니다. 그렇게 말해주시니 기쁘네요"라고 답하라. 말만 이렇게 할 것이 아니라 진심으로 칭찬과 격려를 받아들여라. 집에 돌아가면 내면에서 다른 목소리가 흘러나올지도 모른다. 받은 칭찬과 격려를 예의상 하는 말이나 입에 발린 말로 치부하려는 마음을 잠재워라. 다른 사람의 피드백을 통해 내가 미처 보지 못한 실제 내 모습을 알게 될 때가 적지 않다. 자신의 관점과 타인의 관점 중 하나만으로는 진실을 완성할 수 없다. 그 둘이 조화를 이룰 때 진정한 자아상이 완성된다.

적당히 잘하는 사람과 비교하라

더 높은 사회계층과의 비교는 자극제가 되지만 때로는 불필요한 좌절감을 유발할 수도 있다. 특히 도저히 닿을 수 없을 것 같은 경지에 오른 사람들과 비교될 때 우리는 좌절한다. 더구나 가면 증후군을 겪는 사람들은 이런 식의 자기 고문을 심각하게 경험한다. 그들은 성과를 낸 사람들 중에서도 상위 3퍼센트와 자신을 비교하기 때문에 자연히 자기 성과가 더 보잘것없다고 느낀다. 소냐 로르만은 "동시에 그들은 자기보다 성과가 떨어지는 대다수 사람을 무시한다"라고 지적한다.[10] 이런 자기 파괴적 태도에 벗어나라. 일부 스타들에겐 충분히 감탄해도 좋다. 대신 비교 대상은 당신을 자극하지만 낙담시키지는 않을 정도만 앞서 나가는 사람으로 정하라.

자기과대평가를
경계하라

가면 증후군도 당신을 곤란하게 만드는 악당 중 하나지만 성공에 대한 과신은 그보다 더 악질이다. 자기과소평가와는 반대로 자기과대평가는 특혜를 받으며 자라난 사람들 사이에서 자주 나타나며 종종 파괴적인 결과를 초래하곤 한다.[11]

> 자기과소평가의 피해자는 대부분 그 자신이지만 자기과대평가는 조직 전체를 위험에 빠뜨린다.

최근 가면 증후군을 가진 사람들이 관리자로서 더 우월하고 책임감 있다는 인식이 생겨나고 있다.[12] 그들은 자신을 과대평가하지 않기 때문에 평균 이상으로 노력하며, 진지하게 반성하고 위험을 고려한다. 그리고 권력 다툼을 벌이기보다는 일의 본질에 관심을 둔다. 더불어 자신이 모든 것을 알고, 모든 것을 할 수 있고, 모든 것을 통제해야 한다고 생각하지 않는다.

다만 언변 면에서는 가면 증후군이 있는 도약자들이 자기과대평가에 익숙한 상위계층을 따라가지 못한다. 그들에겐 마치 자신이 대단한 성과를 이룬 것처럼 느껴지게 만드는 레토릭rhetoric, 즉 타인에게 말로 영향을 미치는 설득의 기술이 있다. 그들은 그럴싸하게 자신을 포장하고 능청스러운 말로 구멍을 때운다. 그들의 실상이 눈에 보일 때는 대개 너무 늦었다. 경영학 교수 페터 벨미$^{Peter Belmi}$는 "자기과대평가는 전쟁, 파업, 소송, 사업 실패, 투기 거품 등 기업과 사회에 중대한 재앙을 일으키는 주요 원인이다"라고까지 했다.[13]

타이타닉이야말로 자기과대평가의 대표적 결과물이다. "배가 침몰할 수 있다는 상황은 상상조차 되지 않는다. 현대의 선박 기술은 이미 충분히 진보했기 때문이다." 1907년 백만장자 선장인 에드워드 존 스미스$^{John Smith}$가 이 말을 한 지 불과 5년 후, 그가 지휘하던 세상에서 가장 큰 여객선이 첫 항해 중 북대서양에서 침몰했다.[14] 기술적 실현 가능성을 굳게 믿은 나머지 조기경보 시스템과 위험관리 시스템을 제대로 설치하지 않은 사람들의 자신만만함도 배와 함께 침몰했다.

**지금부터
당신이
해야 할 일**

생각해보라. 살면서 사기꾼이나 허풍쟁이로 밝혀져서 곤란했던 경우가 얼마나 있었던가? 아마 한 번도 없었을 것이다. 오히려 그 반대로, 사람들의 눈에 비친 당신은 든든하고 믿음직한 사람일 것이다. 그럼에도 당신은 남들보다 돋보일 때 겸손해지려고 애쓴다. 자신이 너무 높이 평가되는 것을 막기 위해 몸을 낮춘다. 허세를 떠는 것으로 보이지 않기 위해 수면 아래로 몸을 숨긴다. 하지만 당신이 자신을 믿지 않는데 어떻게 남들이 당신을 믿을 수 있을까?

머릿속 자기 의심에 대항하기 위해 당신과 당신의 자신감에 도움이 되는 적절한 말을 찾아보자. "나는 여성할당제로 임원이 되었다"라는 말은 하지 않는 게 좋다. 대신 "우리 팀에는 여성 임원이 나밖에 없다"라고 말하는 게 낫다. 그 말은 "지금은 여성의 숫자가 너무 적다. 그래서 나는 우리 팀 여성들이 능력을 마음껏 발휘할 수 있는 환경을 만들기 위해 모든 노력을 기울이고 있다"로 이어질 수 있다.

아마 이런 식의 표현이 술술 나오지는 않을 것이다. 깊이 고민하고 관점을 전환해야 가능하다. 일단은 당신이 자신을 비하하거나 시시하게 여기는 말들을 얼마나 많이 하는지 확인해보라. 당신과 당신의 성과를 잘 아는 친구, 고객, 환자, 의뢰인이 그런 식으로 말한다면 어떤 기분이 들지도 생각해보라. 만약 당신이 일관되게 스스로에 대해 긍정적으로 이야기한다면 당신은 지금보다 더 유능한 사람으로 보일 것이다.

열다섯 번째 힘

계층을 넘나드는 마음해방

고정관념의 한계를 뛰어넘어라

이 장에서는 도약 이후의 이야기를 좀 더 해보겠다. 당신의 도약은 어떻게 이뤄졌는가? 상급학교로 진학하면서 도약을 이뤘고 그 후부터 세계가 점점 넓어지기 시작했는가? 아니면 고등학교 졸업 후 취업하거나 대학에 입학해 다른 도시로 이사 가면서 자아상을 결정하게 된 계기가 생겼을 수도 있다. 그때부터 당신은 투자 포트폴리오를 꾸몄고, 직장에서 한 단계씩 승진했고, 새로운 관심사와 교우 관계를 가졌고, 어느 날 사랑에 빠졌다. 잘 어울리는 짝을 찾았고 둘이 조화를 이루며 살 만한 환경에서 사랑을 꽃피웠다. 아이들이 태어났고 당신과 당신의 가족은 당신이 일궈놓은 바로 그 환경에 뿌리를 내렸다. 모든 것이 순조로웠다. 적어도 겉으로 보기에는.

하지만 마음 한구석에는 출처를 모를 슬픔이 자리하고 있다. 프랑스 철학자 디디에 에리봉은 이 슬픔을 "너무 멀리 떨어져 있어서 화해할 수 없어 보이는 상이한 두 세계, 하지만 매 순간 공존하는 이 두 세계에 속해 있기에 발생하는 불편함"이라고 정의한다.[1] 그는 자전적 소설《랭스로 되돌아가다》에서 도약자라면 누구나 알 법하고, 사회학자 피에르 부르디외가 '분열된 아비투스'라고 부른 이 특수한 상황을 상세히 묘사한다. 두 세계가 극단으로 찢어지는 최악의 경우 내면에서 걷잡을 수 없는 분열이 일어나기도 한다.

그러나 최상의 경우도 있다. 두 세계에 동시에 소속된 특별함이 당신을 독특한 존재로 만들고 당신이 과거와 현재 모두를 자신의 양면으로 받아들이는 것이다. 만약 당신이 이중 사회화에 성공한다면 이는 더없이 소중한 자산이 될 것이다. 두 개의 사회적 집단을 내 집처럼 오갈 수 있는 특혜가 누구에게나 허락된 것은 아니다.

낙원에 온
이방인

미래의 밝은 빛 아래에서 과거의 그림자는 짧아진다. 그래도 흔적은 남는다. 도약자들이 나고 자란 집에는 돈만 없었던 게 아니다. 책과 유기농 당근, 악기 레슨도 없었다. 대신 그들은 실업과 가난에 익숙하다. 정신적 궁핍과 우울, 차별과 만성질환, 소외, 사회보조금과도 친하다. 그들은 보잘것없는 출신이라는 오명과 맞서 싸워야 했고 부모의 적극적인 지원 없이 대학을 다니고 직장에 들어갔다. 친구나 동료들의 교양 수준을 따라잡으려 발버둥질하는 와중에 가끔은 가슴에 차오르는 울분을 억눌러야 했다.

그렇게 높디높은 진입장벽을 뛰어넘어 드디어 낙원에 이르렀다. 그런데 막상 와 보니 자기만 이방인 같다. 저널리스트 카트린 블룸Katrin Blum의 표현에 따르면 그들은 이 세계에 간신히 들어온 사람들이며 소원이라곤 그저 자리를 잡는 것일 뿐이다.²

엘레나 페란테의 소설에는 넉넉지 않은 형편에서 대학을 졸업한 인물이 다른 대학 동기들과 마찬가지로 찬란한 꿈을 꾸는 장면이 나온다. 얼마 가지 않아 그건 허상으로 판명 난다. 그녀는 대학 교수를 꿈꾸지만 조교는 그녀의 능력을 칭찬하면서도 중고등학교 교사가 되는 시험을 권한다. 결국 대학에서 경력을 쌓는 특권은 그녀의 남자 친구에게로 돌아간다.³ 그가 그녀보다 능력이 출중해서가 아니다. 엘리트 집안 출신으로 학문적 아비투스가 몸에 배어 있었기 때문이다.

미국의 저널리스트 알프레드 루브라노Alfred Lubrano는 한 발은 낮은 계층에, 다른 한 발은 높은 계층에 올려놓은 채 서 있는 사람들을 '양다리Straddlers'라고 부른다. 단어의 어원이 된 동사 'straddle'은 '두 다리를 벌려 버티다'라는 뜻이다. 처음에 이 단어를 들었을 때 나는 불편함, 불안한 위치, 발을 헛디딜지도 모른다는 두려움 등이 연상됐다. 하지만 곧이어 요가의 전사 자세가 떠올랐다. 양다리를 벌려 선 것만큼 굳세고 안정적인 자세가 또 있을까? 장벽을 넘으려면 다리를 양쪽으로 쭉 벌려서 긴 보폭으로 걸어야 하지 않을까? 넓고 다양한 생각이야말로 문화와 세계를 이어줄 능력의 핵심이 아닐까?

기억을 더듬어보자. 우리가 한번 다룬 적이 있는 질문이다. 그때는 원가정과의 거리감에 주목해 도약에 성공한 사람들이 그 곤란함을 어떻게 해결할 것인가를 고민했다. 이번에는 다른 맥락을 지나오며 같은 지점에 도달했다. 당신도 잘 알다시피 두 세계에 끼인 인생을 사는 건 힘들다. 그러나 그게 다는 아니다. 태어난 곳에 머물렀다면 몰랐을 다양한 삶의 현실을 알게 되는 건 도약자들의 특권이다. 이런 깨달음은 도약자의 생애에 새로운 빛을 비춘다. 그들은 똑바로 뻗은 길을 달려가진 못하지만 여러 도전을 맞닥뜨리며 노련해지고 능숙해진다. 그런데 왜 도약자들의 '양다리 기술'은 제대로 된 능력으로 인정받지 못하는 걸까?

비슷한 다른 경험들은 모두 이력서에 소중한 한 줄로 기록된다. 특히 이중언어 환경에서 자랐거나 남미에서 반년간 워킹홀리데이를 했거나 대기업에서 잠깐 인턴을 한 경험은 자랑스러운 성취로 인정받는다. 그런데 왜 한 사람이 서로 다른 사회적, 경제적, 문화적 영역을 제집처럼 누비는 능력은 단점으로 여겨지는 걸까?

내 생각에 바로 동의하기 어려울 수도 있다. 그러나 이런 생각이 있다는 걸 아는 것만으로도 훌륭한 시작점이 될 수 있다. 당신이 태어난 곳으로부터 아무리 멀리 나아간다 한들 그곳은 여전히 당신의 안에 남아 있다. 우리가 아무리 발전하고 변화해도 출신은 끝까지 우리를 쫓아다닌다. 따라서 도약자들은 출신에서 생겨난 긴장을 생산적으로 활용해야만 한다. 과거를 외면하기보다는 과거의 손을 잡고 목표에 도달하는 것이다. 지금은 그럴 수 있는 기회가 예전보다 훨씬 많다.

독일 기센 대학교 연구팀이 진행한 심층 인터뷰에 따르면, 2000년 즈음에 태어난 도약자들은 금전적인 면에서는 이전 세대에 비해 불리하다고 느끼지만 계층 간 문화적 격차나 아비투스적 격차에 대한 부담은 이전 세대보다 적은 것으로 나타났다.[4] 젊은 도약자들은 출신 계층과 도약한 계층을 마치 비행기나 기차를 환승하는 것처럼 능숙하게 오가고 있었다.

당신이 도약했다면 자신이 더 나은 환경에서 자랄 수도 있었다는 사실을 알 것이다. 예컨대 당신의 아버지가 제대로 된 직업을 가졌더라면 혹은 가정에서 더 많은 격려와 자극을 받았더라면 좋았을 것이다. 그러나 당신은 더 나쁜 상황에서 자랄 수도 있었다. 활기 없는 소도시가 아닌 사회적으로 소외된 지역이나 제때 밥을 먹을 수도 없는 집에서 자랐다면 더 힘들었을 것이다. 도약자들은 원가정에서 모든 소원을 충족시키진 못했지만 그렇다고 아무 혜택도 받지 못한 것은 아니다.

도약자들에게 자녀가 생기면 이런 인식이 선명하게 다가온다. 아이가 태어나자마자 차지하는 그 자리는 부모가 힘겹게 도달한 곳이다. 충분한 보호를 받고 물질적으로 부족함이 없는 자녀를 보면서 도약자들은 설마 자신이 하리라곤 예상치 못했던 질문을 던지게 된다.

- 물질적 걱정을 모르는 아이를 어떻게 해야 응석받이로 키우지 않을 수 있을까?
- 부모가 근면과 성실을 요구받지 않는 위치에 있는데 아이에게 책임감 있게 일하고 노력하는 태도를 가르칠 수 있을까?
- 다른 사람보다 우위에 서려는 아이를 어떻게 해야 말릴 수 있을까?
- 자아도취에 빠진 아이의 모습이 어린 시절 내게 좌절감을 주었던 사장의 아들이나 의사의 딸들과 겹쳐질 때, 나는 어떻게 행동해야 할까?

'양다리'라는 용어를 만든 알프레드 루브라노는 "내 딸이 특권을 당연하게 여기는 게 걱정"이라고 고백한다. "그 아이는 자기가 가진 모든 것이 당연하지 않으며, 모든 집이 뒷마당에 말을 키우지는 않는다는 사실을 깨닫지 못할 것이다."

얼마 전까지만 해도 루브라노는 자신이 태어난 노동자 계층에서 벗어나고자 발버둥질했다. 그러나 아버지가 된 지금은 원가정에서 얻은 현실적 감각을 소중하게 생각한다. 그뿐만 아니라 그가 어릴 때 배웠던 겸손함을 딸도 가지길 바란다. "노동자 계층에서 자란 것에도 장점이 있다. 적극적인 노동관, 겸손, 다른 사람을 대하는 가식 없는 태도 등이 그것이다."[5] 자신의 태생을 돌아보고 그 긍정적 측면에 초점을 맞출 때 우리는 진정으로 태생과 화해할 수 있다.

그럼에도 불구하고, 감사하라

2,000년 전 스토아 철학자들은 인생에서 좋은 것을 매일, 의식적으로 찾으라고 권했다. 그들의 권유를 받아들여 소박한 일상의 행복을 찾는 것은 어렵지 않다. 우리는 여전히 숨을 쉬고 있고, 세워놓은 자전거를 훔치지 않았고, 치과에서 입안에 드릴이 들어오기 전에 마취 주사를 맞을 수 있고, 수도꼭지를 틀면 따뜻한 물이 나온다. 특별할 게 없어 보이는 일들이지만 그 하나하나를 의식하면 우리가 얼마나 행복한지 더욱 선명하게 인식할 수 있다.

그렇다. 생각해보면 사회의 최정상에 오른 사람들만 행복한 게 아니라 우리도 행복하다. 빈곤층에서 태어나지 않았다면 우리는 이미 상당히 많은 것을 갖고 있다. 비록 연금이 고위 공무원만큼 많지 않고 재산이 대기업 상속녀처럼 많지 않더라도 우리는 많은 것을 소유하고 있다. 물론 지중해 섬에서 결혼식을 올리거나 크리스마스에 초콜릿 대신 골드바를 선물해주는 할머니가 있다면 환상적이겠으나 무작정 부자들과 비교하려고 들면 행복을 실감하기 힘들다. 결국 우리에게 도움이 되는 태도는 내 손에 쥔 것에 감사하는 것이다.

하지만 쉽게 감사한다는 건 유약함이나 품위 없음의 상징이 아닐까? 나는 이런 반론 또한 충분히 이해한다. 특히 다른 사람의 도움이나 호의에 의존해본 경험이 있는 사람이라면 더더욱 감사를 표현해야 하는 상황이 달갑지만은 않을 것이다. 그러나 같은 상황에서 감사가 아니라 불평을 하면 씁쓸함이 더 크게 느껴진다. 기분이 나쁠 뿐 아니라 상대에게도 호감을 사지 못한다.

감사할 대상을 꾸준히 찾는 습관은 우리의 자존감에도 긍정적 영향을 미친다. 삶에서 아무리 작은 것이라도 행운의 흔적을 찾아내는 감각을 키운 사람들일수록 자신감이 강하고 적극적으로 행동하며 과거를 너그러이 받아들인다. 특히 소외감을 예방하는 데 있어 의식적으로 감사를 표현하는 습관만큼 좋은 백신은 없다. 심지어 감사는 우리를 더욱 더 매력적인 사람으로 가꿔준다.

> 어려움 가운데서도 좋았던 것과 좋은 것을 보다 보면 어느덧 마음속 원망과 질투는 사라지고 그 자리에 자랑과 기쁨이 들어찬다.

미국의 심리학자 로버트 에먼스[Robert Emmons]는 세계적인 감사 연구자다. 그는 감사하는 태도가 정신에 미치는 영향과 그 가치가 여전히 저평가돼 있다고 주장한다. "심리적 상태로서의 감사는 삶을 축하하고 존중하고 감탄하는 감정이다."[6] 그의 정의는 매우 현대적으로 들리지만 알고 보면 스토아 철학자들의 세계관으로 곧장 연결된다. 로마의 철학자

세네카Seneca는 "나는 감사한다. 감사가 내게 득이 되기 때문이 아니라 감사가 내게 기쁨을 주기 때문이다"라고 말했다.

감사함이 당신의 기분과 태도에, 원가정에 대한 기억과 아쉬움에 어떤 영향을 미치는지 확인하려면 직접 경험하고 실천하는 것이 최선이다. 감사를 말로 표현하고, 기꺼이 인정하고, 좋은 것과 아름다운 것을 의식적으로 살피고, 불평을 줄이고, 그 무엇도 당연하게 받아들이지 않고, 긍정적 기억에 주목하라. 당신을 이끌어주고 지원하고 격려한 사람들에게 당신이 얼마나 감사하게 생각하고 있는지 적극적으로 표현하라.

삶의 균열을
황금으로 메꾸는 기술

"모든 것에는 흠이 있어." 레너드 코언Leonard Cohen이 노래한 아름다운 가사다. "그게 바로 빛이 들어오는 방법이지." 노랫말의 울림이 깊다. 자연에서든, 예술에서든, 우리의 인생살이에서든 빛은 균열과 구멍 사이로 들어온다. 우리는 잘려나간 조각의 단면을 보고 전체가 어떻게 연결되었는지 이해한다. 잘리지 않았더라면 전체를 보지 못했을 것이다. 우리는 만사형통을 바라지만 삶이 순조롭지 않을 때 더 많은 것을 보고 이해한다. 혼란과 부조화가 우리를 자극할 때 머릿속에서 새로운 생각들이 떠오른다.

- 피카소도 처음엔 배고픈 예술가였다. 새 캔버스를 살 돈이 없을 때가 잦았다. 궁하다 보니 그는 옛날 그림 위에 새 그림을 덮어씌울 때가 많았고, 그 과정에서 예전에 그린 작품을 마주하면서 관습의 한계를 뛰어넘을 수 있었다.
- 소프라노 가수 카타리나 콘라디Katharina Konradi는 오늘날 전 세계에서 가장 큰 무대에서 노래하는 가수다. 열다섯 살에 그녀는 부모와 함께 키르기스스탄의 한 시골 마을에서 독일로 이주했다. 처음에 그녀는 독일어를 거의 하지 못했고 교실에서 항상 혼자였다. 외로움을 이기기 위해 하루에 몇 시간씩 오페라를 들었고 그 과정에서 이전까진 접하지 못했던 클래식 음악의 세계에 눈떴다.
- 오늘날 세계 최고 부자로 꼽히는 일론 머스크도 불우한 유년을 겪었다. 아버지의 공격적 성향에 두려움을 느낀 그는 책과 컴퓨터를 방패 삼아 불안한 시기를 버텼다. 지금은 테슬라의 CEO로 논란을 일으킬 때도 적지 않지만, 세상을 더 나은 곳으로 바꾸겠다는 그의 멋진 꿈은 폭력으로 얼룩진 유년 시절에서 비롯됐다.

세계적인 인물들의 인생 역전 스토리는 언제 들어도 근사하다. 그들의 비범함은 서구에서 통용되는 영광과 완성의 이미지와는 반대된다. 우리는 결핍과 차선을 좋아하지 않는다. 매끈한 표면에 난 흠집이나 얼굴에 생긴 색소반처럼 없애고 가려야 할 대상으로 여긴다. 그런데 일본의 문화에는 결핍을 바라보는 대안적 관점이 있다. 자연스러움과 불규칙성에서 자라나는 잠재력에 시선을 맞추는 것이다.

특히 손상된 도자기를 수리하는 킨츠키 공예는 부서진 것들의 가치를 존중하는 일본인들의 태도를 보여준다. 킨츠키는 갈라지고 깨진 부분을 가리는 대신 은이나 금 혹은 백금 가루로 메꿔 오히려 깨진 곳을 강조한다. 오랜 시간을 들여 수선 과정을 거치면 깨진 도자기는 세상에서 단 하나뿐인 작품이 되고 그 가치는 천정부지로 뛰어오른다.

> 망가진 그릇은 깨진 곳을 메꾼 금색 모자이크 덕분에 순수와 회복을 이야기하는 예술 작품으로 재탄생한다.

킨츠키를 삶에 대한 은유로 이해할 때 우리는 불완전한 환경을 새롭게 받아들일 기회를 얻는다.[7] 삶의 균열을 받아들이고 부서진 조각을 그러모아서 예술적으로 조합할 기회 말이다. 이렇게 관점을 바꾸면 균열된 아비투스와 상처 입은 자존감, 이력서에 뻥 뚫린 구멍은 완전히 다른 의미를 획득한다. 균열은 우리가 지금까지 쌓아온 경험을 말해준다. 그런 경험 속에서 우리 현재 모습이 만들어졌고, 어려운 여건에서도 선한 것을 만들어낼 능력이 생겼다. 그러니 이제는 새로운 이야기를 시작할 시간이다.

당신의 인생이 반짝반짝 빛을 내며 시작하지는 않았을지 모른다. 그렇다고 그 출발점이 쓰레기더미는 아니었다. 거르거나 숨겨야 할 과거도 절대 아니다. 당신의 균열을 금색으로 칠하라. 과거와 미래 사이의 벌어진 틈에서 새롭고 긍정적인 무언가를 건져내라.

어떤 출신배경이든 좋은 면이 있다는 점을 인정하고 나면 우리의 마음속에는 '그렇다면 굳이 새 계층에 적응해야 할까?'라는 반문이 떠오른다. 그에 대한 내 대답은 '그렇다. 그리고 아니다'이다. 나쁜 소식부터 전하면 적응을 아예 하지 않고선 도약할 수 없다는 것이다. 이유는 간단하다. 공감은 신뢰 위에 뿌리내린다. 사람들은 대부분 자기와 비슷하거나 적어도 잘 아는 사람과 비슷한 사람을 믿는다.[8] 그래서 같은 집단이나 사회계층 출신이거나 최소한 그곳에서 처신하는 법을 아는 사람은 신입이라도 새로운 환경에 쉽게 적응할 수 있다.

혹시 디자이너 카를 라거펠트가 하이디 클룸Heidi Klum에게 했던 심술궂은 평가를 기억하는가? "나는 그녀를 모른다. 클라우디아 시퍼도 그녀를 모른다. 그녀는 파리에 가본 적도 없고 우리는 그녀를 모른다."[9] 이 말은 곧 초록은 동색이고 가재는 게 편이며 까마귀 노는 곳에 백로는 가지 않는다는 뜻이다.

그러니 더 높은 계층에 오르고 싶다면 그곳 사람들의 몸가짐과 그곳에서 회자되는 주제를 조금씩 몸에 익혀야만 한다. 이런 조언은 마음에 들지 않을 수도 있다. 사실 대부분의 도약자들이 그런 데 노력을 기울이는 것을 좋아하지 않는다. 하지만 굳이 좋아하지 않을 이유도 없다. 새로운 친구의 초대로 친구의 별장에서 주말을 보내게 되었을 때 당신은 분명 친구와 먼저 온 손님들의 행동 방식을 따를 것이다. 새 회사에 가면 그곳에서 통용되는 단어로 소통하고, 식사 자리에서 친구가 술을 마시지 않는다면 당신도 맥주 대신 레모네이드를 마실 것이다.

인사심리학에서는 지원자와 고용주가 서로의 가치와 행동 방식이 일치할 때를 '컬처 핏culture fit'이라고 부른다. 이 개념은 테네시의 가난한 집안에서 태어나 컨트리 팝의 대표 가수가 된 돌리 파튼의 노래와도 잘 어울린다. "무지개를 원한다면 비를 견뎌야 해."

당신이 들어가고자 하는 세계에서 굳이 낯선 사람 취급을 받을 만한 행동을 하는 것은 이치에 맞지 않는다. 다만 동화되고 적응하는 데도 분명 한계는 있다. 공감이 과하면 아부로 전락하기 마련이다. 2,000년 전 아리스토텔레스는《니코마코스 윤리학》에서 그 수치스러움에 대해 경고했다. "모든 아첨꾼에겐 하인 근성이 있으며 비열한 마음을 가진 자들만이 아첨꾼이 된다."

적응에는 균형이 필요하며 우리가 누구인지 잊지 않는 것이 바로 그 균형추 역할을 한다. 우리가 출발점을 불만스러워하는 것과는 별개로, 지금까지 축적된 우리 경험의 총합은 모두 그 출발점에서 시작한다. 당신의 성취 동기와 세계관이 시작된 곳도 바로 그 지점이다. 당신의 단호한 결단력도 그곳에서 비롯했다. 당신을 움직이게 하고, 저항하게 하고, 더 나은 존재를 추구하게 만든 것이 모두 당신이 태어난 곳의 현실 아니었던가? 이 점을 깨달으면 상처에 반창고를 붙인 것처럼 쓰라리던 열등감도 조금이나마 진정된다. 불평등한 분배의 현실 앞에서 도약자들이 잊지 말아야 할 사실은 이것이다.

> 주어진 현실을 탈피하고 혁신하려는 의지만을 본다면 도약자들은 이미 도약에 성공한 사람들보다 우월하다.

도약은 본질의 문제다. 자기 힘으로 성취하고자 하는 사람은 불가피하게 기성 체제에 반항하고, 주류와 다르게 생각하고, 변화를 이뤄내야 한다. 반면 금수저를 입에 물고 태어난 사람은 현상을 유지하는 것만으로도 충분하다. 기득권과 도약에 성공한 사람들은 보수적으로 생각하고 행동한다. 그들로서는 이미 가진 것을 지키는 게 가장 합리적이기 때문이다. 그들이 손에 쥔 것을 지키고 키워나가는 한 세상은 그들의 것이다. 몇십 년 전까지만 해도 이 공식은 사회의 계층구조에 의해 보장되었다.

관습 대신
혁신을

어린 시절 나는 조부모님 댁을 방문할 때마다 시멘트처럼 단단한 불평등의 벽을 실감했다. 할아버지는 도자기 공장에서 일했고 그곳에서 제공하는 관사에 살았다. 높은 나무숲 뒤에 펼쳐진 거주지는 그 회사의 조직도를 고스란히 옮겨놓은 것 같았다. 생산직 직원 대부분은 3층짜리

귀마루 지붕 집 여덟 동에 모여 살았다. 한 채당 여섯 가구가 살았고 뒷마당을 나눠 텃밭으로 가졌다. 나머지 집들은 관리직 직원 가족들이 썼다. 그들은 가구마다 동 한 개씩을 차지했다. 그리고 이 앙상블의 끝단에 '사장님 댁'이 있었다. 그 집의 외관은 다른 관사와 같았지만 담으로 둘러싸인 공원 안에 외따로 떨어져 있었다.

생산직과 관리직 그리고 경영진 사이에 그어진 경계는 어른들만의 문제가 아니었다. 그들의 자녀들도 그 경계 안에 머물렀다. 나는 손님이었으므로 경계를 넘나들며 모두와 놀았지만, 그럼에도 불구하고 집과 사람들을 그런 식으로 나눠놓는 것은 불공평하다고 생각했던 기억이 난다.

지금은 사회의 계층 피라미드가 배가 뚱뚱한 항아리 구조로 바뀌었다. 양극단의 부피가 줄어든 대신 가지각색의 사람들이 거대한 중간계층을 이루고 있다. 이런 변화 덕분에 제일 꼭대기는 아닐지라도 꽤 매력적인 자리의 수가 늘어났다. 도약에 성공한 사람들이 관습을 넘어 앞으로 나아간 덕분이다. 그들은 특권을 누리는 소수의 가치와 정신세계를 받아들이는 대신 자신만의 방식을 채택하고 사회 지위에 대한 개념을 바꾸었다.

사회가 선망하는 대상이 바뀌기 시작한 건 1960년대부터다. 사람들은 점차 혈통, 재산, 맞춤 정장보다는 아이디어, 혁신, 변칙성에 열광했다.[10] 계층구조에 구멍이 뚫렸고 도약자들이 뛸 수 있는 큰 경기장이 늘어났다. 오늘날에는 링크드인에서 팔로워 수를 늘려 '톱 보이스 Top Voices'

목록에 이름을 올리거나, 자전거를 타고 알프스 고산지대를 오르거나, 세 아이의 엄마면서 직장에서는 최고 임원이라거나, 딱 맞는 타이밍에 딱 맞는 암호 화폐에 투자하거나, 수익성이 높은 스타트업을 차린다거나, 소비보다 더 많은 에너지를 생산하는 집에 산다거나, 요가의 '다운독 자세'를 다른 사람들보다 가뿐하게 해낸다는 이유만으로도 선망받는 자리에 오를 수 있다. 이처럼 각자의 독특한 방식으로 자신을 드러낼 가능성은 무궁무진하다. 기존 체제를 거스르고 도약에 성공한 사람들은 자기 안에서 그런 가능성을 발굴했다.

기존의 지위 체계에는 끼어들 틈이 없는 당신에겐 새로운 것을 찾아내는 게 오히려 쉬울지 모른다. 200년 전 갈라파고스섬의 생태계에서 찰스 다윈은 바로 그런 현상을 목격했다. 그는 지저귀는 핀치새 무리에 주목했다. 그들은 모두 한 조상에서 나왔지만 부리 모양이 달라 15개의 다른 종으로 구분되었다. 핀치새들이 먹이를 두고 서로 경쟁하는 대신 변이를 택한 결과, 각자 특별한 방식으로 먹이를 충분히 먹을 수 있게 된 것이다.

사회적 도약을 했다고 해서 건너온 다리를 모두 폭파하고 새로운 세계로 사라질 필요는 없다. 오히려 정반대다. 부유한 환경에서 태어난 사람들과의 사소한 차이야말로 당신이 당신만의 경기장을 개척하고 그 안에서 새로운 규칙을 설정할 기회를 제공할 것이다.

도약에 성공한 사람들은 고정관념의 한계를 뛰어넘어 낡은 동아줄을 끊어낼 운명을 타고 태어났다.

테슬라와 스페이스X 등 미래 산업 프로젝트를 대담하게 추진하는 일론 머스크를 떠올려보라. 왕실의 예법을 거스르고 엘리자베스 2세 영국 여왕을 한 팔로 껴안은 미셸 오바마도 함께 떠올려보라. 기득권을 지키려는 사람들의 눈에는 이것이 도발이나 무지의 소산으로 보일지 모른다. 하지만 도약에 성공한 사람들이 경계를 넘어서는 이유는 그들이 태생적으로 급진적이고, 대안을 떠올리고, 변화를 주도하는 경향이 있기 때문이다.

물론 오랫동안 윗자리를 지키고 있는 사람들은 코웃음을 칠 것이다. 그러나 경제 전문기자 잉가 미슐러$^{Inga\ Michler}$는 "우리 경제를 위해 그 어느 때보다 정상을 벗어난 갑작스런 도약을 시도하는 인재가 필요하다"라고 말했다. "청년의 신선한 아이디어가 부족한 고령사회에서는 그런 인재를 발굴하는 것이 중차대한 과제다. 앞으로는 기발한 창조자, 제정신이 아닌 괴짜, 낯선 뉴페이스가 우리를 이끌 것이다."[11]

지금부터 당신이 해야 할 일

더 높은 지위를 획득하려면 당신의 출신과 배경을 우호적으로 대해야 한다. 과거와 점잖게 화해하면 순간순간 솟구치던 울분도 사라질 것이다. 여유를 갖고 되짚어보라. 당신이 가진 소중한 재능 중 가족으로부터 물려받은 것은 무엇인가? 그것은 할아버지로부터 배운 사회적 책임감일 수도, 누구와도 무슨 이야기든 할 수 있는 사교성일 수도, 어떤 상황에서든 잘할 수 있다는 자기 확신일 수도, 작은 것을 관찰하는 세심한 눈일 수도, 단호하게 결정하고 행동하는 의지력일 수도, 외국어 구사 능력일 수도, 당연한 것은 아무것도 없다는 겸손함일 수도, 특권력과 불평등을 향한 저항 정신일 수도 있다.

그중 자녀에게 물려주고 싶은 것이 있는가? 당신의 집안에 자랑할 만한 물건이나 문화가 있는가? 당신은 성장환경에서 어떤 정신적·물질적 가치를 얻었는가? 그중 킨츠키 공예처럼 금가루를 입힐 만한 것이 있는가? 깨지지 않도록 주의를 기울일 부분은 어디인가? 다른 맥락에서 흥미로운 부분은 무엇인가? 제한된 환경 속에는 다양한 잠재력이 숨어 있다. 발굴하려면 여러 번 들여다봐야 한다. 속단하지 말고 깊이 고민하라. 제일 먼저 떠오른 생각이 가장 좋은 생각인 경우는 별로 없다.

열여섯 번째 힘

부와 그 가치를 아는 지혜
–
돈은 사이좋게 지내야 할 도구다

이제는 돈 얘기를 해보자. 물질적 부가 사회적 지위의 전부는 아니다. 상위계층이 되려면 돈 말고도 다른 많은 것이 필요하다. 그러나 돈 없는 도약은 소스를 뿌리지 않은 스테이크와 같다. 그렇다고 인생의 초반에 막대한 부를 쌓아야 한다거나 업계 최고 연봉을 목표로 삼으라는 말은 아니다. 도약자들이 내세울 만한 재력을 소유하는 시기는 보통 50대 정도다. 하지만 당신이 오르막을 잘 오르고 있다면 적어도 돈 문제로 전전긍긍하는 상황은 오래전에 벗어났어야 한다.

물론 예전엔 그랬던 시절이 있을 것이다. 겨울이면 난방비를 걱정했던 때가 있었고, 간절히 바라는 게 있지만 결국은 이뤄지지 않을 거라 체념했던 시절이 있었을 것이다. 그런 결핍의 경험이 재산과 소유에 대한 당신의 개념에 강한 인상을 남겼을 것이다. 그래서 당신은 재정적 기반을 탄탄하게 닦았을 것이며 그 규모가 아무리 상당해도 평생을 양지에서 산 사람들과는 돈 다루는 태도가 다를 것이다.

아마 당신은 서비스에 돈을 쓰는 돈을 여전히 아낄 것이다. 주식투자도 한참을 주저할 것이다. 들어가 살 집을 사야 할 때조차 분수에 넘치는 집은 아닐까 하는 걱정에 하루에도 열두 번씩 생각이 오락가락할 것이다. 무엇보다 다시 가난해지기 싫어서 철저하게 돈을 아낄 것이다. 또는 정반대로 행동할 수도 있다. 즉 아직도 돈 버는 데만 연연하며 살거나 예전엔 가질 수 없었던 유무형의 지위상징에 너무 많은 돈을 쓸지도 모른다.

다른 것들과 마찬가지로 돈을 다루는 것도 계층의 문제다. 따라서 재산과 부에 대한 태도 그리고 경제 문제와 부유한 사람들에 대한 태도를 점검하는 작업이 반드시 필요하다.

돈을 가진 사람만이
돈을 무시할 수 있다

고대 철학에서든, 성경에서든, 대중의 언어에서든 돈은 평판이 좋지 않다. 하나같이 돈은 행복의 근원이 아니며 누구도 돈으로 행복해지지 않는다고 말한다. 하물며 모든 악의 근원으로 지목될 때도 있다. 그리고 돈이 부족한 사람들은 인생에서 돈이 그다지 중요하지 않다고 자신을 위로한다.

반대로 돈이 풍족한 사람들도 재정적 안전망이 중요하지 않은 것처럼 행동한다. 재산을 상속받은 사람들은 돈이 삶에 미치는 영향력을 깎아내린다. 풍족한 사람들은 이미 오래전부터 돈의 가치를 느끼지 못한다고 말한다. 최고의 자산가들은 오히려 소탈해 보인다. 최고연봉자, 최고 개런티를 받는 연예인, 스타급 축구선수들은 더 이상 소비에서 보상을 찾지 않는다. 그보다는 자선사업을 주도하거나 창의적인 아이디어에 투자하거나 문화적 욕구를 실현하는 데에서 즐거움을 찾는다.

> 부자들은 돈이란 '있으면 좋은 것'이라고, 충만한 삶은 계좌 잔고가 아니라 품위 있는 태도의 문제라고 말한다.

그런데 현실에서도 과연 그럴까? 당신이 얼마나 건강한지, 어떻게 자녀들을 키우는지, 여가에는 무엇을 하고 휴가는 어디로 가는지, 휴가나 여가가 있는지, 어떤 자유와 권리를 누리는지, 어떤 것을 제한하고 있는지, 어떤 매력을 발휘하는지, 어떤 프로젝트를 후원하는지, 사회적 위계에서 당신의 위치는 어디인지, 당신의 잠재력을 얼마나 발휘할 수 있는지, 예기치 못한 불행으로부터 자신을 얼마나 잘 보호할 수 있는지 등 이 모든 문제가 대부분 당신의 자금력에 좌우된다.

- 만약 집을 산다면 부모님이 집을 사주고 당신은 인테리어에만 돈을 쓰면 되는가? 아니면 영혼까지 끌어모은 자금으로 살 수 있는 집을 구하기 위해 공인중개사의 비위를 맞춰가며 발품을 팔아야 하는가?
- 만약 치과에서 어금니 임플란트가 필요하다는 진단을 받는다면 당신은 곧장 병원비를 결제할 수 있는가? 그리고 임플란트를 하기로 결정했다면 휴가를 포기하고 병원 치료를 받는가? 아니면 어금니 하나 정도는 없어도 사는 데 지장 없다며 치료를 포기하는가?
- 만약 구직 중이라면 제일 먼저 채용 연락이 온 회사에 곧장 취직하는가? 아니면 원하는 회사에서 구직 공고가 날 때까지 몇 달쯤은 기다릴 수 있는가?
- 만약 강연을 맡게 된다면 강연료가 지급되지 않는다는 통보에도 어쩔 수 없다고 참을 수 있는가? 아니면 유명 칼럼니스트 샤샤 로보$^{Sascha\ Lobo}$처럼 적절한 보상 없이는 강연할 수 없다고 공개적으로 밝히는가?[1]
- 만약 옆집에 새로 이사 온 가족이 마당에서 스피커를 시끄럽게 튼다면 당신은 신경질을 내며 마당에 나가지 않을 것인가? 아니면 당신의 변호사가 조용히 문제를 처리하리라 확신하고 느긋하게 기다릴 것인가?

위 질문들의 답은 '자금력'이란 단어 안에 있다. 우리가 무엇을 할 수 있고 무엇을 할 수 없는지는 돈과 재산에 달렸다. 우리가 자신을 얼마나 강하고 중요하게 여기는지, 어떤 기회가 우리 앞에 열리는지, 소비에 대한 우리의 태도가 남들에게 어떤 감정을 불러일으키는지, 그것이 좋은 쪽인지 나쁜 쪽인지가 모두 자금력에 좌우된다. 부자들은 그걸 안다. 그들에게 돈은 목적을 위한 수단이다. 삶을 자신의 계획대로 이끌어가는 데 필요한 도구다.

만약 당신이 자란 가정에서는 돈이 항상 부족했거나 쓰지 말고 모아야 할 것이었다면 자원과 자본에 대한 당신은 감정은 복잡할 것이다. 그 뒤에는 가난할수록 자존감이 약하다는 심리적 요인이 숨어 있다. 그래서 형편이 넉넉지 않은 사람일수록 스스로를 보호하기 위해 돈에 대한 방어 전략을 취한다. 가질 수 없는 것을 평가절하하고 비하하는 것이다.[2] 이렇게 어린 시절에 각인된 습관은 마음속 깊이 남아 유년이 훌쩍 지난 후의 인생에도 영향을 미친다.

돈을 대하는
태도

'절약하고, 모으고, 쓰지 않기, 생활용품은 블랙 프라이데이 때 사서 쟁이기, 적정선 안에서 소비하되 남들에게 인색하게 굴진 않기' 등은 서민층 혹은 중산층 가정이 지출을 관리하는 기준이다. 부모님이 고액연봉자가 아닌 한 당신도 이런 태도를 배우고 익혔을 것이고 나 역시 그런 습관에서 벗어나지 못했다.

온라인 쇼핑에서 결제 직전에 할인쿠폰을 뒤질 때, 고속도로 휴게소에서 커피 한 잔의 여유를 포기할 때 나는 부모님의 향기를 느낀다. 프로젝트 수임료를 협상하면서 업무 수행뿐 아니라 사무실 임대, 건강보험, 휴가, 노후 보장 등이 모두 비용에 포함되어야 한다는 점을 강조하기 머쓱한 나머지 알아서 터무니없이 낮은 가격을 부르는 내 모습에서 나는 태생적 아비투스를 느낀다.

계좌에 잔고가 어느 정도 차고 나도 이런 갈등과 고민은 마찬가지다. 늘어난 재산은 우리를 다음과 같은 갈등 상황에 빠뜨린다.

- 더 이상 동전을 일일이 세지 않아도 되는 형편이 되고 나니 여전히 푼돈에 연연해하는 가족이나 친구들이 눈에 거슬린다.
- 다른 사람에게 업무를 맡기고 그들의 성과에서 이윤을 얻는 직종이라면 남들의 희생으로 자기 배를 불리는 게 아닌가 하는 고민으로 마음이 복잡해진다.
- 지금의 일에서 재미를 느끼기 때문에 일이 아무리 고되어도 하나도 힘들지 않은데, 이렇게 돈을 많이 받아도 되는지 고민이 될 때가 있다.

돈을 위해 일하는 사람
vs. 돈으로 일을 시키는 사람

중산층에겐 돈을 향한 경외심이 있지만 부자들에겐 그런 마음이 없다. 돈에 대한 그들의 마인드셋은 생각보다 건조하다. 돈은 세상을 돌아가게 하는 도구 그 이상도 이하도 아니다. 그렇기에 돈을 충분히 가진 사람들에게 이윤 극대화는 당연한 이치다. 그들은 재물과 인도적 가치를 상반된 것으로 여기지 않는다. '부자는 백 원도 아낀다'라는 말만으로는 그런 태도를 아우를 수 없다. 그렇기에 부자들에게서 전략적으로 재산을 모으고 만족스러운 방식으로 투자하는 방법을 배워야 한다.

당신의 '금전 수치심'을 점검하라

"돈에 대해서는 말하지 않는 법이야.", "사람이 다 가질 수는 없지." 이런 말을 꾸준히 듣고 자란 사람의 마음에는 '금전 수치심'이 생길 수밖에 없다. "사람의 욕심엔 끝이 없다"거나 "돈을 무덤까지 들고 갈 수는 없다"는 말도 마찬가지다. 돈은 그렇게 중요하지 않고 어차피 불공평하게 분배되며 심지어는 천박하다고 생각한다면 부자가 되기 위해 체계적으로 노력하기는 어렵다.

돈에 대한 당신의 믿음을 바꿔라

먼저 당신의 가족은 돈에 대해 어떤 식으로 이야기했는지 되짚어보

라. 부모를 통해 물려받은 믿음이 오늘날 당신이 깨달은 바와 일치하는가? 당신으로 돈으로 실현한 것 중 가장 좋은 건 무엇인가? 만약 부모가 좀 더 재산이 많았다면 당신의 삶은 어떻게 달라졌을까? 은행 계좌에 쌓아놓은 돈이 충분하다면 당신은 무엇을 하고 싶은가? 어차피 안 될 거라고 외면했던 소망 중 돈이 충분하다면 실현하고 싶은 일은 무엇인가? 돈에 관한 생각을 완전히 뒤집을 필요는 없다. 작은 변화로도 돈에 대한 마인드셋은 바뀔 수 있다. 가령 '돈이 성품을 망친다'고 생각하는 것과 '돈이 성품을 말한다'고 생각하는 것 사이에는 큰 차이가 있다.

당신의 일이 지닌 가치를 명확하게 파악하라

하위계층의 소득은 그저 일을 몇 시간 하는지에 달려 있다. 그들에겐 다른 셈법이 없다. 하지만 부자들의 계산은 다르다. 그들은 몇 시간 일했느냐보다는 그 시간 동안 어떤 경제적 가치를 창출했느냐를 더 중요하게 여긴다. 예를 들어 프로 축구선수는 경기를 뛴 90분에 맞춰 돈을 받는 게 아니다. 그의 시장가치에는 전망, 인기, 그의 이름을 박아 판매되는 유니폼의 판매수익 등이 반영된다.

당신이 재정적으로 성공을 거두고자 한다면 연봉협상이나 서비스 금액을 정할 때 노동시간은 여러 기준 중 하나에 불과하다는 사실을 간파해야 한다. 회사, 고객, 대중 혹은 사회 전체의 관점에서 당신이 자기 능력으로 창출할 수 있는 가치는 무엇이며 얼마나 되는지를 정확히 파악하라.

돈의 의미와 흥미에 눈멀지 마라

토론토 대학교의 경제학자 리아 카타파노Rhia Catapano는 도약자들의 흥미로운 특징 하나를 밝혀냈다. 그녀의 연구에 따르면 도약자들은 부유한 환경에서 태어난 사람들에 비해 직업에서 의미와 기쁨을 찾으려는 성향이 더 강했다. 고귀한 태도이긴 하지만 오히려 경제적 성공을 가로막을 소지가 크다.

즐기며 일하다 보면 돈은 자연히 따라오리라는 예상은 틀릴 때가 많다. 이는 창업자들을 대상으로 한 연구에서 입증된 사실이다. 창업자들 중 확고한 경제적 성과를 올린 사람들은 명예와 수익을 최우선으로 추구했다. 반면 혁신이나 가치, 독립 등을 우선순위에 올렸던 창업자들은 그들보다 성과가 훨씬 빈약했다.³

어떻게 돈을 벌 것인지 자문하라

만약 당신이 부모로부터 받은 유산 없이도 풍족한 삶을 꾸리길 원한다면 직업을 선택할 때부터 금전적인 부분에 초점을 맞춰야 한다. 인문학, 사회학, 예술, 미디어 같은 분야에서는 특출한 재능과 강력한 인맥 없이는 부자가 될 가능성이 매우 낮다. 물론 현대미술가인 게르하르트 리히터Gerhard Richter와 게오르크 바젤리츠Georg Baselitz는 독일의 최고 부자 1,000명 안에 들고, 스티븐 킹과 조앤 K. 롤링은 소설로 수백만 달러를 벌어들인다. 그러나 기회의 측면에서 보면 수익성이 보장되는 직종과 전통적 전문직에 종사할 때 돈을 많이 벌 가능성이 훨씬 크다.

IT, 경영학, 의학, 조직 관리학, 항공관제학을 공부하거나 비행기 조종사 또는 대형 로펌의 파트너 변호사가 되면 고수익을 보장받을 수 있다. 회사는 직원 1,000명 이상의 기업이 연봉 수준도 제일 높다. 건설이나 전기전자 분야에서도 전문성과 숙련도가 필요한 인력에 대해서는 수요가 폭증하고 있으므로 안정된 수익을 낼 확실한 기회가 보인다.

독립을 고려하라

독일의 백만장자들 중 누군가에게 고용되어 일하는 사람은 4분의 1에 불과하다. 나머지 4분의 3은 자기 사업을 하는 사람들이다. 따라서 고용주에게서 벗어나 자기 회사나 가게를 차릴 때 최고의 수익을 낼 확률이 높다. 하지만 동시에 자기 비즈니스를 시작한다는 것은 위험을 감수한다는 뜻이다. 프리랜서와 창업자들의 모든 계획이 성공한다는 보장은 없다. 사업을 벌인다고 다 번창하는 것도 아니다. 하지만 일단 성공하면 그 규모에는 제한이 없다.

금융 지식을 늘려라

'독일인의 금융 지식'에 관한 연구에 따르면 월 소득 1,500유로(한화로 약 223만 원) 이하 가구 구성원들의 30퍼센트만이 해박한 금융 지식을 갖추고 있다. 반면 월 소득 3,800유로(약 565만 원) 이상 가구 구성원들은 70퍼센트가 금융에 대한 풍부한 정보를 갖고 있다.[4]

도약자들은 어린 시절부터 가격을 비교하고, 세일을 공략하고, 불필요한 지출을 피하는 데만 익숙했지 돈을 굴리는 법은 제대로 배우지 못했다. 그러니 지금부터라도 꾸준히 금융이라는 주제를 이해하려고 애써야 한다. 금융상품, 인플레이션, 복리 효과, 리스크 등급, 펀드, 소셜 트레이딩, 부동산, ETF, 금 시세 등 경제 전반에 대한 지식을 습득하라. 주가 동향을 예의주시하라. 그리고 금융 심리, 리스크 평가, 지출 및 투자 실수 등을 주제로 한 팟캐스트를 구독하도록 하라.

당신에게 부자가 된다는 것은 어떤 의미인지, 돈에 대해 당신이 가장 두려워하는 점이 무엇인지, 재산이 당신에게 어떤 자유를 허락할지, 당신의 원가정에서는 돈을 어떻게 취급했고 자본가들에 대해서 어떤 식으로 말했는지, 가진 것이 많으면 잃는 것도 많다는 부모님의 가르침이 지금 와서 봐도 정말 옳은지 등 돈과 부에 대한 당신의 전반적인 인식을 점검하기를 권한다.

재정적 독립을 추구하라

은행 잔고가 부의 유일한 척도는 아니다. 하지만 돈이 있으면 두 발 뻗고 잘 수 있다. 돈은 삶의 모든 영역과 모든 나이대에서 기회를 열어주고 불쾌한 일을 막아준다. 그러니 학위나 승진을 위해 애쓰는 만큼 재정적 독립을 위해서도 노력해야 한다. 가장 좋은 방법은 적어도 한 달에 한 번은 시간을 따로 내서 소비를 줄이고 소득을 늘릴 방안을 고민하는 것이다. 더 많이 저축하고 투자하면 그 돈이 당신을 대신해 더 많이 일하게 된다. 그러면 당신이 돈을 벌기 위해 일해야 하는 양이 줄어든다.

단 노동 없이 자산만 굴려서 생활하는 사람은 독일인의 1퍼센트에 불과하다.[5]

자신에게 투자하라

재정적으로 든든한 배경이 없는 사람은 늘 허리띠를 졸라매야 한다고 생각하는데 이는 합리적인 행동이다. 다만 필요 이상으로 궁상을 떨지 않도록 주의해야 한다. 자신에 대한 투자를 아끼지 마라. 자기계발은 최고의 이윤을 돌려받는 길이다. 책과 세미나에 쓴 돈은 평생토록 돌려받는다. 당신의 개성을 발견하고, 한계를 넓히고, 취향을 계발하고, 새로운 열정을 일깨울 기회도 마찬가지다. 당장은 엄청난 사치로 보일지라도 장기적으로 가치가 있다면 가끔은 예산을 넘어선 지출을 감행할 필요가 있다.

시간이 돈이다

대중은 어떤 물건을 직접 제작하거나 수리하는 DIY를 사랑한다. 그래서 가사든, 집을 수리하는 일이든 자신이 직접 할 수 있는 일에 돈을 쓰는 것을 꺼린다. 특히 도약자들은 특혜를 누리고 자라온 사람들보다 돈을 주고 서비스를 이용하는 것에 소극적이다.

물론 자기 손으로 해결하면 돈을 아낄 수 있다. 그러나 수리공을 부르고 가사도우미를 쓰고 배달 음식을 먹으면 당신에게 시간적 여유가 생긴다. 그 시간에 다른 누구보다 당신이 가장 잘할 수 있는 일을 하는 게 낫지 않을까?

당신은 생각보다
더 많이 가졌을지도 모른다

독일연방은행의 설문조사에서 놀라운 사실 하나가 드러났다. 독일 시민 중 자신이 부유한 20퍼센트에 속한다고 응답한 사람은 3퍼센트에 불과하다는 사실이다.[6] 자기가 부자면서도 부자인지 모르는 사람들이 그만큼 많다는 뜻이다. 독일인을 재산을 기준으로 다섯 개 그룹으로 나눴을 때 가장 부유한 집단에 해당하는 1,700만 명 중 1,650만 명이 자신이 부자라는 사실을 깨닫지 못했다.

어쩌면 당신도 '깨닫지 못한 부자' 중 하나일 가능성이 있다. 혹시 지금 속으로 '그렇다면 참 좋겠지만 절대 그럴 리는 없어'라고 말하는 중인가? 나도 처음엔 그렇게 반응했다. 하지만 숫자가 들려주는 이야기를 한번 들어보자.

2020년 쾰른 경제연구소는 가계 순자산에 따른 연령별 사회계층을 구분해서 발표했다.[7] 쾰른 연구소가 기준으로 삼은 가계 순자산은 부동산을 포함한 자산 총액에서 부동산 대출을 비롯한 모든 융자를 차감한 금액이다. 독일에서 상위 20퍼센트에 해당하려면 결혼과 자녀 유무와 상관없이 다음 조건이 필요하다.

- 30대: 순자산 7만 5,000유로(약 1억 1,153만 원) 이상 보유
- 40대: 30만 유로(약 4억 4,613만 원) 이상 보유

- 55세: 40만 유로(약 5억 9,485만 원) 이상 보유

만약 당신이 30대에 가계 순자산이 20만 유로(약 2억 9,742만 원) 이상이라면 상위 10퍼센트 안에 들어간다. 40대엔 그 기준이 45만 유로(약 6억 6,929만 원), 55세엔 62만 5,000유로(약 9억 2,925만 원)다. 상위 10퍼센트의 기준선이 가장 높은 연령대는 55~59세였다.

당신은 이 액수에 대해 어떻게 생각하는가? 그렇게 많은 재산은 꿈에서나 가질 수 있을 것 같은가, 거의 그 기준선에 도달했는가, 아니면 이미 그 선을 넘어섰는가? 이 숫자를 보고 당신은 혼란을 느끼는가, 아니면 자기평가가 옳았음을 확신하는가? 나는 이 통계를 볼 때마다 깜짝 놀라곤 한다. 내가 짐작한 것보다 많이 이룬 것처럼 보이기 때문이다. 내가 종사하는 분야는 경제적 가치와 직접적으로 호환되지 않음에도 불구하고 나는 교육적 자본뿐 아니라 경제적 자본 면에서도 풍족한 상태였다. 실감은 잘 안 나지만 숫자는 그렇게 말하고 있었다.

나는 슈퍼에선 유기농 달걀을 집어오고 아등바등 돈을 모으지 않아도 전기자전거 정도는 선뜻 살 수 있는 정도의 구매력을 지녔다. 하지만 '부'는 그런 형편을 넘어 좀 더 어마어마한 상태일 거라고만 짐작했다. 사회적 위계에서 선두를 차지한 사람들 대부분이 비슷한 생각을 할 것이다. 즉 부자란 항상 내가 아닌 다른 누군가라고 여기는 것이다. 독일 경제연구소에서 '부유하다'라고 정의한 기준은 순자산이 12만 6,000유로에서 100만 유로 사이(약 1억 8,743만~14억 8,680만 원)다.[8] 그런데 12만

6,000유로 쪽에 가까운 재산을 가진 사람들도 자기를 부자라고 생각할까? 아마 아닐 것이다.

올라프 숄츠Olaf Scholz 독일 총리는 재무부 장관 시절 "나는 내가 부자라고 생각하지 않는다"라고 말했다.⁹ 〈포브스〉 선정 독일 1,000대 부자 목록을 보면 독일의 최고 정치인이 자기 재산을 그토록 과소평가하는 이유를 이해할 수 있다. 이름과 숫자, 순위는 항상 조금씩 변하지만 대략적으로는 다음과 같다.

현재 독일에서 가장 부유한 사람은 슈퍼마켓 체인 리들Lidl의 창업자 디터 슈바르츠Dieter Schwarz다. 그의 재산은 대략 400억 유로(약 592조 원)로 추산된다.¹⁰ 바이오엔테크의 창업자 우구어 자힌은 27위에 올랐는데 재산은 40억 유로(약 5조 9,452억 원) 이상이다. 1,000위를 차지한 인물은 재산이 1,500만 유로(약 222억 9,465만 원)인데 선두주자와는 현격한 차이가 있다. 독일 국민 1.5퍼센트가 백만장자 그룹에 들어가고 그들의 평균 순자산은 약 300만 유로(약 44억 5,893만 원)다.

풍족한 삶과 사회적 지위는 별개다. 독일의 재산은 상위 1.5퍼센트에 집중돼 있다. 독일에서 동화 속 주인공처럼 부자로 사는 사람들은 한 줌도 안 된다는 얘기다. 우리가 통상적으로 부와 연관 짓는 것들, 예를 들면 고급 주택, 전용기, 예술품, 재단 그리고 무엇보다 일하기 싫으면 있는 돈만 굴려서 먹고사는 경제적 자유는 그들의 전유물이다.

그에 비하면 상위 10퍼센트 혹은 20퍼센트에 해당하는 사람들은 현실에 발을 디디고 산다. 아래에서 올려다보는 사람들에겐 그들도 안정된 특권층으로 보이지만 정작 그들은 자기 경제적 능력을 대단하게 여기지 않고 그런 인식이 완전히 틀린 것도 아니다. 갖은 노력, 온갖 성공, 나쁘지 않은 살림살이에도 불구하고 그들에게 상위 1퍼센트의 부자들은 멀게만 느껴진다. 그들은 오히려 자기가 가난한 사람들과 더 가깝다고 느낀다. 단 문화적으로는 그 반대로 여긴다.

**지금부터
당신이
해야 할 일**

빌 게이츠가 120만 달러를 지출하는 것은 평균수입을 버는 미국인이 주차 요금으로 1달러 내는 것과 같다는 생각을 해본 적이 있는가? 저널리스트 케이티 워런Katie Warren이 시도한 이런 비교법은 슈퍼 리치와 보통 사람 간의 격차가 얼마나 큰지 새삼 깨닫게 해준다.[11]

당신이 얼마나 높이 도약하든 세계 최고 부자들의 재정 수준까지 도달할 가능성은 없다. 선두 자리를 차지하고 꽤 편안하게 잘사는 이들 중에서도 창고 가득 돈을 쌓아놓고 사는 사람은 극소수에 불과하다. 그 정도가 아니라면 넉넉함과 부유함과 슈퍼 리치 사이의 경제적 격차를 게임처럼 받아들이는 수밖에 없다. 돈과 친해지고 그 가치를 잘 판단하는 게 중요하다. 일정한 부를 손에 넣으면 그다음 단계는 돈이 아니라 자아상과 아비투스를 기반으로 상위층의 모습으로 나아갈 수 있다. 그 단계에서는 특정 주제에 대해 의견을 낼 줄 아는지, 어떤 인상을 주는지 그리고 자기보다 훨씬 많이 가진 사람들과 기쁨을 공유할 수 있는지가 더 중요하다.

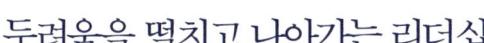

열일곱 번째 힘

두려움을 떨치고 나아가는 리더십

-

앞에 서서 대접을 받으라

카약, 요트, 수송선, 크루즈, 카누, 패들링 보트 등 강변에 앉아 눈앞을 지나가는 온갖 배들을 보고 있자니 자연스레 내 생각도 배 쪽으로 기운다. 나는 항해를 할 줄 모르고 선박 운전면허도 없다. 그러나 내 인생에선 내가 선주이자 항해사다. 키를 잡고 해류를 읽고 바람을 느낀다. 그 배가 어떤 배든 상관없다. 다만 선택해야 한다면 나는 고급 요트나 선원들을 호령해야 하는 대형 선박보다는 혼자 항해할 수 있는 작은 배를 택할 것이다. 실제로 대기업의 안정된 일자리 대신 독립을 택한 것도 이런 성향이 작용했다.

둘 중 어떤 선택이 객관적으로 더 높은 사회적 지위를 추구하는 데 유리한지는 경우에 따라 다르다. 그러나 확실한 한 가지는 어떤 형식으로든 리더가 되면 그 분야에서 더 높은 지위를 획득할 수 있다는 사실이다. 단체의 수장 혹은 오피니언 리더, 임원이나 이사, 1인기업 사장은 책임을 진 만큼 금전적 이득과 명예를 얻는다. 또한 행동반경과 시야가 넓어지고 자존감도 올라간다.

지위를 상속받은 금수저들에게는 이런 맥락을 굳이 설명할 필요가 없다. 그들에게 리더십은 고등학교를 졸업하면 대학에 가는 것만큼이나 자연스러운 삶의 요소다. 하지만 도약자들은 오랫동안 리더가 될 엄두를 내지 못한다. 일단 성장을 한 다음에 그 자리에 필요한 모든 조건, 즉 실력과 아비투스, 선견지명, 권위 등을 갖춘 후에야 비로소 리더가 될 수 있다고 생각한다. 일리가 있지만 현명한 생각은 아니다.

높은 곳에 오르면 더 멀리 보인다

최근에 본 축구 경기에서 당신에게 가장 깊은 인상을 남긴 선수는 누구인가? 전후반 90분 동안 제일 열심히 뛴 선수인가, 우아하게 패스를 넘긴 선수인가, 아니면 벤치에 앉아 선수들을 독려한 감독인가? 그것도 아니면 결승 골을 넣은 슈터인가? 환상적인 슈팅이든, 엉겁결에 들어간 슛이든 결국 팬들의 기억 속에 남는 것은 골잡이의 이름이다. 이런 현상은 다른 곳에서도 마찬가지다. 학교에서 교장 선생님은 개인적으로 아는 학생이 별로 없지만 학생회장 이름은 확실히 안다. 시간이 꽤 흘러도 CEO나 프로젝트 책임자, 창업자, 발명가, 주인공, 톱 인플루언서, 세계 선수권대회 우승컵에 이름을 새긴 프로 골프 선수의 이름은 기억이 나는 법이다.

우리의 시선은 일단 두드러지는 사람에게 스포트라이트를 비춘다. 한 번이라도 정상에 선 적이 있거나 일인자 자리를 계속 유지하는 사람, 다수를 대변하는 사람, 주도권을 쥔 사람, 반드시 성과를 내야 하는 사업의 책임자로 호명된 사람, 전무후무한 시도를 감행한 사람, 미디어를 통해 자기 목소리를 내는 사람, 자기 분야를 이끄는 사람, 최초의 성과를 낸 사람이 주목을 받는다. 물론 골은 못 넣었지만 그와 맞먹을 만큼 혹은 그 이상의 기여를 한 선수들이 있다. 그러나 그들이 MVP로 꼽히는 경우는 매우 드물다.

"성공은 항상 사회적 위계에서 꼭대기에 앉은 자들에게 돌아간다. 그들이 어디서 출발했는지는 중요하지 않다." 기업가이자 정치 컨설턴트인 에리크 플뤼게Erik Flügge는 이렇게 쓴 트위터 게시물에 '노동 계층의 자녀'라는 해시태그를 붙였다.[1] 이게 현실이다. 성과가 지위의 필요충분조건은 아니며 리더십이 도약의 필요충분조건도, 책임이 발전의 필요충분조건도 아니지만 밀접하게 연결된 것만은 분명하다. 당신이 공적으로든 사적으로든 앞장서는 자리를 택할 때마다 행동반경은 넓어지고 영향력은 강해지고 동료, 인맥, 플랫폼, 예산 등의 면에서 더 많은 자원을 확보할 것이다.

리더십은 CEO, 사장, 주인, 프로젝트 담당자, 회장, 부사장, 지점장, 공동 창업자, 부사장처럼 그럴듯한 직책으로 표현될 때가 많다. 그러나 분위기 메이커, 언어의 연금술사, 멘토들의 멘토, 다양성의 화신 등 비공식적으로 발휘되는 리더십에도 근사한 장식이 붙는다. 직함이나 학위, 미디어의 수식은 미사여구쯤으로 치부될 수도 있다. 하지만 절대 무의미하지 않은 상징적 자본이다. 때론 '라이온스 클럽 전 지부장'처럼 실질적 권한이 없는 직책도 그 사람을 돋보이게 하는 수단이 된다.

모든 직함에는 권위가 있으며 당신이 어떤 사람인지를 추정하는 단서가 된다. 직함은 당신이 맡은 업무와 책임, 그것을 수행하는 실력과 그로 인해 얻은 보수를 총체적으로 표현한다. 그리고 이는 일회성으로 그치지 않는다. 한 번이라도 중요한 직책이나 최정상의 지위에 올라 걸맞은 직함을 가졌던 사람은 이후 대단한 활약 없이도 존재감을 유지할 수 있다. 사람들은 상대를 판단할 때 드는 에너지를 아끼고자 타이틀과 직함에 보이지 않는 영향력을 부여한다. 명함에 적힌 직함을 보고 상대를 신뢰할지 말지 결정한다. 그래서 인상적인 직함이 있으면 낯선 곳에서도 대접을 받고 인정받을 수 있다.

당신에겐 어떤 타이틀이 있는가? 내 경우 다른 사람들보다 돋보이는 타이틀은 박사학위다. 박사가 되기 위해 몇 년은 힘든 과정을 견뎌야 했다. 덕분에 내게 있는 것 중 가장 중요한 자산을 획득할 수 있었다. 이름 앞에 붙은 알파벳 두 개와 마침표 하나(Dr.) 덕분에 가끔은 두드리지 않은 문이 저절로 열리곤 한다.

물론 더 대단한 특권과 평판을 부여하는 타이틀은 차고 넘친다. 당신의 경우에는 회사 임원 직함일 수도, 선구적인 업적일 수도, 자신만의 사업이나 고객과의 끈끈한 관계, 주요 수상 이력, 존경받는 명예직, 스포츠에서 얻은 성과, 발표 논문 목록, 업체가 받은 별점, 유튜브 채널의 구독자 수 혹은 인스타그램의 독보적인 팔로워 숫자일 수도 있다. 그 모든 것은 당신을 돋보이게 해주며 좀 더 큰 책임이 따르는 사업, 좀 더 내세울 만한 계약, 좀 더 높은 명예로 연결해줄 것이다.

일찍부터 리더가 되는 연습을 하라

'선두, 책임, 리더십.' 할아버지가 로펌 대표거나 엄마가 수시로 해외 출장을 가는 기업인이거나 아빠가 회사의 최연소 이사인 집안에서는 자녀가 이런 개념들을 자연스럽게 배운다. 당신은 리더십이란 단어를 들었을 때 머릿속에 무엇이 떠오르는가? 대리석 바닥이 반짝이는 사무실과 공무용 리무진, 핀스트라이프 정장과 신문의 경제면 등이 떠오르는가? 혹은 부모님이 안정된 직장을 얻으라고 독촉하지 않았다면 나도 차고에서 스타트업 창업을 시도했을 거라고, 그런데 우리 집엔 차고가 없다고 쓸쓸한 입맛을 다시고 있는가?

하지만 현실에서 리더십은 생각보다 사소한 데서 시작한다. 중학교 때 내 뒷자리에 앉았던 쿠르트는 우리 반 반장이었는데 30년 후에는 그 도시의 시장이 되었다. 어린 시절 마을에서 밴드를 꾸려서 리드보컬을 자청했던 슈테파니는 변호사이자 멘토링 플랫폼 '도약자들'의 설립자가 되었다. 내 매부인 피터는 열한 살에 스파이 영화와 슈퍼8 카메라에 매료되어 친구들과 형제자매들을 끈질기게 설득한 끝에 각본가와 배우, 카메라맨으로 섭외하고 자기가 감독을 맡아 액션 영화를 제작했다. 어른이 되어 그가 차린 회사는 전 세계 영화 제작자들에게 관련 기술 장비를 생산하고 대여하는 업체로 성장했다.

이런 사례들은 리더가 하늘에서 뚝 떨어지지 않는다고 말한다. 리더십은 사소한 책임에서 시작된다. 상위계층은 누구보다 이 사실을 잘 알고 있다. 리더십 연구자인 크리스타 M. 소리아Krista M. Soria는 숫자로 이 사실을 증명했다. 부모의 연간소득이 2만 달러(약 2,663만 원) 이하인 대학생들은 10만 달러(약 1억 3,314만 원) 이상인 동기들보다 학생회장이 되거나 스포츠팀에서 주장을 맡는 비율이 28퍼센트 더 낮았다. 부모의 연간소득이 2만~5만 달러(약 2,663만~6,657만 원)인 가정의 대학생들은 최상위계층 동기들보다 학생회 참여 비율이 17퍼센트 낮았다.

이는 엄청나진 않지만 중요한 차이다. 부유한 집안 출신의 대학생들은 학교에서 리더가 되어 더 많은 자신감을 얻고 사회에 진입할 때도 유리한 경력을 갖춘다. 상대적으로 덜 풍족한 학생들은 좋은 성적을 얻는 데 에너지를 집중한다. 성적이 좋아야 좋은 직장에 취직해 돈을 많이 벌 수 있기 때문이다. 하지만 그뿐만은 아니다. 지도자의 역할을 맡는 것에 대한 두려움과 사람을 대하는 방법, 예를 들면 낯선 사람과는 어떻게 말하고 악수하고 눈을 맞추는지에 관한 단순한 불안도 그들이 리더십을 멀리하는 까닭이었다.²

> 도약자들이 항상 같은 함정에 빠지는 건 다른 방법을 모르기 때문이다. 그들은 사회에 나간 후에도 리더가 되기보다는 전문 분야에서 성과를 올리는 게 최우선이라고 생각한다.

이런 착각 때문에 그들은 애초에 리더가 되는 길을 무심코 지나친다. 혹시 당신도 그런 경험이 있는가? 그러다 마침내 더 큰 업무를 맡을 준비가 됐다고 느꼈을 때는 이미 경험과 결단력, 섬세한 감각과 카리스마 면에서 다른 사람들에게 추월당한 후였을 것이다.

그들은 전문성보다 일단 사다리를 오르는 것을 우선한다. 독일의 구직 포털 잡콤(jobkomm.de)은 "리더십 포지션은 직원들이 회사에서 얻는 경력 중 가장 중요한 선택지"라고 말한다.³

만약 당신이 이미 원하는 자리에 올랐다면 내 조언에 귀 기울일 필요가 없다. 그러나 아직 아니라면 내 말을 들어주길 바란다. 리더에게 주어지는 존경과 명예를 과소평가하지 마라. 관리직이나 책임자로서의 직함은 허울뿐인 직급이 아니다. 이는 내가 받은 박사학위와 기능 면에서 다르지 않다. 그 타이틀이 당신을 군계일학으로 만들어줄 것이다.

처음부터
방향을 정하라

고양이를 데리고 동물병원에 가야 할 때 제일 중요한 일은 고양이를 붙잡아 이동장에 넣는 것이다. 이동장 문을 닫고 나면 이후 과정은 물 흐르듯 흘러간다. 물론 그 안에서 일어나는 난리법석을 모른 척해야 하지만 말이다.

리더가 되는 일도 마찬가지다. 마음을 먹고 첫발을 떼는 게 가장 어렵다. 지금 여기서 권력의 중추에 들어가거나 이사회에 선출되는 법을 논할 필요는 없을 것 같다. 당신이 그 고민을 했더라면 진즉에 그 자리에 올랐을 것이다. 당신에게 필요한 롤 모델이 누구인지도 당신이 제일 잘 알 것이다. 지금은 좀 더 기본적인 것에 집중해볼까 한다.

현실에서 리더가 될 자격을 얻으려면 어떻게 해야 할까? 가족 중에서 선례를 찾을 수 없음에도 불구하고 리더가 되고 싶다면, 그 의지를 표현하고 자격을 갖추기 위해 무엇부터 해야 할까? 나는 작은 일에서 시작하고, 기회를 잡고, 무엇보다 리더가 되겠다는 열정을 확실하게 표현하라고 제안하고 싶다.

가볍게 시작하라

처음부터 높은 자리를 탐낼 필요는 없다. 불확실한 가운데 결정하고, 갈등을 해소하고, 업무의 원활한 진행을 위해 체계를 조직하고, 흐름을 읽고, 목표를 정하고, 팀을 대표하고, 아이디어를 모으고, 큰 그림을 보고, 무엇보다 사람을 관리하는 것이다. 따라서 학생회, 조기축구회, 프로젝트팀, 자율 소방대 등 기회를 가리지 말고 사람 다루는 법을 연습하도록 하자.

경영 컨설턴트이자 베스트셀러 작가이며 테드^{TED} 강연자이기도 한 사이먼 시넥$^{Simon\ Sinek}$은 최고의 리더는 "그래야만 해서가 아니라 그러고 싶어서 따르는 사람"이라고 했다.⁴ 작고 사적인 모임에서 대표가 되는 것은 더 높고 큰 목표를 위한 워밍업이다. 이렇게 리더의 능력을 쌓아놓으면 당신이 결정권을 쥐었을 때 그 능력이 진가를 발휘할 것이다.

기회를 낚아채라

누구나 한 번쯤은 예상치 못한 기회를 얻을 때가 있다. 그 기회는 출산휴가를 간 선배의 대리직일 수도, 일회성 직업연수일 수도, 극소수만을 초대한 강연일 수도, 회사가 주력으로 추진하는 프로젝트의 팀장일 수도, 출판 계약된 학술서의 공저자일 수도 있다. 그것이 우리의 상상과 딱 맞아떨어지는 경우는 드물다. 우리가 주요 목표에만 시선을 두다 보면 그런 예외적 기회는 지나치기 십상이다.

기회를 붙잡지 않을 사유도 충분하다. 물론 매번 적절한 기회가 찾아오는 것도 아니고 모든 기회가 재미있어 보이는 것도 아니다. 예컨대 베를린에서 이제 막 집을 사서 인테리어 공사 중인 사람이 300킬로미터 떨어진 밤베르크에 있는 회사 CEO의 비서직 제안을 냉큼 받아들일 순 없다. 그러나 즉석에서 거절하기 전에 최소한 그 제안을 자세히 살펴보기라도 하라. 그 기회를 위해 무엇을 감수해야 할까? 그 정도는 앞으로도 수없이 받을 만한 제안인가? 혹시 일생일대의 기회를 단호하게 물리치는 건 아닐까?

위로 올라가는 길에서 책임이 늘어난다는 것은 가파른 지름길이란 뜻이다. 그러니 두려움과 무관심 때문에 우연을 성공으로 바꿀 기회를 놓치지 않도록 주의해야 한다. 무엇보다 거절은 호의를 갖고 기회를 제안한 사람을 당황하게 만든다. 그렇게 문이 한번 닫히면 정작 필요할 때 다른 문이 열리지 않을 수도 있다.

당신의 의지를 누구나 알 수 있도록 하라

교수인 내 남편은 졸업을 앞둔 제자들에게 자신이 군악대로 복무했던 일화를 들려주길 좋아한다. 당시엔 독일의 기본 병역이 지금처럼 자유 선택이 아니라 의무였다. 연방군 군악대로 선발되는 과정은 매우 치열했고 신입 병사들은 모두 일류 연주자였다. 처음으로 오케스트라 연주 연습을 위해 모인 그들은 자리를 정하지 못해 우물쭈물하며 서 있었다. 그때 바이올린을 든 병사 하나가 망설이지 않고 걸어들어와 악장 자리에 앉았다. 이후 12개월간 악장은 줄곧 그의 차지였고 그는 오케스트라 서열상 지휘자 바로 다음으로 대우받았다. 아무도 그의 권위를 의심하지 않았고 누구도 그 자리를 빼앗으려 덤비지 않았다.

이 얘기를 들은 당신은 "그 사람 참 당돌하군" 혹은 "사람이 어쩌면 그럴 수 있어" 혹은 "나는 그렇게 저돌적이지 못해"라고 말할지 모른다. 하지만 그래야 한다. 우두머리가 되고 싶으면 의지를 표현해야 한다. 당신이 준비되었고 책임을 맡고자 한다면 확실하게 신호를 보내는 것이 현명하다. 리더가 되겠다고 마음먹고 주위를 둘러보면 비어 있는 앞자리가 눈에 들어올 것이다.

리더가 보내는
언어·비언어적 신호

리더가 되는 간단한 비결을 알아보자. 미국의 학자 수잰 피터슨Suzanne Peterson, 로빈 에이브럼슨Robin Abramson, R. K. 스터맨더스R. K. Stutmandas는 직업적 맥락에서 사람들이 자기 지위를 드러내는 언어적·비언어적 신호를 확인하는 연구를 진행했다. 연구 결과 그 신호는 크게 자기주장과 매력이라는 두 개의 카테고리로 나뉘었고 둘 중 하나가 다른 것에 비해 우월하거나 열등하지 않았다. 리더십이 강한 사람으로 인식되려면 양쪽의 요소를 적절하게 섞어서 활용할 줄 알아야 한다.

자기주장 신호

자기주장 신호는 그 사람이 자신감과 자기 신뢰, 영향력이 강하다는 인상을 주는 동시에 거만하고 지배욕이 있는 것으로 보이게 한다. 등을 뒤로 젖힌 자세, 상대와 멀찌감치 거리두기, 굳은 표정, 말할 때 상대를 주시하기, 말 끊기, 급작스러운 화제 변경, 무신경함, 말을 오래 함, 부연 설명을 적게 함, 명료한 발음, 큰 말소리, '나'로 시작하는 화법 등이 전형적인 특징이다. 양해를 구하지 않고 덥석 자리에 앉거나, 누군가의 어깨를 치거나, 흥미로운 업무를 자기가 차지하는 행동은 순수한 형태의 자기주장 신호를 보내는 것으로 보면 된다.

매력 신호

매력 신호는 그 사람이 인간적이고 친근하며 비슷한 눈높이에 있다는 인상을 주는 동시에 불안하고 우유부단한 것처럼 보이게 한다. 어깨를 앞으로 숙인 자세, 상대에게 좀 더 가까이 다가가기, 다정한 표정, 들을 때 상대를 주시하기, 상대가 충분히 말하길 기다리기, 조심스러운 화제 변경, 섬세함, 말을 짧게 함, 부연 설명을 많이 함, 끝을 흐리는 발음, 작은 말소리, '우리'로 시작하는 화법 등이 전형적인 특징이다. 팀워크를 강조하거나, 다른 사람을 얼싸안거나, 자조적인 표현을 하는 행동은 날것 그대로의 매력 신호를 보내는 것이다.

대부분 사람이 이 두 가지 표지를 동시에 사용한다. 둘 중 무엇을 얼마나 더 많이 쓰는지 그 비율에 따라 스타일은 자기주장형, 약한 자기주장형, 혼합형, 약한 매력형, 매력형으로 나뉜다.

어쩌면 당신은 자기주장을 강하게 하는 사람이 리더에 가깝다고 생각했을지 모른다. 하지만 실제로는 그렇지 않다. 리더들은 스펙트럼의 중간지점에서 자기주장 신호와 매력 신호를 비슷한 비율로 발산한다. 그들은 각 상황에서 의도와 상대에 맞춰 자연스럽게 신호를 바꿔 적용한다. 자기가 어떤 리더로 인식되고 싶은지, 존경받는 행동가인지 성찰하는 사상가인지는 상관없다. 매력과 자기주장을 능숙하게 저글링할 줄 아는 사람은 말로 전문성을 드러내지 않으며 은근히 암시한다.

피터슨과 동료들은 연구의 결론에서 "위대한 리더십 스타일은 그 사람을 실제보다 더 유능해 보이도록 만든다"라고 했다. 반면 "나쁜 리더십 스타일은 검증된 전문가조차도 무능해 보이도록 만든다."[5]

그래서 피터슨과 연구진은 매력 신호와 자기주장 신호를 적절하게, 특히 상대와의 지위 차이를 고려해 구사하라고 권한다. 그러려면 무엇보다 먼저 분위기를 읽을 줄 알아야 한다. 상대로부터 어떤 지위 신호를 읽었는가? 그러면 그 결과값에 맞춰 당신의 태도를 낮추거나 높여야 한다. 기고만장한 대화 상대 앞에서는 평소 당신의 스타일보다 두 배 더 많은 자기주장 신호를 보내고, 자기주장이 강하지 않은 상대를 만나면 평소보다 자기주장을 한 단계 낮추는 게 좋다. 당신이 상대에게 얻고자 하는 것이 존경인지 공감인지에 따라서도 자기주장 신호와 매력 신호를 더하거나 줄이는 식으로 미묘하게 톤을 조절할 수 있다.

구하는 자가
얻는다

실제로 기업과 조직의 고위경영진 80퍼센트가 사회의 최상위계층 5퍼센트에서 나온다. 엘리트를 연구하는 미하엘 하르트만은 그들을 돋보이게 하는 것은 타고난 주체성이라고 말한다. "그들은 '나는 내가 이곳에 딱 맞는 사람이라는 것을 안다'라는 신호를 보내고 자신감 있게 처신한다. 다른 모든 것은 변수다. 가령 교양의 경우 상황에 따라 중요성이 줄어들기도 한다. 반면 주체성은 상수다. 모든 것의 핵심이다."[6]

이처럼 주체성은 중요한 아비투스 중 하나이며 지위가 높아질수록 주체성의 중요도도 높아진다. 하지만 오늘날 주체성과 관련해 한 번쯤 고려해봐야 할 사안이 있다.

시대는 격변한다. 사람들이 더 이상 덩치 큰 경유차를 사지 않는 것처럼 높은 직책에 오르고 싶어 하는 사람들도 줄어들고 있다. 보스턴 컨설팅 그룹[BCG]은 임원 및 직원 5,000명을 대상으로 자신의 직업에 품은 야망이 무엇인지 물었다. 결과는 예상과 달랐다. 그들이 간절히 바라는 것들에 더 이상 중요 직책은 없었다. 독일의 근로자 중 향후 5~10년 사이에 임원직을 맡고 싶다고 말한 사람은 7퍼센트에 불과했다. 특히 27~41세 사이의 응답자들은 자기 회사를 창업하고 싶은 욕망은 있지만 남의 회사에 직원으로 일하면서 임원이 되는 데는 큰 흥미가 없다고 답했다.

이는 높은 수준의 교육을 받고, 언변에 능하고, 세계를 무대로 활약하는 밀레니얼 세대가 직업적 기여를 기피한다는 뜻이 아니다. 다만 그들은 승진과 출세만큼 가족과 건강, 자유와 여가를 중요하게 생각한다.

이 세대는 상황을 뒤엎을 만한 역사적 사건이 발생하지 않는 한 인류 역사상 가장 많은 상속을 받을 것으로 예상된다. 밀레니얼 세대의 40퍼센트가 상당한 유산을 기대하고 있다는 설문조사 결과도 있다. 이에 UBS 자산관리은행의 수석 이코노미스트 폴 도너번Paul Donovan은 "밀레니얼은 우리가 이제껏 경험한 세대 중 가장 부유한 세대라는 점을 잊지 말아야 한다"고 강조한다. "내가 죽으면 내가 모은 재산은 물론이고 내 부모님이 모은 재산 일부까지 조카에게 상속될 것이다."[7]

이런 행운이 당신의 현실은 아닐지도 모른다. 인생의 시작이 나쁠수록 무언가를 물려받을 기회는 드물고 물려받을 양도 적은 법이다. 그러나 이런 시대적 환경이 당신에게 기회가 될 수 있다. 리더가 되는 데 별 흥미가 없는 세태 속에서 당신의 야망이 돋보일 수 있기 때문이다. 앞으로는 중요한 직책이 지원자가 없어서 비어 있는 상황이 늘어날 것이다. 인구학적 변화도 염두에 두어야 한다. 현재 요직의 대부분을 차지하고 있는 베이비부머 세대가 은퇴를 맞이하고 있다.[8] 따라서 시대가 변해도 당신 앞의 신호등은 초록색이다. 당신이 리더가 되고자 노력한다면 그렇게 될 것이다.

당신은 리더 자질이
충분하다

영화 〈리플리The talented Mr. Riply〉를 본 적이 있는가? 소설도 유명하지만 나는 영화를 더 좋아한다. 사운드트랙이 환상적일 뿐 아니라 사회적 도약을 흥미로운 시선으로 고찰하는 영화다. 주인공 중 한 명인 미국 선박 재벌 허버트 그린리프는 평생을 다해 일군 사업을 두고 근심이 많다. 이탈리아에 있는 아들은 달콤한 인생을 즐기기만 할 뿐 회사를 물려받을 생각이 전혀 없기 때문이다. 그러는 와중에 그린리프는 우연히 알게 된 톰 리플리를 아들의 대학 동창이라고 믿게 된다.

맷 데이먼이 연기한 톰은 사실 명문대생이 아니라 생계를 위해 피아노를 치는 연주자였다. 호화로운 파티에서 그가 드러내는 어색한 태도는 그린리프의 여유로움과 확연히 구별된다. 그런데도 재벌은 자기 아들에게선 찾아볼 수 없는 야망을 톰에게서 발견하고 감탄한다. 그래서 톰에게 이탈리아에서 아들을 데려오면 큰돈을 주겠노라 약속한다. 그는 톰을 너무 믿은 나머지 미심쩍은 점이 있어도 무시해버렸다.

우리는 우리와 비슷한 사람들에게 감정적으로 끌린다. 그렇기에 어딘가의 지원자나 후보자가 된다면 결정권자들에게서 동질감을 얻어내는 것이 유리하다. 사람들의 동기는 생각보다 단순하다. 부유하고 성공한 사람들은 자신이 훌륭한 성과를 낸 엘리트라고 이해한다. 자기는 능력이 출중하고 아이디어가 좋아서 높은 지위에 오른 것이라고 여긴다. 그들의 이런 자기평가는 도약자들에게 유리하게 작용한다. 그들이 자기와 비슷한 출신에 도약하려고 애쓰는 사람들을 보면서 자신의 젊은 시절을 찾기 때문이다. 그래서 도약자들의 야망, 추진력, 강인함에 아낌없이 점수를 준다. 적어도 이 면에서 도약자들은 돈과 명성을 얻기 위해 몸부림친 적 없는 금수저들보다 우위에 있다.

당신이 이미 어느 정도 도약을 했다면 결코 외부의 강요나 조언, 지원으로 그 자리에 올라오지 않았다는 사실을 누구보다 잘 알 것이다. 당신이 더 많은 것을 이루도록 만드는 결정적인 자극은 타인이 아닌 당신 안에 있다.

도약자보다 편하게 산 사람들은 부모가 다져놓은 길을 따라 걸었을 뿐이다. 도약자와 비슷한 무게를 짊어진 사람들 중에는 상황 탓을 하는 이들도 있다. 하지만 도약자는 불평하지 않았고 길을 스스로 깔았고 운명을 자기 손으로 개척했으며 출생 때 얻지 못한 복을 삶으로 상쇄한다. 비록 열심히 사느라 몸에 고급스럽지 않은 냄새가 배었을지라도 삶을 주도하고 책임지는 도약자의 태도는 존경받아 마땅하다.

다음 할 일은 당신에게 주어진 기회와 신뢰, 도전에 감사하고 기꺼이 받아들이는 것이다. 내 경험상 가장 중요한 것은 뛰어오를 용기다. 일단 한번 뛰어들고 나면 다른 것들은 알아서 정리된다.

지금부터 당신이 해야 할 일

절대 바뀌지 않는 것들이 있다. 아무리 디지털 시대라도 출세를 하려면 책임을 져야 한다. 회사 위계에 속해 있든, 자기 회사를 경영하든 도약을 위한 지름길은 지도자가 되는 것이다. 아직까지 리더가 될 엄두를 내지 못했다면 지금이라도 그 자격을 갖추기 위한 노력을 시작하라. 전문성을 개발하는 데 들이는 시간만큼 리더십을 키우는 투자를 하라.

일단은 당신의 강점과 관심사가 어디에 있는지 분명히 파악하라. 자신이 팀장으로, 창업자로, 기업가로 어울리는지 점검하라. 롤 모델을 찾고, 경제지를 구독하고, 위대한 지도자들에 대한 전기를 읽고, 경영 분야 팟캐스트를 듣고, 소통 능력을 개발하고, 자신만의 경영 철학을 세우고, 리더십 양성 프로그램에 등록하라. 또한 리더의 품성을 갖추고, 오피니언 리더가 되기 위한 교양과 상식을 쌓고, 리더가 되겠다는 목표를 다른 사람에게 적극적으로 알려라.

그리고 정상에 선 다음에는 당신이 롤모델이 되어라. 리더십은 많은 사람이 당신 밑에서 일하게 만드는 게 아니다. 많은 사람과 협력해서 함께 목표를 이루는 것이 진정한 리더십이다.

열여덟 번째 힘

상류층의 내부자 코드

부자처럼 생각하고 가난하게 보여라

혹시 당신은 책임자가 필요할 때 제일 먼저 떠오르는 이름인가? 상공회의소에서 위원회를 구성할 때, 연말 간담회에 초대할 명부를 만들 때, 지역 행사를 앞두고 고문단을 꾸릴 때, 주 의회 의원들이 테니스 칠 상대를 구할 때, 학부모 대표가 필요할 때 사람들이 가장 먼저 당신 이름을 떠올렸던 적이 있는가? 그렇다면 당신은 자신의 존재 가치를 충분히 실감할 것이다. 하지만 가끔은 스스로가 영화에 잘못 캐스팅된 배우처럼 느껴질 때가 찾아온다. 그리고 그 느낌이 과대망상만은 아니다.

도약에 성공한 사람들은 낯선 무대에 서서 완전히 숙지하지 못한 대사를 읊어야 하는 상황을 수시로 맞닥뜨리곤 한다. 대개는 비상한 머리와 세심한 관찰력이 있기에 그럭저럭 상황을 해결한다. 문제는 원래부터 상위계층에 있었던 사람들이 어떤 기준으로 자기 계층 사람들을 알아보는지 그 기준을 파악하기 어렵다는 데 있다. 그래서 이 장에서는 상위계층에 자연스럽게 각인된 가치와 특징, 즉 내부자 코드에 대해 살펴보고자 한다.

상위층에서
가족이라는 의미

중산층에서 상위계층으로 올라갈수록 가족은 감정적인 공동체일 뿐 아니라 비즈니스 공동체일 경우가 많다. 대를 이어 가업을 물려받은 집안에는 특히 감정과 사업이라는 두 개의 모순적 가치가 뒤섞여 있다. 오스트리아 시인 아달베르트 슈티프터(Adalbert Stifter)의 표현을 빌리면 "가장 자연스럽고 견고하며 친밀한 조직"의 결정체다. 하지만 사회의 가장 감정적 단일체인 가족에 법적 용어인 '조직'을 붙이는 것이 오늘날 사고방식으로는 조금 어색하게 느껴질지 모르겠다.

만약 당신이 나처럼 전통적인 중산층에서 자랐다면 당신에게 가족은 사랑과 안정을 의미할 것이다. 어머니, 아버지, 자녀 1, 자녀 2와 주택담보대출, 용돈, 가계부로 이뤄진 공동체다. 이 가정에서 자녀는 감정적인 측면에서 소중한 존재다. 하지만 가계의 재산을 계승하거나 가족의 명예를 보장하는 대상으로서의 의미는 약하다. 반면 지역 유지나 사업가

가족, 병원이나 출판사를 가업으로 계승하는 집안에서 가족 간의 유대는 좀 더 조직에 가깝다. 그들에게 가족이란 개인을 초월하는 목적을 지닌 사람들의 장기적인 결합체다.[1] 관료사회나 문화계의 매력적인 몇몇 분야에서도 이런 조직적 특징이 보인다.

무형의 사랑과 물질적 이윤이 절묘하게 결합된 가정에서 자란 자녀들은 특혜를 누리고 극적인 사건에 휘말리는 데 익숙하다. 도약으로 상위계층에 도달한 사람들로서는 결코 알 수 없는 부분이다. 자영업자나 대졸 직장인의 자녀들도 결핍을 모르고 풍족하게 자란다. 하지만 상위계층에서는 중산층 혹은 그 이하 계층과는 다른 가치 기준이 적용된다는 사실까지는 깨닫지 못한다.

나 또한 결혼으로 남편의 가족들을 알기 전까지는 그 차이를 깨닫지 못했다. 시아버지는 직원이 30명 정도 되는 기계 제작 회사를 가업으로 물려받아 3대째 경영 중이었다. 가족들은 모일 때마다 회사의 명운을 논했고, 이제 막 사회생활을 시작한 젊은 가족 구성원들도 진지하게 대화에 참여했다. 나는 증조부와 조부 그리고 부모가 일군 사업에서 자부심을 느끼는 남편과 형제들에게 공감이 가지 않았다. 하물며 내가 보기에 그들은 부모님 사업에 아무런 기여도 하지 않았다. 그들과 달리 나는 고등학교를 졸업하면서부터 내 힘으로 일군 것과 부모님께 받은 것을 철저하게 구분하는 데 익숙했다.

높은 지위를 물려받은 후손일수록 선대의 재산과 인맥, 영향력과 역량을 자기 것으로 받아들이는 성향이 강하다는 사실을 깨달은 건 한참이 지나서다. 독일 최고 부자 명단을 본 사람이라면 재산은 세대를 거쳐 점점 공처럼 불어난다는 사실을 금방 이해할 수 있을 것이다.

부유한 집안에서 가족들이 단결하는 것은 그들의 마음이 따뜻해서만은 아니다. 끈끈한 관계는 지위의 계승과 재생산을 위해서도 중요하다.

그런 가정에서 구성원 개개인의 이익은 상속과 후계를 위해 뒷전으로 미뤄질 수도 있다. 가족들은 자신을 최고의 팀에 속한 일원으로 이해하고 팀의 영예를 곧 개인의 영예로 받아들인다. 부모가 걸어간 길을 따라가지 않는 자녀들도 부모를 내세우는 게 자기에게 유리하다면 적극적으로 자기 배경을 노출한다. 자기에게 내세울 만한 공이 없을 때는 가족의 이름을 앞세우면 확실히 좋은 평판을 누릴 수 있다. 나아가 파산, 스캔들, 지위 추락, 부의 상실 등 자기가 일으킨 문제를 자기 힘으로 덮을 수 없는 경우에도 가족의 이름 뒤에 숨으면 그 여파를 어느 정도 통제할 수 있다.

상위계층이 후손들의 유리한 출발을 위해 모든 수단을 동원하는 경향은 최근 들어 점차 강해지는 추세다. 옛날에 비하면 사회 전체의 보육 환경과 교육의 기회가 개선되었지만 부유한 사람들은 그보다 더 앞서 나간다. 이들의 자녀들은 국제학교에 다니며 방학이면 예술사 박물관에서 주최하는 특별 프로그램에 참여한다. 진로를 결정할 때가 되면 아이비리그 대학을 졸업한 아버지 친구에게서 입시에 필요한 추천서를 받는다. 학업을 마치고 직업을 찾을 때도 재계, 언론계, 정치계 등 원하는 분야에 쉽게 접근할 수 있다.

이런 전략은 벌써부터 성과를 보이고 있다. 경제학자 굴리엘모 바론Guglielmo Baron과 사우로 모체티Sauro Mocetti의 연구는 이 사실을 매우 인상적으로 증명했다. 그들은 1427년부터 피렌체에 거주한 인구의 이름과 지위를 분석해 시대별 부자 가족의 명단을 작성했다. 그리고 메디치 가문이 도시의 예술과 금융의 중심이었던 15세기부터 명단에 큰 변화가 없다는 사실을 확인했다.[2]

가족으로부터 지위를 상속받은 사람들과 달리 사회의 중산층과 그 이하 계층에서 도약하여 상류층에 편입된 사람들은 외로운 영웅이자 각개전투병으로 세상을 헤쳐나간다. 사회 곳곳에 인맥을 둔 부유한 가족의 후손과 달리 그들은 자기 힘으로 이름을 알려야 한다. 그들이 재능과 교육, 노력과 혁신으로 미지의 세계를 개척하는 데 성공한다고 해도 출신배경은 어찌할 도리가 없다. 성과를 내서 상위계층의 인정을 받은 다음에도 태생에 관한 질문을 피할 수 없다.

"여기서 처음 뵙는 분인 것 같은데, 어떻게 이곳에 초대받으셨는지 알 수 있을까요?" 시에서 주최한 신년 행사에서 누군가 내게 이렇게 물었다. 그녀의 말처럼 나는 그런 곳이 처음이었다. 이후로도 나는 자기 영역에서 신출내기를 발견한 상위계층 사람들이 계속해서 출신을 확인하는 행동에 새삼 놀라곤 했다. 그런 경험을 거듭하면서 나는 모호하게 웃어넘기거나 불쾌해하며 입을 다무는 것은 문제 해결에 아무런 도움이 되지 않는다는 것을 배웠다. 이럴 때 배경을 부풀려 말하는 것은 더 나쁘다. 적절한 반응법은 생각보다 단순하다. 질문을 기다리지 말고 선수를 치는 것이다. 가족 얘기가 나오면 자연스럽게 그리고 애정을 듬뿍 담아 당신의 가족과 개인사를 소개하라.

비밀이나 시시콜콜한 정보 혹은 심각한 고민을 털어놓을 필요는 없다. 듣고 가볍게 잊어버리기 좋은 일화들, 이를테면 크리스마스 휴가를 맞아 고향에 내려간 당신을 위해 아버지가 직접 감자샐러드를 요리해주었다거나, 언니가 출산을 앞두고 있어서 곧 이모가 될 예정이라거나, 어렸을 때 용돈을 벌기 위해 신문을 배달했다는 이야기 정도면 적당하다.

아니면 아예 출신을 당당하게 드러내고 홀가분해지는 것도 방법이다. 독일 여자 축구 국가대표팀 감독인 마르티나 보스-테클렌부르크^{Martina Voss-Tecklenburg}는 한 잡지 인터뷰에서 이렇게 말했다. "아버지는 공장에서 교대근무를 하는 노동자였고 부업으로 정원사 일을 했다. 어머니는 아이들을 키우면서 간간히 유치원을 청소해 돈을 벌었다. 우리 집은 모든 일이 체계적으로 이루어졌고 나와 형제자매들은 지켜야 할 규칙이 정해져 있었다. 하지만 가끔은 규칙이 깨질 때도 있었다."[3]

서술의 방식은 당신이 정하면 된다. 스스로 출신을 밝힌다면 다른 사람들도 당신을 그렇게 볼 것이다. 단, 근본이 없는 것처럼 보이는 것만은 피해야 한다. 상류 사회에서 가족은 상속과 통치를 의미한다. 말썽꾸러기나 돌연변이라고 해서 제외되진 않는다. 사실 가족이라는 단어는 권력과 군주를 뜻하는 단어와 같은 희랍어 어원에서 나왔다.[4]

'금수저'에 대한 편견

독일에서 태어난 어떤 여성이 부모로부터 적지 않은 유산을 받았고 베를린과 파리에서 대학을 졸업했으며 현재는 직장에서 20명 정도 되는 팀을 이끌고 있다고 가정해보자. 그녀의 큰아들은 영국 웨일스의 기숙학교에 다니고 작은딸은 발도르프(개인성의 자유로운 발전을 옹호하는 교육 신념을 지니는 교육의 한 형태-편집자) 유치원에 다닌다. 얼마 전부터 개인용 글라이더를 사고 싶어서 마음이 들썩이는 그녀는 스스로 그런 삶을 누릴 자격이 있다고 생각한다.

왜 아니겠는가? 그녀와 그녀의 남편은 성실하게, 최고의 역량을 발휘하며 일한다. 그들처럼 방향 선택을 잘하고 열심히 일한다면 누구나 그 정도 생활 수준에 이를 수 있다. 물론 '누구나'라는 말에는 어폐가 있을 수 있다. 누구나 그들처럼 상속을 받는 것은 아니니까. 그러면 상속을 제외한 부분만 생각하면 어떨까? 독일에선 누구나 공부할 수 있고 자기 능력을 개발할 수 있다. 꼭 유명한 대학에 갈 필요도 없다. 지방 전문대학만 나와도 취직하기에 충분한 조건을 갖출 수 있고 기술만 잘 배워도 넉넉하게 살 수 있는 세상 아닌가?

아니, 그렇게 간단한 세상이 아니다. 상위 몇 퍼센트는 분명 많은 성과를 거두고 때로는 위대한 일을 이룬다. 상위계층에 대한 편견처럼 상속받은 재산 위에서 호의호식하는 이는 극히 일부다. 다수는 부모의 성공을 이어나가거나 받은 것 위에 자기 성과를 추가한다. 연구에 따르면 그들은 오히려 일반 사람들보다 더 오래 일한다.[5] 그들은 일자리를 창출하고 그들의 야망과 혁신은 사회 발전에 기여한다.

하지만 아무리 그래도 그들의 성공이 태생적 여건에, 즉 그들의 부모가 특혜와 권력에 얼마나 가까이 있는지에 영향을 받는다는 사실을 뒤집을 수는 없다. 당신이 취직을 준비 중이라면 들어가고자 하는 회사의 인사 담당자와 당신의 어머니가 세미나에서 만나 명함을 교환한 적이 있는 것과, 어머니가 불 꺼진 그의 사무실 바닥을 닦는 것은 분명 다른 조건으로 작용할 것이다.

> 개인의 성공은 재능과 노력의 총합이 아니다. '인생의 우연한 요소'를 더해야 비로소 계산이 맞다.

하버드 대학교 교수인 마이클 샌델Michael Sandel은 우리의 이력에는 행운과 은총이 일정 부분 작용한다고 말한다.[6] 하지만 상위계층은 그런 요소를 묵살한다. 그들은 사회가 철저하게 성과주의 원칙에 의해 작동한다고 믿는다. 많은 성과를 낸 사람이 많이 벌고, 능력이 뛰어나고 높은 수준의 자격을 갖춘 사람이 더 높은 사회적 지위를 차지한다고 말이다. 최정상에 선 사람들은 무시무시할 정도로 열심히 일하는 사람들에게 둘러싸여 생활하기 때문에 성과주의에 대한 그들의 믿음은 날마다 더 강해진다.

"오늘날 상류층에 속한다는 건 전혀 즐거운 일이 아니"라는 샌델의 말은 여러 가지 생각거리를 던져준다. 그는 "성공을 100퍼센트 개인적인 노력의 결과물이자 100퍼센트 사적인 업적 이외의 것으로 생각하지 못하기 때문에" 번아웃에 이르도록 혹독하게 자신을 몰아붙이는 사람들이 늘고 있다고 진단한다.[7]

이렇게 성과주의에 대한 환상을 뒤흔드는 시도는 통쾌한 일이다. 하지만 '당신들이 믿는 지위 구조는 조작된 것'이라고 폭로하려면 최상위층의 심기를 거스를 각오를 해야만 한다. 혹 그들에게 접근하는 것을 넘어 그들 중 하나가 되고 싶다면 그런 생각은 입 밖으로 내지 않는 편이 낫다. 부모로부터 지위를 물려받은 그들과 모든 것을 스스로 이뤄낸 당신은 분명 다르다. 지당한 말이다. 그러나 그 말에는 가시가 있다. 상대에 따라서는 당신이 자기만 이를 악물고 열심히 산 것처럼 생각하는 독불장군이라고 오해할 수도 있다.

그렇다면 성과와 노력을 꼭꼭 숨기는 게 옳은 처신일까? 그렇지는 않다. 당신의 배경과 목표, 교육 경험과 이력, 당신이 은혜를 입은 사람 등에 관해서라면 얼마든지 이야기해도 좋다. 그저 "나는 받은 게 하나도 없어"라는 식의 완강하고 원망하는 말만 삼가면 된다. 얼마나 높은 지위에 있든 그들도 자신의 사회적 지위가 노력과 능력의 결과로 보이길 바란다는 점에서는 당신과 다르지 않다. 하물며 성공이 부모로부터 물려받은 불공평한 혜택의 산물로 보이길 바라는 사람은 아무도 없다.

책임과
기업가정신

책임을 지고, 의견을 모으고, 모범이 되어라. 기업가와 학자 집단에서는 직장에서든 명예직이든 리더십을 발휘하는 것이 당연하게 여겨진다. 그 결과 자신을 리더로 확신하는 자아상이 세워지고 그 개념은 대를 이어 상속된다. 예를 들어 마누엘은 엄마가 갑자기 짜증을 부릴 때면 회사에서 상사가 엄마의 근무 일정을 마음대로 변경했기 때문일 거라고 짐작한다. 반면 막스는 엄마가 일정을 관리하는 상사라는 것을 안다. 막스의 엄마는 프로젝트를 주도하고 해결책을 찾고 자질구레한 일은 부하직원에게 맡긴다. 막스가 열이 나면 엄마는 재택근무로 전환해 화상으로 전략회의를 주관한다.

경영과 리더십 영역에서도 계층 간 격차가 발생한다. 상위계층 자녀들은 밥상머리에서부터 책임의 의미를 배운다. 부모들은 아이들이 무리 중에서 두각을 나타내고 리더십을 펼치도록 장려한다. 그래서 상류층 자제들은 학생회장이 되고 어린이 리더 심포지엄에 참가하고 축구부 주장이 되고 기후변화 대책을 촉구하는 시위단의 공동단장이 된다. 그런 경험을 통해 그들은 리더십과 의사결정 능력, 설득력 있는 소통 기술을 훈련하고 자신감 있게 책임과 권력을 행사하는 법을 배운다. 반면 일만 많이 하고 말은 적게 하는 부모 아래서 자란 아이들은 위계를 정하고 지시를 내리는 행위를 회의적으로 바라본다. 그들에게 경영인과 상사는 자기 잘난 것만 알고 다른 사람의 성과는 무시하는 사람들이다.

멘토링 플랫폼 '도약자들'의 설립자 슈테파니 마테스는 "어릴 때 식탁에서 부모님이 직장에서 있었던 일을 얘기하면 온 가족이 격분했던 기억이 여전히 생생하다"라고 말했다. "주로 부모님의 경험과 능력을 폄하하고 경멸하는 일부 의사들에 대한 험담이었다. 엄마는 야간 근무를 했고 아빠는 전일제로 일했다. 나는 부모님이 얼마나 열심히 일하는지 알았기에 화가 났다."

현재 독일 대기업의 경영 책임자이기도 한 그녀는 어린 시절의 기억이 자신의 업무 스타일에 영향을 미쳤다고 말한다. "나는 부모님으로부터 존중과 신의가 얼마나 중요한지를 배웠다. 또한 누군가가 나를 부당하게 대우할 때 혁명가처럼 들고 일어나야 한다는 것도."

분별과 절제

지금까지는 사회구조의 전체적인 풍경에 대해 살펴봤다. 좀 더 세부적으로 들어가면 여전히 밝혀지지 않은 부분들이 많다. 상위 0.1퍼센트에 해당하는 초상류층에 관해서는 사회학자와 부자 연구자들도 그저 가설을 세울 뿐이다. 그들이 사회의 맨 꼭대기에 만든 세상은 일반인들의 눈에 보이지 않는다. 그 방어벽을 뚫고 들어가본 사람은 자기만의 결론을 도출할 수 있겠지만 그조차 완전한 진실이라고 할 순 없다.

물론 그런 세상이 있다는 것은 당신이나 나 같은 사람도 안다. 그들만의 세상과 호화로운 라이프스타일에는 전용기와 보석, 우리가 마시는 것보다 몇십 배는 더 비싼 와인, 개인 벙커, 인피니티 풀에서 펼쳐지는 가든파티, 값비싼 컨버터블 자동차의 전동루프를 장난삼아 여닫으며 천진하게 웃는 유쾌한 친구들이 있다. 부자들끼리 모인 곳에서 부는 요란하게 기념된다. 파티 주최자의 법률 고문이라도 되어 우연히 그 자리에 끼게 된다면 상위 10퍼센트와 2퍼센트 사이에는 엄청난 차이가 있음을 실감할 것이다.

하지만 대부분 부자들이 영화처럼 살진 않는다. 부자들을 소재로 삼은 다큐멘터리가 그리는 것처럼 지나치게 화려하게 사는 사람은 극소수다. 상위계층 대부분이 자신을 중산층이라고 믿기 때문이다. 내가 골프를 함께 치는 사람들 중 지역 유지 집안의 자제가 있는데 그녀도 그랬다. 그녀에겐 비용에 대한 고민 없이 포르쉐 SUV를 살 수 있는 정도의 재산이 있었다. 내가 애플워치를 산다고 해도 그보다는 더 많은 고민이 필요할 것이다.

당연히 그녀는 내 경제적 형편이 자기만큼 좋지 않다는 사실을 잘 알고 있다. 하지만 나는 그녀가 그 차이의 규모를 실감한다고는 생각지 않는다. 표면적으로 봤을 때 우리의 생활 방식은 크게 다르지 않기 때문이다. 뙤약볕 아래서 골프를 치고 나면 원래 헤어스타일이 어떻든 간에 후줄근해지는 것은 매한가지고 흰색 폴로 셔츠는 흰색 폴로 셔츠일 뿐이다. 만날 때마다 우리는 새로 개장한 전시회와 휴가로 다녀온 프로방스 동네들과 캡슐커피머신의 장점에 대해 즐겁게 대화를 나눈다.

교양 있는 부자는 과시하지 않는다. 겉모습만으로는 얼마나 부자인지 알아채기 힘들다. 그들은 위압적으로 굴지 않고 까다로운 요구나 무절제한 행동을 하지 않는다. 겉멋을 부리지 않고 외모를 완벽하게 꾸미려고 애쓰지도 않는다. 중산층과 큰 차이가 나지 않는다. 라나 델 레이[Lana Del Rey]가 그녀의 노래 〈올드 머니[Old Money]〉에서 읊조린 "캐시미어, 향수, 뜨거운 햇살, 빨간 스포츠카, 노을, 와인" 중 스포츠카를 제외하면 우리 손에 닿지 못할 것도 없지 않은가. 모두 얼마간의 돈만 있으면 가질 수 있는 것들이다.

이는 런던 비즈니스 스쿨의 조사를 통해서도 확인할 수 있다. 일반적으로 가진 것을 과시하거나 자랑하는 사람들은 부자가 아니라 경제적으로 열등하고 사회적으로 소외되었다고 느끼는 사람들 중 현시욕이 높은 사람들이다.[8] 풍족한 사람들은 오히려 정반대의 사회적 신호를 택한다. 사회적 격차를 드러내는 행동을 의도적으로 하지 않는 것이다. 이런 행동은 가짜 겸손이라기보다는 자신을 더욱 효과적으로 드러내는 특별한 방식으로 보인다. 그 기저에는 '나는 타인의 판단에서 자유롭기에 그 누구에게도 좋은 인상을 줄 필요가 없다'는 메시지가 은은하게 흐른다. 그래서 그들은 명품 로고가 선명하게 박힌 스카프를 두르지 않고 직업이나 직급에 대해 언급하지 않으며 경력이나 학술 업적을 자랑하지 않는다. 자기 회사의 직원 수나 성공 비결, 겸임 중인 명예직, 즐겨 찾는 레스토랑이나 친하게 지내는 유명인, 금고에 쌓인 골드바에 대해선 입도 떼지 않는다.

그러니 그들처럼 부를 과시하지 않는 것이 현명하다.

자고로 로마에 가면 로마법을 따르라고 했다. 낯선 환경에선 그곳의 관례를 따르는 게 최고라는 뜻이다. 그러니 당신이 할 일은 새로 소속된 곳의 분위기를 즐거이 받아들이는 것뿐이다. 느긋하게 행동하고 미소로 관심을 표현하고 기분 좋게 지내면 된다. 그러려면 허세를 부리거나 자기 이름을 알리려고 애쓰거나 거만하게 굴 필요가 없다. "부자처럼 생각하고 가난하게 보여라"라는 앤디 워홀의 명언을 기억하라.

지금부터 당신이 해야 할 일

어느새 때가 되었고 당신은 다음 리그에 진출했다. 어쩌면 대학의 조교수가 되었을 수도, 기업의 임원이나 번창하는 회사의 사장님이 되었을 수도 있다. 하지만 어쩐지 찜찜하다. 이렇게 성공을 거두면 기분이 좋을 줄 알았는데 말이다. 당신의 느낌은 옳다. 거기엔 이유가 있다.

당신은 지금까지 적용해왔던 성공의 패턴이 더 이상 통하지 않는 지점에 이르렀다. 이제 당신이 속한 리그에선 노력과 성취, 적극적인 자기표현이 어울리지 않는다. "내가 밀어붙이지 않았더라면 우리 회사는 아직도 학계와 연을 맺지 못했을 거야"라고 성과를 내세우는 것은 명실상부한 성공을 이뤄 굳이 표현하지 않아도 되는 상위계층에겐 걸맞지 않다.

이 새로운 환경에서는 혼자서 돋보이기보다는 전체가 긍정적으로 드러나는 것이 중요하다. 그러니 전략적으로 새로운 화법을 연습할 필요가 있다. "나는 …이 존경스럽다" 혹은 "나는 …에 대해 고민하고 있다" 같은 말로 대화를 시작해보라. "이제 우리 회사는 학계와 협력해 더 큰 기회를 얻을 것 같습니다. 당신 회사는 산학협력을 어떤 방식으로 추진하고 있습니까?" 차이가 보이는가? 몇 가지 기술을 익히고 신중하게 단어를 선택하는 연습을 하면 당신의 말에서도 상위계층의 가치관이 드러날 것이다.

열아홉 번째 힘

비교에 얽매이지 않는 여유

무엇보다 옆 사람을 밀치진 말라

두어 해 전 나는 난생처음 알프스의 독일 쪽 자락인 요흐베르크산에 올라봤다. 등산 경험이 많은 사람에게 해발 1,565미터 정상은 그리 큰 도전이 아닐지 모르나 막바지의 가파른 암벽 구간이 내겐 무척 버거웠기에 정상에 도달한 순간 뿌듯함이 밀려왔다. 마침내 꼭대기에 올라섰을 때 눈앞에 산맥이 호수를 감싼 절경이 펼쳐졌다. 잠시 넋을 잃었다. 그리고 정신을 차렸을 때는 이미 기념 촬영을 하고 도시락을 먹고 일광욕을 하는 사람들이 명당을 차지하고 난 후였다. 그들은 하나같이 바빠 보였고 다른 사람을 위해 자리를 양보할 여유는 없는 것처럼 보였다. 나는 실망감을 안고 앉을 곳을 찾아 능선 아래로 내려와야 했다.

어디서 왔든, 얼마나 높이 올라왔든 간에 정상에 올랐다면 일단 목표를 이룬 것이다. 이제는 새로운 사람들 사이에 끼는 일만 남았다. 그런데 무리 중 하나라는 느낌, 즉 소속감은 자판기처럼 버튼을 눌러 얻을 수 있는 게 아니다. 정상에 올라 새로운 지위를 얻고 막중한 책임을 지는데도 소속감은 자동으로 따라오지 않는다. 아마 그에 따른 스트레스를 해결하는 일이 마지막 시험일 것이다. 사람에 따라 새로운 무리에 끼는 게 유독 힘들 수도 있다. 어쨌든 요흐베르크에서는 일이 수월하게 풀렸다. 하산하던 그룹 중 하나가 "이리로 올라오세요"라며 자리를 비켜주었기 때문이다. "여기 앉아 햇볕을 쬐면 끝내줘요."

가파른 도약부터
정상 정복의 기쁨까지

마치 귀신에 홀린 것만 같다. 목표했던 곳에 도착하고 모든 일을 해내자 처음엔 구름 위를 떠다니는 것 같았는데 어느 순간 기름통에 빠진 듯 허우적대고 있다. 남편을 위해 선거 유세를 다니던 미셸 오바마에게도 그런 순간이 찾아왔다. 그녀는 미디어 훈련을 따로 받지 않았음에도 유창하고 열정적인 연설로 사람들의 마음을 사로잡았다. 하지만 얼마 지나지 않아 분위기가 이상하게 흘러갔다. 그녀의 연설을 10초짜리로 요약한 편집본이 온라인상에 돌아다니기 시작했다. "나는 성인이 되고 처음으로 조국이 정말 자랑스럽습니다."

대통령 후보의 아내가 이전에는 나라를 부끄러워했다고 오해를 살 수 있는 발언이었다. 상황을 파악한 그녀는 일보 후퇴를 선택했다. 선거 전략가들과 함께 연설하는 장면을 되돌려봤다. 그리고 연설의 효과를 높이기 위해 강렬한 어법을 사용하는 대신 더 많이 웃는 연습을 했다. 연설의 주제에 돌진하기보다는 에둘러 말하는 방법을 익혔다. 놀랍게도 이런 변화는 그녀의 이미지뿐 아니라 정신건강에도 유익하게 작용했다. "어느새 마음이 다시 편해졌다."[1]

편안함은 이 장의 중요한 키워드다. 당신은 산꼭대기까지 죽을힘을 다해 올라왔다. 많은 성과를 내고, 길이 없는 황무지를 개척하고, 끝까지 버티면서 계속 나아가는 태도는 당신이 도약하는 데 큰 도움이 되었을 것이다. 하지만 원했던 높이에 도달한 후에는 행동 방식을 바꿔야 한다. 새롭게 펼쳐진 인생 구간에서는 예전과는 정반대의 행동 방식이 요구된다. 우아하고 편안하게, 심각하면 안 된다. 컨디션과 집중력, 조정 능력은 여전히 높은 수준으로 유지해야 한다. 다만 이제는 안달복달하며 애쓰는 모습이 겉으로 드러나면 안 된다. 마지막 정상 구간에서 당신이 취해야 할 태도는 이런 것들이다.

> 여유 부리기, 속도 늦추기, 조금 느슨하게 풀어지기, 무엇보다 옆 사람을 밀치지 않기.

이미 그곳에 있는 사람이 당신을 밀어낼 이유는 없다. 그러나 당신이 비행기 옆자리에 아무도 앉지 않길 은근히 바라는 것처럼 그들도 굳이 당신을 바라진 않는다. 물론 사람이 오면 자리에 앉을 수 있도록 통로를 비켜주겠지만 쾌적한 여행을 위해 옆자리 주인이 나타나지 않길 바라는 마음은 똑같다. 이제 막 새로운 계층에 도착한 당신이 옆 사람의 그런 낌새를 놓칠 리 없다. 나도 마찬가지였다.

도약자들에게 쏟아지는 질투

솔직하게 말해보자. 정상에 앉을 수 있는 인원은 한정적이다. 누군가 새로 올라오면 기존 구조가 바뀌어야 한다. 따라서 원래부터 그곳에 있던 사람들로선 새로운 도약자가 자기 기준에 맞는 인물인지 아닌지 따지지 않을 수 없다. 사회학 연구들은 그런 경향이 상위로 올라갈수록 더 강해진다고 말한다. 그리고 기존의 사람들을 선호하는 '내집단 편향'이 가장 강하게 나타나는 곳은 사회의 정상부다.[2] 새로 올라온 사람이 그룹에 끼면 잃을 것이 가장 많은 집단이기 때문이다. 수준이 낮아질 수 있고 위계상 자기 자리가 흔들릴 수 있으며, 주목이 분산될 수도 있고 내부적으로 주고받던 정보나 외부에선 파악하기 어려운 인맥이 노출될 수도 있다. 도약자에 대한 긍정적인 표현을 찾아보기 힘든 것도 어쩌면 이런 최상류층의 확고한 지위 의식 때문이 아닐까 짐작해본다.

그러나 사회학이나 심리학에서는 정확한 답을 찾지 못했다. 그래서 나는 이번에도 문학에서 통찰을 얻었다. 영국의 작가 제인 오스틴$^{Jane\ Austine}$이 1815년에 발표한 소설 《엠마^{Emma}》의 주인공 엠마 우드하우스는 영국의 작은 마을인 하이버리에서 아버지와 함께 사는 미혼 여성이다. 작가가 자기 외에는 아무도 좋아하지 않을 것 같은 인물이라고 말한 적이 있는 엠마는 하트필드 경내와 성을 물려받을 상속녀로 마을의 유력가 젊은이들을 맺어주는 중매쟁이를 자처한다.

상속녀의 전형인 그녀는 세계문학 등장인물 중 가장 열정적인 도약자 캐릭터인 오거스타 엘튼을 맞닥뜨리게 되는데, 그때 그녀가 보인 반응이 나는 무척 인상 깊었다. 오거스타는 하이버리에 새로 부임한 목사의 아내로, 대대로 물려받은 유산은 없지만 소유 재산이 꽤 많은지라 자신이 엠마와 동등한 지위를 누리기에 충분하다고 생각한다. 그래서 등장과 동시에 과장된 톤으로 하트필드를 칭찬하면서도 부자인 언니를 들먹이며 자기 지위를 드러낸다. "제 형부와 언니는 이곳에 푹 빠질 거예요. 넓은 정원을 가진 사람들은 똑같은 양식으로 가꾼 정원을 보면 즐거워하는 법이잖아요." 하지만 엠마는 오거스타의 허세에 역겨워하며 가차 없는 혹평을 내린다. "이 작고 뻔뻔한 넝쿨식물은 무엇인가."[3]

소설의 무대는 과거다. 하지만 소설 속에서 관찰되는 사회적 역동, 즉 성공한 두 인물이 하나의 꼭대기를 두고 엎치락뒤치락하는 모습은 우리 모두에게 익숙하다. 한 인물은 날 때부터 당연하게 지위를 누려왔고 곁에 다른 누군가를 들일 마음이 없다. 또 다른 인물은 상위계층에 들어가 소속감을 얻길 바라는 도약자로 상위 집단에 끼고자 하는 사람이라면 누구나 느낄 법한 감정에 휘말린다. 그리고 자기를 지켜보는 시선을 너무 의식한 나머지 과시로 자기를 방어하려 든다.

프리드리히 니체 Friedrich Nietzsche 는 사람들이 더 많이 가지고 더 높은 곳에 올라갈수록 시기심이 많아져서 자기 지위를 지키려 한다고 말했다. 그는 태어날 때 주어진 것보다 더 많은 것을 이루고 성장하는 사람들에 대한 상위계층의 시기심을 '신들의 질투'라고 불렀다. "사회적 계급 질서 안에서 이런 질투심은 모든 사람이 자기 신분을 넘어서는 업적을 세우지 말 것과 그가 누리는 행운이 신분에 맞을 것, 즉 그의 자의식이 울타리를 넘어 성장하지 않을 것을 요구한다."[4]

특권을 덜 누리는 사람들로선 기이할 수도 있지만 원래부터 상위계층이자 기득권층인 사람들도 자기 지위를 염려한다. 그들은 남들이 자기 뒤를 너무 빠르게 쫓아오거나 너무 가까이 다가오는 것을 질투에 찬 시선으로 지켜본다. 물론 그들도 도약에 성공한 사람들의 실력과 재산을 무시하지는 못한다. 많은 것을 이루었기에 그 자리에 올 수 있었다는 것을 그들도 알기 때문에 신입들의 능력과 사회성에 주목한다.

하지만 이미 그 세상에 익숙한 엠마들은 이제 막 계단을 올라온 오거스타들이 촌스럽다고 생각한다. 오거스타들은 자기 지위에 정당성을 부여하느라 크고 작은 실수를 저지를 때가 많다. 그러니 그런 상황에서 좋은 인상을 남기고자 하는 사람에게 내가 할 수 있는 조언은 한 가지다. 마음에 여유를 가져라.

좋은 타이밍을 노려라

여러 명이 함께 탈 수 있는 정원용 그네를 떠올려보자. 거기에 탄 사람들은 그네를 앞뒤로 천천히 흔들면서 대화를 나누거나 상념에 잠기거나 다리를 쭉 뻗어 기지개를 켜는 중이다. 모두 편안하고 좋아 보인다. 당신도 그네를 함께 타고 싶다. 빈자리도 한둘 보인다. 어떻게 할까? 무작정 타겠다며 흔들리는 그네를 잡아서 멈출 순 없다. 그네에 탄 사람들 중 한 명이 당신을 위해 멈춰주길 기대할 수도 없다. 만약 당신의 마당에 그런 멋진 그네가 있다면 당신도 남들이 몰려와 앉도록 두지 않을 것이다. 그러니 남들이 타고 있는 그네에 당신이 탈 방법은 하나뿐이다. 흔들리는 리듬에 맞춰 올라타기에 좋은 타이밍을 노리는 것이다.

새로운 계층에 소속되는 것도 흔들리는 그네에 올라타는 것과 비슷하다. 물 흐르듯이 자연스럽게 그곳에 들어가 앉는 것이다. 최상위계층의 소속감에 관한 최고의 전문가로 꼽히는 도로테아 아시히[Dorothea Assig]와 도로시 에히터[Dorothee Echter]는 소속감을 "흐름에 사뿐 올라타서 함께 흔드는 것"이라고 정의한다. 그렇다. 사뿐 올라타서 함께 흔드는 것이다. 성큼 올라가서 자리를 뺏는 게 아니다. "소속은 형성 과정이기 때문이다. 복잡한 일은 아니지만 거기에 맞는 레퍼토리가 부족한 사람도 있다."

그들의 서투름에는 명백하고 치명적인 이유가 있다. "오랫동안 그들은 우월한 전문성과 정당성, 자기 증명으로 경력을 쌓았다. 그렇기에 그들은 멀리 가지만 끝까지 가진 못한다. 최고경영진, 주요 직책 그리고 멤버들이 서로 존중하고 본받고 지원하는 위대한 대화에는 끼지 못한다."[5] 달리 말하면 소속감은 경쟁이 아니라 함께 성공하는 분위기 안에서 만들어진다. 그런 분위기는 당신이 주변 사람들에게 편안한 기분을 선사할 때 만들어진다.

> 우리는 서로를 밀어내지 않는다. 우리는 함께 그네를 흔들어 더 많은 성공과 더 기발한 아이디어와 더 끈끈한 유대를 향해 올라간다.

당신이 이런 정서적 과정에 쉽게 편입되려면 편안하고 다정하게 소속감을 표현하는 연습이 필요하다. 연습이라니 거창하게 들리지만 따지고 보면 굳이 언급할 필요가 있을까 싶을 만큼 기본적인 것이다. 그러나 기본기가 쌓이면 엄청난 위력을 발휘한다.

소외를 유발하는 배척의 신호	연결을 유발하는 소속의 신호
자기와 관련된 주제로 이야기하는 편을 선호한다.	대화 상대의 관심사에 함께 흥미를 보인다.
자신의 성공을 앞세운다.	다른 사람의 성공을 칭찬한다.
반박, 평가, 자기 합리화	편견에 사로잡히지 않음, 경청하고 되묻기, 숙고하기

"내가 더 잘 알아."	"기꺼이 배우겠어."
선을 그을 땐 당차게 말한다. "제 말 끊지 마세요!"	선을 그을 땐 부드럽게 말한다. "하던 말만 마칠게요."
안 되는 것에 대해 말한다. "그 아이디어를 따랐다간 결국 우리는 망하고 말 거야."	목표와 연결해 말한다. "지금이 우리 모두에게 기회인 것 같아."
실수와 문제, 실패를 입증한다.	성공은 칭찬하고 실수는 넘어간다.
요구와 바람을 표현한다.	칭찬하고 감사를 표현한다.
관계에서 이익을 얻길 바란다.	쓸모를 계산하지 않고 풍성한 관계를 맺는다.
자기가 부여한 의미를 강조한다. "이제 내가 강조해온 기술적 주제가 논의될 시점이 왔다."	자기 성과에 대한 기쁨을 표현한다. "말할 수 없이 기쁘다. 이것이 내가 바라던 바다."

이 목록에 들어 있는 소속의 신호 중 지금까지 당신이 몰랐던 항목은 하나도 없었을 것이다. 당신은 이미 익숙한 환경에서 친구와 동료들에게 다양한 소속의 신호를 자연스럽게 발산하고 있었을지도 모른다. 다만 도약한 계층에서는 너무 알랑거리는 것처럼 보일까, 아니면 체신이 없어 보일까 하는 걱정이 편안하고 다정한 표현을 가로막았을 수도 있다. 소속의 신호를 보내기 위해서는 그런 불안부터 해소해야 한다. 겉으로 드러나는 지위는 높지만 내면으로 느끼는 지위가 낮을 때 사람들은 너무 성급하거나 주저하거나 뻣뻣하게 군다. 누구보다 당신이 잘 알고 있을 것이다. 그 문제는 자신감을 가져야 해결된다.

마지막 몇 미터를 남겨둔 도약의 단계에서 당신에게 필요한 것은 내면에서 우러난 진정한 자신감이다.

그런 자신감은 당신만의 것이다. 다른 사람이 선물하거나 빌려줄 수 없다. 타인의 관심과 인정을 받으면 기분이 좋지만 간절하지는 않은 상태가 되어야 비로소 자연스러운 상호작용이 가능하다. 그러나 도약자들 중 그런 자신감을 타고난 사람은 극소수다. 자기 힘으로 가파른 출셋길을 걸어왔음에도 불구하고, 새로운 환경에 압도되어 긴장하고 불안해한다.

거시사회학자인 하인츠 부데^{Heinz Bude} 교수는 크게 성공할수록 "자신의 서투름에 대한 큰 불안"이 따라온다고 설명한다.[6] 현대의 도약자들은 자기성찰과 교양이 충분한 상태이므로 행동이 거칠거나 허세가 심해서 남들의 비웃음을 살 일은 없다. 그런데도 그들은 사소한 데에서 미숙함이 드러나 사회적인 불이익을 당할까 봐 걱정한다. 이를테면 너무 크게 웃거나 수선을 떨어 눈총을 받을까 봐, 혹여 무식함이 드러나거나 얘기를 너무 길게 해서 품위를 떨어뜨릴까 봐, 심지어 도미구이를 이상하게 썰까 봐 불안해한다. 이제 그만하자. 정상에 올라서까지 비교에 연연하는 것은 꼭대기에 올라선 기쁨을 스스로 깔아뭉개는 짓이다.

문제는
감정이다

성공에 대한 확신은 돈으로 살 수 없다. 상담을 받는다고 생기는 것도 아니다. 하지만 도약을 이뤘다면 짐작과는 달리 당신의 내면에는 성공의 확신이 들어차 있을 것이다. 그러니 지금부터 설명하는 도구를 활용해 경쟁적이고 외부 요소에 휘둘리는 이미지와 이별하자. 그러려면 먼저 내면의 상태를 점검할 필요가 있다.

사회적 비교에 얽매이지 마라

처음엔 남들의 인생에서 긍정적인 자극을 얻을 수 있었다. 그러나 성공이 늘어날수록 그런 곁눈질은 성취한 것에 대한 기쁨을 갉아먹는다. 따라서 어떤 수준, 어떤 시점에서는 비교를 뛰어넘어야 한다. 비교할수록 당신은 만족보다 불만을 더 강하게 느낄 것이다. 그러니 지금 당장 비교의 회전목마에서 뛰어내려라. 멈추기 힘들다면 차라리 과거의 자신과 비교하라. 당신은 어디서 시작했는가? 지금은 어디에 있는가? 그 여정에서 당신은 무엇을 배웠는가? 어떤 능력과 도움, 경험이 결정적으로 작용했는가? 특별히 자랑스러운 점은 무엇인가? 특별히 감사할 만한 것은 무엇인가? 그 일이 없었더라면 당신은 지금 어떤 모습이었을까?

자기만의 기준을 세워라

당신이 어떤 수준과 지위에 오르든 당신보다 나은 사람은 반드시 있다. 당신보다 더 똑똑하게 말하고, 더 재치 있게 반응하고, 흥미로운 사람들을 더 많이 알고, 당신이 꿈꾸는 행복한 가정을 꾸린 사람이 분명 하나쯤은 있다. 그게 인생이다. 다른 사람이 당신을 어떻게 판단할까를 의식하면 마음속에 불안이 퍼진다. 당신만의 기준에 따라 살겠다고 마음먹을 때만 그 불안이 해소된다. 외부의 동기가 아니라 내부의 동기를 따를수록 내면이 안정되고 이는 행동으로 드러난다.

당신 고유의 위대함을 인식하라

최정상 집단에서는 성공한 사람과 매우 성공한 사람이 어깨를 나란히 한다. 누구 하나 자기 영역에서 최고가 아닌 사람이 없다. 그런 상황 속에서 서로를 대해야 하고 자기만의 자존감을 유지해야 한다. 그곳에 모인 사람 중 '개천에서 난 용'이 몇 명이고 '상위 1만 명'에 드는 사람이 몇 명인지는 아무 상관이 없다.

철학자 알랭 드 보통^{Alain de Botton}은 "지위에 대한 불안의 성숙한 해결책은 우리가 다양한 사람들로부터 지위를 인정받을 수 있다는 사실을 인식하는 데서 시작한다"라고 말한다. "산업가로부터 인정받을 수도, 보헤미안이나 가족이나 철학자로부터 인정받을 수도 있다."[7] 따라서 우리가 자문해야 할 것은 '그들이 가진 것 중 내게 없는 것은 무엇인가'가 아니라 '이 집단에서 나의 탁월한 점은 무엇인가'다. 나만의 고유한 위대함은 무엇인가? 여기에서 나만이 할 수 있는 일은 무엇인가?

인생의 충만함을 즐겨라

빠듯한 형편에서 자란 사람은 넉넉하게 즐기는 데서 오는 충만함을 한참 후에야 알게 된다. 언제 뒤처질지 모른다는 두려움이 너무 큰 나머지 이미 오래전에 팍팍한 형편을 벗어났는데도 미처 실감하지 못할 수도 있다. 하지만 이를 깨달을 방법이 있다. 자신과 다른 사람을 위해 무언가를 베푸는 것이다. 자기에게 기쁨을 선사할 때마다, 타인에게 친절을 베풀 때마다, 열정으로 대하고 인내할 때마다 우리의 뇌에는 '더 이상 제한할 필요가 없다'라는 메시지가 새겨진다.

당신은 다른 사람을 위해 시간을 내어주고 아름다운 것에 감탄하고 자선을 베풀 만큼 부유한 사람이다. 즐거움을 만끽하고 아낌없이 내주면 긴장이 사라진다. 다른 사람을 감동시키고 영감을 주고 그들로부터 감탄을 끌어내라. 미국 금융 전문가이자 TV 진행자인 수지 오만[Suze Orman]은 "당신이 누구인지 당신이 과소평가한다면 세상도 당신이 하는 일을 과소평가할 것"이라고 말한다. 반대로 당신이 자신의 충만함과 위대함을 깨닫는다면 다른 사람들도 그럴 것이다.

지금부터 당신이 해야 할 일

나는 비교분석을 좋아한다. 미국의 사회심리학자 셸리 게이블Shelly Gable의 연구를 특히 좋아하는 이유다. 이 연구에서 그녀는 사람들이 상호작용하는 방식을 네 가지 유형으로 구분한다. 수동적 파괴형과 능동적 파괴형, 수동적 건설형과 능동적 건설형이다. 다음 예시는 이 네 유형의 차이를 명확하게 보여준다.

청년 기업가 조찬 모임에서 온 참석자 한 명이 얼마 전 모터보트 운전면허를 땄다는 얘기를 자랑스레 말한다. 그 말을 들은 '수동적 파괴형'은 상대의 말을 발판 삼아 자연스럽게 자기 이야기로 넘어간다. 자기 딸도 잠시 보트를 운전한 적이 있는데 금세 그만두었으며 보트보다는 카이트 서핑이 훨씬 멋있다고 말이다. '능동적 파괴형'은 취미 삼아 보트를 모는 사람들이 강을 훼손한다고 불평한다. '수동적 건설형'은 입으로는 "정말 재미있겠네요"라고 말하면서도 지나가는 사람에게 손을 흔든다.

마지막으로 '능동적 건설형'은 그 일이 멋지다고 생각하고 면허를 따는 과정이 어떻게 진행되는지 알고 싶어 한다. 그리고 상대의 이야기에 진심으로 공감하고 함께 열광한다. 최상위계층 사람들이 수다를 떨 때 드러나는 특징이다. 그들의 대화는 가볍고, 매력적이며, 개방적이다.

게이블의 연구에 따르면 의사소통 스타일이 능동적 건설형인 사람은 어디서나 금방 호감을 산다. 그러니 누군가 화제를 띄우고 소속감을 표현할 때 당신이 보이는 반응을 체계적으로 검토해볼 가치가 있다. 당신은 네 가지 유형의 반응 중 무엇을 제일 빈번하게 사용하는가? 대화 상대의 리듬에 맞춰 함께 그네를 흔드는 편인가, 아니면 무의식적으로 태클을 걸어 상대를 불쾌하게 만드는가? 스타일에 변화를 주고 싶다면 시간이 날 때마다 예전 대화를 복기하면서 어떻게 말할 수 있을지 되짚어보자. 그리고 가능한 반응을 네 가지 유형으로 나눠 연습해본다면 많은 깨달음을 얻을 것이다. 그렇게 하다 보면 얼마 지나지 않아 당신은 분위기를 편안하게 만들 뿐 아니라 자신의 성공을 충분히 누릴 줄 아는 사람이 되어 있을 것이다.

스무 번째 힘

지위를 나타내는 신념
–
선을 행하고 고귀하게 추앙받아라

라이온스 클럽 회원들은 우크라이나 전쟁 난민을 돕기 위해 케이크를 굽는다. 영국의 윌리엄 왕세자는 런던 거리에서 노숙자의 자활을 돕는 잡지를 판매한다. 아웃도어 브랜드 파타고니아의 창업자 이본 쉬나드^{Yvon Chouinard}는 회사 지분을 모두 환경단체에 넘겼다. 마이크로소프트의 CEO 사티아 나델라^{Satya Nadella}는 트위터에 인종차별에 반대하고 장애인을 지지하는 글을 남겼다. 소프트웨어 회사 SAP의 공동창업자인 하소 플래트너^{Hasso Plattner}는 독일 포츠담에 바르베리니 박물관을 설립하고 자기가 소장한 인상주의 회화 작품들을 누구나 감상할 수 있도록 공개했다. 영화에서 70년에 가까운 세월 동안 여왕의 비밀 요원으로 활약 중인 제임스 본드는 선을 위하고 악을 물리치기 위해 싸운다.

최상위계층이 이런 모범을 보이는 이유는 그들이 더 나은 사람들이기 때문일까? 그렇지는 않다. 하지만 아예 그렇지 않은 것만도 아니다. 상위계층이 선행을 많이 하는 것은 계급에 따라 취향이 다르듯 도덕적 사안에 관한 생각도 다르기 때문이다. 상류층에게 '선'은 다른 차원의 문제이며 '악' 또한 그렇다.

모두가
성자는 아니다

우리가 일상에서 무심코 품는 계층에 대한 편견은 연구를 통해서도 확인할 수 있다. 계층이 다른 사람들은 서로에 대해 썩 좋은 인상을 갖고 있지 않다.[1] 직업을 수행할 때를 제외하면 사람들은 거의 자기 계층 사람들끼리 어울리고, 그 안에서 타 계층에 대한 편견을 차곡차곡 쌓아나가기 때문이다. 평균 소득자들은 부자들이 이기적이고 냉정하며 계산적이라고 생각한다. 2020년 보잉의 CEO가 회사의 막대한 적자를 발표하며 직원 3만 명을 해고하겠다고 예고해놓고는 자기 급여로 2,100만 달러를 챙겼다. 이 소식을 듣고도 부자들에게 좋은 인상을 품을 건설 노동자나 제조업 노동자가 있을까?

계층 스펙트럼의 반대편에 대한 편견도 만만치 않다. 부자들은 가난한 사람들이 능력과 의욕이 부족하고 의지가 박약하다고 생각한다. 일론 머스크는 직원들을 집에서 일하도록 두면 게으름만 피운다고 생각해서 재택근무를 강력히 반대한다.[2] 이런 부정적인 평가 배경에는 '내가 할 수 있다면 그들도 할 수 있어'라는 논리가 버티고 있다.[3] 능력 부족이 아니라면 내가 잘 해내는 일을 그들이 못 할 이유가 없지 않은가? 그들은 왜 휴가가 없으면 삶이 굴러가지 않는다고 아우성을 칠까? 가난한 사람들은 부자들이 운이 좋거나 더 나은 기회를 얻었을 뿐이라고 주장한다. 하지만 부자들은 그런 반론을 용납지 않으며 상황 또한 그렇게 단순하지는 않다.

형편이 가난하든 부유하든 혹은 중간쯤이든 할 것 없이 사람들은 대부분 인간적으로 올바르게 행동하고자 한다. 사회 계층을 막론하고 거의 모든 사람이 고결함을 알아보는 직감이 있다.

그러나 상위계층이 도덕적 규범과 가치를 적용하는 방식은 하위계층과 다르다.

우선 동기에서 차이가 난다. 부자와 권력자들은 생존의 문제가 없기에 항상 흥미가 우선이다. 가난한 사람들과 달리 그들은 남들의 마음에 들거나 심기를 거스르지 않으려 애쓰지 않으므로 불편한 기분이나 변덕을 고스란히 드러낼 때도 있다. 그들이 잡담 중에 지루한 기색을 보이거나 이웃의 주차구역에 레인지로버를 주차하거나 비서를 닦달하거나 누군가를 공격한다고 한들 무슨 문제가 있겠는가?

기준이 다른 것도 어느 정도 작용한다. 월급이 독일 연방 총리보다 많은 사람에겐 관용차에 마사지 시트를 장착하는 것이 대단한 사치로 여겨지지 않을 것이다. 사무실에서 다른 사람의 지시를 받는 사람에겐 재택근무의 자유가 꿀처럼 달게 느껴지는 것도 당연한 이치다. 비록 회사가 바라는 바는 아닐지라도 재택근무자는 첫 번째와 두 번째 화상회의 사이 막간을 이용해 강아지와 산책을 할 수도 있다.

우리는 모두 이런 행동이 성격적 결함으로 치부될 문제가 아니라는 데 동의한다. 우리가 무엇을 도덕적으로 정당하다고 느끼는지는 자신의 생활 형편에 따라 달라진다. 그러나 모든 계층에서 동일하게 적용되는 한 가지 특징은 우리의 도덕적 행동이 꼭 공익적 기준에 따라 규정되지는 않는다는 점이다. 사적인 필요도 도덕적 행동에 영향을 미칠 수 있다.

상위계층이
선행을 하는 이유

사회적 지위가 높을수록 자기 권리를 더 많이 주장할 수 있다. 정의롭지는 않지만 그것이 현실이다. 심지어 법 앞에서도 모두가 평등하지 않다. 부유하고 교육을 많이 받은 사람들은 법적 책임을 지는 일이 드물며, 그렇게 된다고 해도 노련한 변호사들에게 구원받을 확률이 크다.[4] 하지만 상위계층에서도 꼭대기에 해당하는 사람들은 대중들에게 그런 이미지로 비쳐지길 원하지 않는다. 오히려 훌륭한 사회의 구성원으로 존경받길 원한다. 그들이 자원봉사나 재단 설립, 기부를 통해 남들을 돕고 엄청난 존경을 받는 것을 당연하게 여기는 이유다.

그들의 집단에서 관대한 행동은 선택이 아니라 필수다. 지위가 높은 사람들은 자신의 부를 다른 사람과 공유해야 한다는 사회적 압력을 받는다. 그리고 그 압력은 아래에서 올라온 것이 아니라 자기와 같은 서열에서 나온 것이다. 매사추세츠 대학교에서 계층 격차를 연구하는 제니퍼 키시-게브하르트Jennifer Kish-Gebhart 는 "상류층 구성원들은 규정된 의무를 준수함으로써 자기 계급을 대표하는 합당한 일원으로 승인받는다"라고 말한다.[5]

나는 고객으로부터 상위계층이 자선을 얼마나 중요하게 여기는지에 대한 일화를 들은 적이 있다. 그녀는 최근 자신의 조직 내에서 꽤 높은 직급에 지원했고 선발 면접을 치르게 됐다. 처음에는 순조롭게 흘러가는 듯했다. 그런데 자원봉사를 하느냐는 질문에 그녀가 침묵을 지키면서 분위기가 바뀌었다. "공기가 차갑게 식었다. 면접관들은 마치 내가 노숙자 급식소를 위한 기부금을 모아본 적이 있어야 리서치 팀장이 될 자격이 있다고 생각하는 것 같았다."

물론 상위계층이 아니어도 자선을 훌륭하게 생각할 수 있고 의무로 여길 수도 있다. 그러나 최상위계층의 세계에서 자선이 갖는 의미는 다르다. 자선과 사회참여는 부자들이 자기와 비슷한 부류를 알아보는 기준이다. 혹시 당신이 어떤 이유에서든 공익에 기여하지 못하거나 기여하지 않으려 한다면 상위계층 사람들은 이런 신호로 받아들일 것이다. "저 사람은 상위 리그의 기본 규칙을 오해하거나 혹은 이해하지 못하고 있다."

사람들이 자원봉사를 하고 바자회를 열고 기부에 동참하는 것은 순전히 이타주의에서 나온 행동이 아닐 수 있다. 자신의 양심을 만족시키고 지역 사회에 좋은 인상을 남기는 데도 도움이 되니까 봉사도 하고 기부도 하는 것이다. 넉넉지 않은 형편에서 나고 자란 사람들이 주로 자선을 이렇게 바라본다. 사회비평가이자 시인인 마리 폰 에브너 에셴바흐Marie von Ebner Eshcenbach 역시 "가난한 사람들은 부자들의 관대함을 절대 미덕으로 여기지 않는다"라고 말한다. 이런 태도에서 벗어나지 못한 도약자들은 자기가 끼고 싶어 하는 리그에 잘못된 신호를 보내고 마침내 기회의 문이 열렸을 때조차 들어가질 못한다.

다행히도 내 고객은 뒤늦게나마 이 부분을 납득하고 시간을 쪼개어 양로원에서 무료 요가 수업을 개설했다. 이제 봉사는 그녀에게 중요한 부분이 되었고 그녀가 그저 남들에게 잘 보이기 위해 그 일을 하는 것만은 아니다. 승진에서 탈락한 지 1년 후 그녀는 내게 이렇게 말했다. "수업할 때마다 수강생들 머리 위로 새로운 해가 뜨는 것 같아요."

도덕이라는
딜레마

주제를 잠시 바꿔 사고실험을 해보자. 기차 한 량이 노동자 다섯 명이 서 있는 플랫폼을 향해 최고 속도로 돌진 중이다. 그대로 두면 다섯 명이 목숨을 잃을 판이다. 마침 당신은 선로 위에 있는 보행자용 다리를 건너던 중이라 기차가 달려오는 것을 목격하고 노동자들을 향해 소리를 지른다. 하지만 그들은 당신의 외침을 무시한다. 그때 당신 곁에 체중이 정말 많이 나가는 낯선 보행자가 보인다. 그를 밀어서 선로로 떨어뜨리면 거구가 기차를 막을 수 있을 것 같다. 이 상황에서 어떤 선택을 할 수 있을까? 당신은 한 사람을 희생시켜 다섯 사람을 구하는 편이 도덕적으로 정당하다고 생각하는가? 아니면 일어날 일은 일어나도록 두는 편이 더 도덕적인가?

정답은 없다. 하지만 토론토 대학교와 UC 버클리의 심리학자들은 둘 중 어느 선택을 선호하느냐에 사회적 지위가 작용한다는 사실을 밝혀냈다. 다양한 사회계층에 속한 남녀 300여 명을 대상으로 조사한 결과, 응답자의 3분의 2는 사건에 영향을 미치는 것을 거부했다. 반면 3분의 1은 무관한 사람 한 명을 희생시키는 것이 더 많은 사람을 살릴 수 있는 길이므로 옳은 행동이라고 생각했다. 그리고 이 3분의 1에는 상위계층에 속한 사람들이 정상 비율 이상으로 많았다.[6] 이에 학자들은 다음과 같이 결론을 내렸다.

사회적 지위가 높을수록 도덕적 결정에 공리주의적 고려가 더 강한 영향을 미친다.

'지금 이 상황에서 손해가 가장 적은 행동은 무엇이며 더 큰 이익을 가져오는 선택은 무엇인가?' 엘리트와 최상위계층은 이런 질문을 제기하고 필요에 따라 적절히 조치하는 것이 타당하다고 생각한다. 이에 비해 평범한 사람들은 더 보편적인 도덕적 가치를 지켜야 한다고 생각한다. 그들은 무고한 행인에게 연민을 느끼고 타인의 삶과 죽음을 자기가 결정하는 상황을 거부한다.

기차 딜레마는 극단적이다. 하지만 여기서 잊지 말아야 할 한 가지는 어떤 선택을 하든 결국 그 결정은 당신이 자신을 선량한 사람으로 여기게끔 한다는 사실이다. 하지만 반대 의견을 선택한 사람들도 자신들이 선한 쪽에 서 있다고 믿기는 매한가지다.

다음 표는 사람들이 자기의 도덕적 결정과 반대되는 결정에 대해 각각 어떻게 생각하는지를 보여준다.

	자기 선택에 대한 생각	반대 선택에 대한 생각
다섯 명을 구하기 위해 한 사람을 희생시키는 것은 정당하지 않다.	인간적이다. 다양한 측면을 고려한다. 선량하다.	외람되다. 비인간적이다. 야비하다.
다섯 명을 구하기 위해 한 사람을 희생시키는 것은 정당하다.	논리적이다. 책임감이 강하다. 목표지향적이다.	감상적이다. 비합리적이다. 유약하다.

선과 악, 옳고 그름의 문제를 두고도 사회계층에 따라 이렇게 아비투스가 다르다. 대중은 주로 각자의 운명에 따라 행동하고 최상위 계층은 더 큰 그림에 주목할 때가 많다. 두 기본자세 모두 존중받아야 마땅하다. 다만 가혹한 결정이 반드시 잘못된 것만은 아니며 과도한 연민은 최선의 선택이 아닐 수 있다.

우리는 도약 과정에서도 이를 배운다. 선량하고 품위 있는 삶을 살아가는 방식은 다양하다. 자신만의 도덕적 틀을 고집할 필요는 없다. 때론 다른 의견과 행동이 낯설어 보이더라도 그 이면에 숨은 합리성이나 선량한 의도를 알아보려고 노력해야 한다. 이런 연습을 통해 당신은 편협한 도덕관념을 넘어설 수 있으며 다른 가치 기준 또한 완전히 나쁘지만은 않다는 사실을 깨달을 수 있다. 나쁘기는커녕 오히려 그 반대다. 나와 다른 가치관을 이해하다 보면 우리의 공감 능력은 확장되고 우리의 사고는 더 넓고 깊어진다.

상위 1%가 꼽은
최고의 가치

권력 다툼, 치부, 갑질, 행패, 족벌주의, 탈세 그리고 스스로 특권층이라고 여기는 개별 인물들에 대해서는 일단 잊자. 그러지 않고서는 논의를 이어나가기가 어렵다. 미디어에서는 상위계층에 유독 약탈자와 착취자가 많은 것처럼 보인다. 하지만 실제로 그들이 그 계급을 대표한다고 결론지을 수는 없다. 최상위계층 중 대다수는 당신과 나와 다를 바 없다. 비록 성자는 아닐지라도 스스로와 타인 앞에 좋은 사람이 되고 싶어 하는 사람이다.

특권층의 심리를 연구해온 학자 테일러 필립스$^{Taylor\,Phillips}$는 그런 자아 개념은 인간 심리의 근본에 맞닿아 있다고 한다.[7] 바로 그런 이유로 상위계층이라고 해도 러시아의 신흥 재벌들처럼 행동하는 사람들은 극소수에 불과하다.

심지어 정반대인 경우가 더 많다. 필립스의 사회심리학 연구에 따르면 남들보다 유리한 지점에서 출발한 사람들은 그 덕분에 자리를 지키는 것은 사실이다. 하지만 그들의 행동과 태도를 보노라면 그들이 재능이나 품위 그리고 책임감 있고 절도 있는 생활 방식 덕분에 성공한 게 아닐까 생각될 정도다.

성과주의에 대한 확신은 상위계층의 기본 도덕에 반영되어 있고 그들은 책임과 자유, 실천과 확신을 원칙으로 삼는다.[8] 물론 이 가치들은 모든 사회계층에서 규준이 된다. 그러나 이 가치들을 가장 숭상하는 것은 상위계층이다. 그들은 평소에도 이 가치들을 많이 언급한다. 그러니 당신도 가치척도 최상단에 이 가치들을 놓는 게 당신에게 결코 해가 되지는 않을 것이다.

책임

제약회사 메르크^{Merck}의 대표이사인 벨렌 가리호$^{Belén\ Garijo}$는 하루 24시간 언제라도 연락 가능한 상태로 사는 것을 자신의 책임으로 여긴다.⁹ 독일의 축구팀 베르더 브레멘의 구단주는 1부 리그에서 강등된 것에 책임을 느낀다. 독일의 슈퍼 체인인 알디 노르트$^{Aldi\ Nord}$는 아예 '우리는 책임을 집니다'라는 슬로건을 걸었다.

이제 성공이 있는 곳이면 책임이란 단어가 상투어처럼 따라붙는다. 법적책임이나 책임 추궁은 그 일면에 불과하다. 책임은 전체를 조종하고 통제하며, 방향을 제시하고 아이디어를 실현하고 자기 자원을 활용해 사회적으로 영향을 미치는 것을 의미한다.

자유

상위계층은 자기 환경은 자기가 만든다고 생각한다. 그들은 타인의 일에 참견하거나 통제하거나 조종하려는 사람들을 싫어하고 개인의 자유를 존중하며 고유의 기준에 맞춰 자신만의 결정을 내리는 것을 중요하게 생각한다.

현대 자유 개념의 창시자 중 한 사람인 덴마크의 철학자 쇠렌 키에르케고르는 "인간에게 허용된 굉장함은 선택, 곧 자유"라고 말했다. 세상 만사를 자기 힘으로 처리할 수 있는 상위계층일수록 자유라는 특권에 더 큰 매력을 느끼는 것은 어쩌면 당연한 일이다.

실천

사회의 정상에 선 인물들은 자신의 추진력에 확신을 품고 건설적으로 행동하는 것이 의무라고 생각한다. 독일 외무부 장관인 아날레나 베어보크의 홈페이지에는 이런 태도를 반영한 글귀가 적혀 있다. "미래는 그냥 생기지 않는다. 미래는 만들어진다."[10]

이런 믿음으로 사람들은 일을 시작하고 구체적인 결과물을 만들고 해결책을 제시한다. 생각과 고민, 철학만으로는 충분하지 않다. 행동하고 영향력을 발휘하고 그 결과를 측정해야 한다. 상위계층의 이런 자아 개념은 논리적으로도 타당하다. 중산층 이하와 달리 그들에겐 어떻게든 일을 해결할 '윗사람'이 없기 때문이다.

확신

상황이 순조롭지 않을 때조차 좌절하거나 한탄하는 것은 용납되지 않는다. 불평, 하소연, 불리한 상황을 두고 누군가를 원망하는 것도 마찬가지다. 상위계층에서 부정적·비관적 사고는 과중한 부담을 떠안고 있거나 유약하다는 표현으로 간주된다. 물론 인생에 대한 낙관주의적 태도는 도약자들도 가질 수 있다. 의학자이자 경제학자인 케이 폰 푸르니에[Cay von Fournier]는 "이런 태도는 운명이 아니라 삶에서 내려야 할 결정"이라고 말한다. 하지만 사람의 본성에 따라 그런 태도를 지니는 것이 쉬울 수도, 어려울 수도 있다.[11]

호화로운 신념:
새로운 도덕

인터넷 쇼핑몰에서 운동화를 주문할 때 나는 0.25유로(약 372원)를 추가로 지불하고 이산화탄소 배출을 최대한 줄인 포장과 배송을 선택한다. 또한 동물복지를 위해 비건 버터를 먹는다. 여기에 상호명을 쓸 수는 없지만 내가 제일 좋아하는 카페에서 비건 버터를 바른 빵을 먹으며 조용히 나와 독대하는 시간은 더할 나위 없이 큰 기쁨이다.

나는 자연과 지속가능성, 차별하지 않는 언어를 중요하게 여긴다. 이를 위한 나의 작은 기여들이 큰 효과를 내지 못한다손 치더라도 누군가에게 해될 것은 없다. 동시에 그런 행동들이 내 위신을 높여준다는 사실을 잘 알고 있다. 나의 기여는 자기 생존에 급급해서 공동체를 돌보지 못하는 사람들과 나를 구분한다.

내 행동을 이기적이라고 할 순 없지만 그렇다고 이타적이라고 할 수도 없다. 남들에게 그런 행동이 알려지는 순간 나는 존경을 받기 때문이다. 글을 깨우치지 못하는 아이들을 위해 책을 읽어주는 자원봉사를 하거나 난민들에게 임시숙소를 제공하거나 루마니아에 구호물자를 운송하는 사람들에게도 같은 원리가 적용된다. 도움을 베푸는 사람은 누구나 무리에서 존경을 받는다.

미국의 심리학자 롭 헨더슨Rob Henderson은 동물의 모피를 입던 시절 상류층이 자기 몸을 감쌌던 털 망토처럼 오늘날 상류층을 감싸는 모든 가치를 '호화로운 신념luxury beliefs'이라고 부른다.

　호화로운 신념은 이미 많은 것을 가진 사람들에게 도덕적 우월함까지 부여한다. 물론 자원봉사와 구호 활동 그리고 100퍼센트 재활용 소재로 만들어진 운동화가 잘못됐다는 얘기가 아니다. 다만 그런 모범적인 행동이 좋은 성품과 무결함을 나타내는 신호로 작동한다는 사실을 인식할 필요는 있다. 롤렉스 시계나 해변의 별장처럼 도덕도 지위경쟁에서 활용되는 도구 중 하나다.

　"그들이 저급하게 나와도 우리는 품위 있게 가자." 미셸 오바마는 이 말 한마디로 도널드 트럼프와 거리를 두었다. 이 우아한 태도는 그녀가 도덕적 권위자로 부상하는 데 도움이 되었다. 물론 당신과 나의 영향력이 그녀에 비할 바는 못 될 것이다. 하지만 소셜 미디어가 발달하면서 우리는 그 어느 때보다 쉽게 도덕적 행동과 언어를 드러낼 수 있게 되었다. 철학자 플로리안 아이헬Florian Eichel은 그의 에세이에서 이 점을 짚었다. "소셜 미디어에 상주하는 사람들은 사진과 텍스트를 통해 정치적·도덕적, 미학적인 태도를 암호화되지 않은 상태로 주고받는다. 10대들의 방에 포스터가 걸리듯 온라인 계정엔 수집된 명언이 나열된다."[12]

　이렇게 밖으로 드러난 도덕성은 선한 영향을 미치고 그 사람의 지위를 높인다. 이 사실 때문에 양가감정이 생길 수도 있다. 선행과 지위 간의 연결 고리를 불편하게 느낀다면 이는 당신의 감각이 섬세하다는 뜻이다. 그러나 다른 한편에는 확고한 현실이 있다. 호화로운 신념과 경외심을 불러일으키는 고귀함이 없었다면 수많은 기부와 옳은 행동이 이뤄지지 않았을 것이다. 그렇기에 보이지 않게, 의도 없이 선을 행하는 사람이야말로 진정으로 고귀하게 추앙받는다.

**지금부터
당신이
해야 할 일**

공자의 가르침에는 고귀한 인간에 대한 이상이 담겨 있다. 자기 이익만 앞세워 생각하는 소인과 달리 고귀한 인간, 즉 군자는 윤리를 실천하려고 노력하는 인간상이다. 그러나 공자조차도 이 이상을 완벽하게 실현하지는 못했다. "군자의 도가 세 가지 있지만 나는 잘하는 것이 하나도 없다. 타인에 대한 옳은 행동은 걱정을 면하게 하고, 지혜는 의심으로부터 지켜주며, 결단력은 두려움을 물리친다."

이 세 가지 중 우리에게 저절로 주어지는 건 하나도 없다. 모두 실천하고 노력해야 하는 덕목이다. 따라서 도덕적 권위는 당신이 그 과정을 시작할 때 얻을 수 있는 것이다. 21세기 군자들을 위한 기본 규칙은 다음과 같다.

- 다른 사람을 존중하고 관대하게 대하라.
- 말한 대로 행동하라. 요즘 말로 하면 입만 나불대지 말고 발로 뛰어라.
- 다른 사람의 이익부터 채워주진 못하더라도 최소한 그들을 배려하라.
- 다른 사람의 지식과 가치관, 생활 방식 그리고 그들 분야에서의 우수성을 인정하라.

- 상대가 예측 가능한 선에서 당신의 기분과 발언, 행동을 일관되게 유지하라.
- 현실이 꽃처럼 아름답지만은 않은 결정을 요구할 때는 그마저도 받아들여라.
- 경쟁자에 대해 간접적으로라도 나쁜 이야기를 하지 마라.
- 실수는 깨끗하게 인정하라.
- 자신에 대해 긍정적으로 말하되, 갖고 있지 않은 기회나 능력을 꾸며내지 마라.
- 도덕적 권위를 세우기는 어렵지만 잃는 건 한순간이다. 한 번 잃으면 되돌리기 어렵다.

스물한 번째 힘

세상을 넓게 보는 프레임
-
마음속 장벽을 허물어라

그는 우주에 세 번이나 갔다. 그리고 그 공로를 인정받아 독일 연방 국가 훈장을 받았다. 심지어 그의 이름을 딴 소행성도 있다. 하지만 화산학자이자 우주비행사인 알렉산더 게르스트 Alexander Gerst가 태어났을 때 그를 본 사람은 그가 이렇게 성공하리라고는 생각하지 못했을 것이다. 도축업자, 건축자재 판매업자, 열쇠공이었던 게르스트의 조상들은 단순한 기술로 생계를 유지했다. 그는 별을 향해 손을 뻗을 기회가 누구에게나 열려 있다는 사실이 성공의 핵심이라고 말한다. "나는 부자 부모에게서 태어나진 않았지만 공부할 수 있는 자유와 직업 선택의 자유가 있는 나라에서 자란 것을 다행으로 생각한다."[1] 요즘 그는 모든 어린이가 잠재력을 발휘하도록 돕기 위해 유니셰프 대사로 활동 중이다.

상류사회에서는 기부에 높은 가치를 부여한다. 사람들은 사회복지를 위해 돈과 시간 혹은 경험을 자발적으로 기부한다. 당신도 지구환경을 위한 활동에서부터 예술 지원까지, 관심이 향하는 곳이라면 어디서든지 재능 기부를 실천할 수 있다. 혹은 당신의 인생 여정과 밀접하게 맞닿은 곳에서 활동할 수도 있다. 당신의 뒤를 따라 도약을 시도하는 사람들에게 손을 내미는 것이다. 이런 사회참여가 당연한 것은 아니다. 도약에 성공하고 뒤를 돌아보지 않는 사람이 부지기수다. 떠나온 소돔을 돌아본 구약성서 속 롯의 부인처럼 소금기둥이라도 될까 봐 염려하는 걸까.

이미 걸어온 길은
돌아보지 않는다?

우리 사회에서 지위 격차는 현실이지만 대단한 화제는 아니다. 위에 있는 사람들은 그 영향을 받지 않고 아래에 있는 사람들은 목소리가 없기 때문이다. 그 중간에 넓은 자리를 차지한 사람들은 자기들이 표준이라고 생각한다. 그리고 도약을 이룬 사람들은 번데기가 허물을 벗듯 변신을 해버린다. 이제 그들에게 환경의 제약, 궁핍함, 편협한 시각은 과거사일 뿐이다. 허물을 벗은 나비는 씩씩한 날갯짓으로 허공을 가르고 보이지 않는 곳으로 사라진다.

그래서 만일 당신이 태생을 말하고 싶어 하지 않고 어디서부터 어디까지 왔는지 드러내길 꺼린다면 그 또한 충분히 이해받아야 마땅하다. 코코 샤넬은 평생 자신의 태생에 대해 거짓말을 했고 고아원에서 보낸 비참한 나날들을 시골에서 안온하게 자란 유년 시절로 미화했다. 도약자들 중 그녀처럼 철저하게 자기 과거를 왜곡한 사례는 흔치 않다. 그러나 자기가 낮은 계층에서 도약을 감행해 지금의 자리에 섰다는 사실을 과감하게 밝히는 사람도 드물다. 현재의 특권을 잃어버릴지도 모른다는 염려가 너무 크기 때문이다.

혹시 당신에게도 비슷한 경험이 있는가? 사회적 격차가 방 안의 코끼리 취급을 받는 한 그 누구도 자신의 도약에 대해 기꺼이 말하진 않을 것이다. 안케 슈텔링Anke Stelling은 이 불안감을 소재로 《짚단 위의 어린양Schäfchen im Trockenen》이란 소설을 썼다. 소설 속 화자는 누구는 상속을 받고 누구는 상속을 받지 않은 친구 관계에 대해 "이그마르는 부유하길 원하지 않았다. 내가 가난하길 원하지 않은 것처럼"이라고 말한다.²

이보다 더 정확하게 상황을 묘사할 수 있을까? 지적 수준이 엇비슷한 친구와 내가 현저하게 다른 경험과 기회를 누린다는 사실을 의식할 때 갑갑함이 찾아온다. 그래서 우리는 불평등을 무시하고 외면하는 편을 택한다. 사회학자들은 이런 사회적 행위를 '패싱Passing'이라고 부른다. 우리는 상황에 따라 실제보다 더 가난하거나 더 부유한 것처럼, 더 현실적이거나 더 이상적인 것처럼 군다. 우리는 더 가난하고, 더 부유하고, 더 부유하게 태어난 사람인 척한다.

도약에 성공한 사람들은 새로운 지위에 안착하기 위해 다른 사람의 주목을 받지 않는 방식으로 겸손하게 처신하려 애쓴다. 또한 다른 사람을 도약으로 이끌어야 한다는 의무감을 느끼는 사람도 드물다. 최근 캘리포니아 대학교의 연구진이 1,000여 명을 대상으로 진행한 연구에 따르면 애초에 부유한 가정에서 태어난 사람들에 비해 자수성가한 사람들은 성공이 쉽다고 생각하는 경향이 있었다. 도약에 성공하고 나니 '하면 되네! 그러니 너희도 더 노력해'라는 생각을 강화하는 것이다.[3] 다른 누구라고 할 것 없이 나도 그 마음을 잘 이해한다. 도약은 뒤처진 자들과 연대하지 않을 좋은 빌미를 준다.

자기 힘으로 성공의 사다리를 높이 올라간 사람은 상대적으로 성취가 적은 사람들에게 공감하지 못한다. 우리가 문제의 심각성을 깨닫고 의식적으로 대응하지 않는 한, 부유한 가정에서 태어난 사람들보다 더 사회적 재분배에 무관심할 수 있다는 뜻이다.

뒤에 오는 사람도
기회를 누릴 수 있도록

만약 당신이 위로 올라가는 길을 개척하는 중이라면 사회적 자본을 상속받은 사람들보다 더 열심히, 더 오래 일해야 한다는 것을 피부로 느낄 것이다. 어쩌면 당신은 교사의 회의적인 시선이나 가족의 몰이해와 맞서 싸우고 있거나, 해외연수 갈 돈을 모으느라 콜센터에서 일하고 있거나, 부모님의 도움 없이 아르바이트로 기숙사 비용을 대고 있거나, 승진할 때까지는 자녀계획을 미루고 있을지도 모른다. 어쩌면 당신은 급여 수준은 높지만 자율성은 허용되지 않는 직장에서 일하고 있을지도 모른다. 당신이 소망하는 경력에 도달하려면 생각보다 많은 시간이 걸릴 것이다. 동시에 남들은 능숙하게 하는 일을 허둥지둥 해치우거나 여러 번 시도해야 할 때가 많을 것이다.

이렇게 애쓰며 살아가는 당신이라면 애초에 계획한 목적지에 도달했거나 그 중간쯤 왔을 때 숨을 한 번 돌리면서 새롭게 방향을 점검한다고 해서 나무랄 사람은 아무도 없다. 그러니 반드시 시간을 내서 당신이 이룬 것을 누리길 권한다.

당장은 아니더라도 언젠가는 당신이 엄청난 돌파를 이뤄냈다는 사실을 깨달을 것이다. 비록 당신이 갑부나 대기업 CEO는 아닐지라도 출발점에서 멀리 떨어진 곳에 도달한 것만은 틀림없다. 당신이 여기까지 잘 걸어왔다는 것은 뒤에 남겨진 사람들도 인정할 수밖에 없을 것이다. 그걸 깨닫고 만족을 얻어라. 굳이 당신의 태생을 빛나는 미래와 분리할 필요는 없다. 당신에겐 이미 그 두 세계를 건설적으로 연결할 가능성이 있다.

미셸 오바마는 그러기로 했다. "당신이 열심히 일해서 목표를 이루었고 기회의 문을 통과했다면 당신이 들어간 그 문을 닫지 마라. 뒤를 돌아보고 당신이 받은 그 기회를 다른 사람에게도 열어주어라."[4]

법학자인 슈테파니 마테스도 다른 사람의 자수성가를 위해 돈 몇 푼을 기부하는 대신 문을 잡아주는 편을 택했다. 그녀가 설립한 플랫폼은 가족 중 처음으로 대학에 진학하는 학생들을 지원하고, 그들이 최고의 경력을 꿈꾸고 쌓을 수 있도록 돕는다. "다른 배경에서 태어난 사람들도 CEO가 될 수 있기" 때문이다.

한 헤드헌터가 마테스에게 해준 말이 이 프로젝트의 도화선이 되었다. 그녀의 출신을 알게 된 그 헤드헌터는 이만큼 이룬 것으로도 기뻐하라고 말했다. 그 말을 들은 이후로 그녀는 동등한 지성과 잠재력을 가진 사람들이 사회적 출신과 배경과 관계없이 동등한 결과를 이룰 수 있는 세상을 꿈꾸게 되었다. "나 같은 이력을 가진 사람들이 작은 것에 만족하고 감사해야만 한다고 생각하지 않는다."

그녀가 만든 도약자들을 위한 멘토링 프로그램은 가족 중 첫 대학 진학자가 최정상의 경력을 자신감 있게 추구할 수 있도록 돕는 데 그치지 않는다. "도약자들은 출신 때문에 있을 법한 모종의 불리함을 상쇄하기 위해 높은 수준의 성과와 유연성을 발휘한다. 따라서 그들을 채용한 기업에도 이익이 된다."[5]

걸어온 길을 돌아보고 후발 주자에게 손을 내미는 선배들은 도약이 예상치 못한 힘을 가져다준다는 사실을 몸소 증명한다. 우리가 더 많은 본을 보일수록 더 널리 영향력을 발휘하고 전문가, 롤 모델, 오피니언 리더로 더 많은 인정을 받을 수 있다. 하지만 그 결심은 자신의 몫이다. 본보기가 되기 위해 많이 애쓸 필요는 없다. 도약을 화제로 삼는 것을 금기시하는 분위기를 깨기 위해 거창한 캠페인을 시작하거나 책을 쓸 필요도 없다. 도약에 성공한 사람들이 이력을 숨기지만 않아도 절반은 성공이다. 그리고 이 점을 분명히 해야 한다.

능력과 노력과는 무관한 격차가 분명 존재하며 이 사실은 양탄자 아래에 숨길 게 아니라 책상 위에서 논의되어야 한다.

당신의 계층을 드러내라

하지만 누가 선뜻 그러겠는가? 우선 나부터가 그렇다. 내가 쓰는 책들은 모두 개인사와 연관돼 있다. 이 책도 마찬가지다. 이 책을 쓰기로 마음먹기까지 유독 오랜 시간이 걸렸다. 내 정보를 얼마나 많이 공개할 것인가는 항상 고민거리긴 하다. 하지만 과거와 현재의 환경에 스포트라이트를 비추는 데는 더 많은 고민이 필요했다. 나의 부모와 조부모가 기업가였는지 말단 직원이었는지, 귀족이었는지 평민이었는지, 지주였는지 고위공무원이었는지는 나의 현재 지위와 무관하지 않기 때문이다.

나는 출신에 대한 평가가 비단 사회생활 초년기만이 아니라 평생에 걸쳐 이뤄진다는 것을 경험으로 알게 되었다. 유치원에서, 배우자 선택에서, 취업 면접에서, 사교 클럽에서, 새로운 성공으로 더 많은 관심과 발언권을 부여받는 순간마다 사람들은 나의 출신을 감정했다.

나만 한 경험이 아니다. 출신과 도약에 관한 조사를 시작할 때부터 이런 경험이 보편적이라는 것을 깨달았다. 사람들은 부모의 지위가 자신의 성공을 강조할 경우 부모의 이야기를 상세하게 하길 좋아한다. 위키피디아에서 독일 주간지 〈디 차이트$^{Die\ Zeit}$〉의 편집장 조반니 디 로렌초$^{Giovanni\ di\ Lorenzo}$를 검색하면 다음과 같은 설명이 나온다. "어머니는 심리치료사, 아버지는 기업경영인, 할아버지는 역사학자, 삼촌은 사무기기 회사 올리베티^{Olivetti}의 최고경영자다."[6] 그런데 만약 그의 어머니가 단순 사무원, 아버지가 건축자재상 직원이고 삼촌이 창고 관리자였더라면 위키피디아가 가족 정보를 이토록 상세하게 기록했을까? 아마 그렇지 않았을 것이다.

분명 상류층 혹은 엘리트 출신이란 명예로운 타이틀이다. 하지만 그런 가족적 배경이 없는 사람은 자신의 사회적 계급을 드러내야 할지, 그로 인해 자신과 가족이 상처를 받지는 않을지를 고민하게 된다.[7] 그래서 도약에 성공한 사람들은 자신이 이룬 성과에 확신이 들 때 비로소 출신을 공개한다. 다른 사람 앞에 부담 없이 나설 수 있을 때, 인정받으려 노력하지 않아도 될 때, 현재의 가족이 더할 나위 없이 자랑스러울 때, 현재의 위치가 너무나 견고해서 출신 때문에 평판이 손상될 위험이 전혀 없을 때 사람들은 자기 성취를 간단한 성공담으로 요약할 요량으로 출신에 관한 이야기를 시작한다.

당연한 일이며 당신이 그런다 한들 나무랄 사람은 없다. 도약에 성공한 사람이라고 해서 남들이 출신에 상관없이 대우받을 수 있도록 도와야 할 의무는 없다. 그럼에도 불구하고 안타까운 일이긴 하다. 사회 전체적으로도 그렇지만 개인의 이력을 두고 봤을 때도 안타깝다. 우리가 우리의 출신을 오점처럼 숨기려 할 때 우리의 자존감은 박탈당하기 때문이다.

과거를 인정하는
말

"자신의 근원을 경멸하는 인간은 자신의 울타리 안에 온전히 머물기 어렵다."

셰익스피어의 비극 《리어왕》에 나온 말이다.[8] 우리가 도약했음을 상류사회에 알리는 것은 누구보다 우리 자신에게 유익하다. 발전은 결코 부끄러운 일이 아니기 때문이다. 또한 다른 사람도 그와 비슷한 성과를 이룰 수 있어야 하기 때문이다. 여기까지는 당신도 동의할 것이다. 다만 도약을 효과적으로 알릴 방법이 궁금할 뿐이다.

세계 정상들의 컨설턴트라 불리는 도로테아 아시히와 도로시 에히터는 이에 대한 확실한 답을 내놓았다. 세계 재계와 정계, 학계의 최정상급 인물들이 그들의 고객이다. "도약했다는 사실에 부연은 필요치 않다. 사회적 이상화나 정교한 스토리텔링도 필요치 않다. 함께한 사람들에 대한 감사와 존경이 담겨 있다면 그 자체로 충분하다." 이를 구체적인 지침으로 표현하자면 다음과 같다.

당신의 도약을 알릴 때는 당신의 가족을 비난하지 않고 듣는 이를 당황하게 만들지 않고 스스로를 깎아내리지 않는 말을 선택하라.

한 중소기업 CEO가 자신의 원가족에 대해 설명한 방식을 살펴보자. "우리 가족 중에는 책을 읽는 사람은 없었어요. 어머니는 슈퍼마켓 계산원이었고 아버지는 공장 노동자로 자동차를 생산하는 컨베이어벨트 앞에서 일했거든요. 두 분은 내가 공부에 열의를 갖는 걸 이해하지 못했지만 그래도 허락해주었고 최선을 다해 지원해주었어요. 부모님은 지금도 제 가장 열렬한 지지자입니다."

독일의 중소도시에서 노동자 복지 시설을 운영하는 심리학자는 이렇게 말했다. "어머니는 청소부로 종일 일을 해야 했고 그래서 저와 형제자매들은 어려서부터 집안 살림을 도맡았죠. 반항을 할 수나 있나요. 우리가 다 공부하려면 다른 수가 없었어요."[9]

도약하기까지 상황은 저마다 다르다. 그러니 자주 과거를 되돌아보며 어떻게 말해야 할지를 고민해보는 것이 최선이다. 시간을 내어 당신의 출신에 대해 말하고 싶은 바를 떠올려본다면 그보다 더 좋을 수 없을 것이다.

- 무엇이 오늘날의 당신을 만들었는가?: "이란에서 이민 온 친척들끼리 똘똘 뭉쳐서 서로를 지원한 덕분입니다."
- 누가 당신을 어떻게 도왔는가?: "수학 선생님을 만나지 못

했더라면 지금 저는 물리학 교수가 되지 못했을 거예요."
- 인생의 경험을 통해 어떤 관심과 흥미, 가치관이 생겼는가?: "어머니는 사회적 연대가 얼마나 중요한지 몸소 보여주셨죠. 오늘날 제가 이런 직업을 갖게 된 것도 그 덕분이에요."

단순한 진실이 열쇠다. 당신이 물꼬를 트면 성공한 다른 사람들도 솔직하게 개인사를 털어놓는 이례적인 상황이 펼쳐질 수도 있다. 대기업 인사부장이 어머니가 사회복지과와 실랑이를 벌인 끝에 시에서 무료로 나눠 주는 책가방을 받아온 얘기를 꺼내면, 국립극장 극장장이 부모님 농장에서 가축들에게 여물을 준 뒤에야 학교에 갈 수 있었다는 얘기로 화답한다.

곧 금융회사의 시니어 컨설턴트가 부모님이 학교 졸업장이 없다며 말을 이어받고, 국제대회에서 상을 받고 지금은 TV 프로그램을 진행하는 플로리스트가 부모님이 돈이 없어서 직업학교 학비를 내주지 못했던 이야기를 한다. 잠자코 얘길 듣던 생화학자는 부모님이 차는 세 대 있지만 책은 10권도 갖고 있지 않다고 너스레를 떨어 분위기를 띄운다.

내가 사회적 도약에 관한 책을 쓰겠다고 마음먹은 것도 그런 경험 덕분이었다. 한 기업 임원 부부와 우리 부부가 저녁 식사를 하게 되었을 때 나는 시험 삼아 이 주제를 화두에 올렸다. 그때부터 우리는 여행, 스포츠, 음식에서 벗어나 서로에 출신과 경험에 집중해 대화를 나눴다. 한 테이블에 둘러앉은 네 명은 제각각 시작점이 달랐다. 하지만 태어날 때 주어진 위치보다 경제, 문화, 사회적 측면에서 더 큰 성취를 이뤘다는 점은 같았다. 그 주제에 대해 남들과 대화해본 적이 없다는 점도.

도약은 독일 인구 절반의 이야기다. 혹시 그 숫자를 기억하는가? 독일 인구 중 1,200만 명가량이 자기 부모보다 더 많은 것을 이루었다. 그리고 2,300만 명은 그들을 따라가고자 한다.[10] 도약을 원하거나 도약을 이룬 것은 더 이상 특별한 일이 아니다. 그러니 성공의 정점에 선 당신에게 누군가 가족에 관해 묻거든 당당하게 있는 그대로를 말하라. 독일 문학계에서 영향력 있는 작가이자 문학비평가로 꼽히는 엘케 하이덴라이히[Elke Heidenreich]가 "나는 루르 공업지대에서 자란 노동자의 자녀다"라고 밝혔듯이.[11]

달리 뾰족한 수가 있을까? 물론 좋은 가문에서 태어나는 건 좋은 일이다. 그러나 그 영광은 조상의 것이다. 이 지혜로운 말은 고대 철학자 플루타르코스가 했다. 그의 말은 2,000년이 지난 지금도 변함없이 유효하다. 그리고 남들보다 가난하든 부유하든 혹은 그 중간이든 상관없이 우리 모두 그 지혜를 받아들일 때가 되었다.

**지금부터
당신이
해야 할 일**

당신에게 도약이란 무엇인가? 내게 도약이란 한 발 올라설 때마다 한 뼘씩 세상이 넓어지는 경험이었다. 호숫가에 지어진 그림 같은 집을 살 수 있어서가 아니다. 물론 그럴 수 있다면 좋겠지만 아직은 아니다. 슈퍼에서 유기농 블루베리를 사 먹을 수 있어서도 아니다. 그보다는 원하던 자리에 서고 보니 소심한 생각과 움츠러든 행동을 할 이유가 사라졌기 때문이다. 더 이상 생존에 골몰하지 않아도 된다. 눈앞에 펼쳐진 세상이 넓을수록 개인의 영역을 넘어선 생각을 쉽게 할 수 있다. 도약에 성공한 사람은 남의 성장을 도울 수 있는 행복한 자리에 서 있다. 그러니 다음과 같은 다양한 방법으로 당신 자신과 타인을 도와라.

- 도약의 경험을 공유하고 후배들에게 당신이 걸어온 길, 잘못 간 길, 지름길을 보여주어라.
- 자수성가를 원하는 다른 사람들에게 영감을 주고, 도약자들의 능력을 공개적으로 알리기 위해 당신의 지위와 평판을 활용하라.
- 재능 있는 도약자들에게 문을 열어주어라. 더불어 더 큰 세계를 볼 수 있는 창문도 열어주어라.

- 결정권자 혹은 관리자로서 도약자들의 경력 향상을 도울 수 있는 프로세스를 마련하라.
- 기업인 혹은 고용주로서 도약자들에게 적극적인 지원을 독려하라.
- 금전 기부나 재능 기부를 통해 도약자들을 지원하는 단체를 설립하라.

사회적 지위의 수준은 연대와 관대로 표현된다. 애쓰지 않아도 돋보이는 사람은 남을 깎아내리거나 밀어내지 않는다.

주석

들어가며

1. Stifterverband für die Deutsche Wissenschaft e.V. Vom Arbeiterkind zum Doktor. Der Hürdenlauf auf dem Bildungsweg der Erststudierenden. Oktober 2021. Online verfügbar unter: https://www.stifterverband.org/medien/vom_arbeiterkind_zum_doktor (Abgerufen am 7. September 2022)
2. Paola Zaninotto et al. Socioeconomic Inequalities in Disability-free Life Expectancy in Older People from England and the United States: A Cross-national Population-Based Study. The Journals of Gerontology: Series A, Volume 75, Issue 5, May 2020, Pages 906–913. Online verfügbar unter: https://doi.org/10.1093/gerona/glz266 (Abgerufen am 7. September 2022)
3. Aldous Huxley. Schöne neue Welt. Fischer 1980
4. Matthias Janson. Dänemark bietet beste Chance für sozialen Aufstieg. Statista, 20. Januar 2020. Online verfügbar unter: https://de.statista.com/infografik/20542/laenderranking-nach-dem-social-mobility-index/ (Abgerufen am 7. September 2022)
5. V. Pawlik. Anzahl der Personen in Deutschland, die im Leben großen Wert auf sozialen Aufstieg legen, von 2017 bis 2021. Statista, August 2021. Online verfügbar unter: https://de.statista.com/statistik/daten/studie/264181/umfrage/lebenseinstellung-bedeutung-von-sozialem-aufstieg/ (Abgerufen am 7. September 2022)
6. Alexander Graf. Im Fokus: Aufsteigerkinder. Interview mit Aladin El-Mafaa-lani. Psychologie heute, 01/2022, Seiten 46–49
7. V. Pawlik. Anzahl der Personen in Deutschland, die eine höhere soziale Stellung als ihre Eltern haben, von 2017 bis 2021. Statista 20. August 2021. Online verfügbar unter: https://de.statista.com/statistik/daten/studie/1314038/umfrage/soziale-aufsteiger-in-deutschland-nach-soziooekonomischem-status/ (Abgerufenam 7. September 2022)
8. Stefanie Mattes. Aufsteiger gGmbH. Online verfügbar unter: https://aufsteiger.org/ (Abgerufen am 7. September 2022)

첫 번째 힘: 현실을 마주보는 용기

1. Allison Pearson. Kate Middleton: The Commoner Who Could Save the Royal Family. Newsweek, 4/3/11. Online verfügbar unter: https://www.newsweek.com/kate-middleton-commoner-who-could-save-royal-family-66427 (Abgerufenam 7. September 2022)
2. Pierre Bordieu. Die verborgenen Mechanismen der Macht. VS Verlag 1997, Seite33

3. Gray, B. & Kish-Gephart, J. Encountering social class differences at work: How »class work« perpetuates inequality. Academy of Management Review, 38, 2013, 670–699, Seite 674
4. Die Prozentzahlen sind entnommen aus: Holger Lengfeld; Jessica Ordemann. Soziale Schichtung und die Entwicklung der gesellschaftlichen Mitte in Ost- und Westdeutschland nach 1990. Bundeszentrale für politische Bildung. 14. September 2020. Online verfügbar unter: https://www.bpb.de/geschichte/deutscheeinheit/lange-wege-der-deutschen-einheit/314255/soziale-schichtung (Abgerufen am 7. September 2022)
5. Institut der deutschen Wirtschaft Köln e.V. Die Abstiegsgefahr wird überschätzt. Arm & reich. Online verfügbar unter: https://www.arm-und-reich.de/verteilung/mittelschicht/ (Abgerufen am 7. September 2022)
6. ZDF heute. Schäfer-Gümbel zur Vermögensteuer. »45 Familien besitzen so viel wie 50 Prozent der Bundesbürger«. 26. August 2019. Online verfügbar unter: https://www.zdf.de/nachrichten/heute/schaefer-guembel-verteidigt-plaene-zur-vermoegenssteuer-100.html (Abgerufen am 7. September 2022)
7. Andreas Kemper. Bewusst gedachte Vertikalismen. 24. Juli 2013. Online verfügbar unter: https://andreaskemper.org/2013/07/24/bewusst-gedachte-vertikalismen/ (Abgerufen am 7. September 2022)
8. Paul Ingram. Die vergessenen Arbeiterkinder. In: Harvard Business manager, 4/2021. Online verfügbar unter: https://www.manager-magazin.de/harvard/strategie/diversity-warum-die-soziale-herkunft-wichtig-ist-a-34cc278c-0002-0001-0000-000176140190 (Abgerufen am 7. September 2022)
9. Wissenschaftliche Dienste des Deutschen Bundestages. Einzelfragen zum Diskriminierungsmerkmal »soziale Herkunft«. Aktenzeichen: WD 3-3000-065/21. Abschluss der Arbeit: 14. April 2021. Online verfügbar unter: WD-3-065-21-pdfVorlage--data.pdf (bundestag.de) (Abgerufen am 7. September 2022)
10. Tijen Onaran. Diversity Notes – Ausgabe #4. LinkedIn, 22. Juni 2021. Online verfügbar unter: https://de.linkedin.com/pulse/diversity-notes-ausgabe-4-tijenonara (Abgerufen am 7. September 2022)
11. Renate Köcher. Aufstiegshoffnungen und Abstiegsängste. In: Kauder, Volker(Hrsg.); Beust, Ole von (Hrsg.). Chancen für alle. Die Perspektive der Aufstiegs-gesellschaft. Herder 2008. 36–44, Seite 40

두 번째 힘: 기회를 모색하는 지구력

1. Wikipedia. Bootstrapping. Online verfügbar unter: https://de.wikipedia.org/wiki/Bootstrapping (Abgerufen am 7. September 2022)
2. Biörn Ivemark, A. Ambrose. Habitus Adaptation and First-Generation University Students' Adjustment to Higher Education: A Life Course Perspective. Sociology of Education, 2021-01-01

3. Stifterverband für die Deutsche Wissenschaft e.V. (Hg.). Vom Arbeiterkind zum Doktor. Der Hürdenlauf auf dem Bildungsweg der Erststudierenden. 2021, Seite 5. Online verfügbar unter: https://d-nb.info/113782980X/34. (Abgerufen am 7. September 2022)
4. Finnish minister Sanna Marin, 34, to become world's youngest PM. BBC, 9 December 2019. Online verfügbar unter: https://www.bbc.com/news/worldeurope-50709422 (Abgerufen am 7. September 2022)
5. Michelle Obama. Becoming. Goldmann 2018, Seite 65
6. Wie wurde Beyoncé berühmt?– Die Erfolgsgeschichte. Popkultur.de, aktualisiertam 10. Januar 2020. Online verfügbar unter: https://popkultur.de/wie-wurdebeyonce-beruehmt-die-erfolgsgeschichte/ (Abgerufen am 7. September 2022)
7. Der Informationsdienst des Instituts der deutschen Wirtschaft. Der soziale Aufstieg aus dem Elternhaus gelingt. 15. Januar 2018. Online verfügbar unter: https://www.iwd.de/artikel/der-soziale-aufstieg-aus-dem-elternhaus-gelingt375787/ (Abgerufen am 7. September 2022)
8. Nils Lindenberg. Replikation: »Bildungserfolg von Kindern in Abhängigkeit von der Stellung in der Geschwisterreihe.« Universität Leipzig, 21. September 2016
9. Martin Kordić. Jahre mit Martha. S. FISCHER; 2. Edition (31. August 2022)
10. Biontech-Chef: Lieblingslehrerin hat Anteil am Impferfolg. Süddeutsche Zeitung, 16. September 2021, dpa-infocom, dpa:210916-99-242922/3. Online verfügbar unter: https://www.sueddeutsche.de/leben/leute-koeln-biontech-cheflieblingslehrerin-hat-anteil-am-impferfolg-dpa.urn-newsml-dpa-com-20090101-210916-99-242922 (Abgerufen am 7. September 2022)
11. Arnfrid Schenk. Wer fremdelt, schafft es nicht. DIE ZEIT, Nr. 35/2013, 22. August 2013. Online verfügbar unter: https://www.zeit.de/2013/35/hochschule-migranten-elite/komplettansicht (Abgerufen am 7. September 2022)
12. Mesut Bayraktar. Solange du in deinem Milieu lebst, merkst du gar nicht, dass du unterdrückt wirst. TAZ Blogs, 08. Juli 2019. Online verfügbar unter: https://blogs.taz.de/stilbruch/2019/07/08/solange-du-in-deinem-milieus-lebstmerkst-du-gar-nicht-dass-du-unterdrueckt-wirst/ (Abgerufen am 7. September 2022)
13. Thomas Klein. Der Trugschluss von der Liebe. Ruperto Carola, 1/2000. Online verfügbar unter: https://www.uni-heidelberg.de/presse/ruca/ruca1_2000/klein.html (Abgerufen am 7. September 2022)
14. Elizabeth Barrett Browning, Robert Browning. The Love Letters of Elizabeth Barrett and Robert Browning. e-artnow ebooks, 2015
15. Suzanne Kellner. The American Dream of Family: Ideals and Changing Realities(Summer 1991). Journal of Comparative Family Studies, Vol. 22, No. 2, pp.159–182

세 번째 힘: 실행할 수 있다고 믿는 자신감
1. Stefan Braun. Ende einer Ära. Süddeutsche Zeitung, 8. Dezember 2021, Nr.284, Seite 2

2. »aschenbrödel«, in: Deutsches Wörterbuch von Jacob Grimm und Wilhelm Grimm, Erstbearbeitung (1854–1960), digitalisierte Version im Digitalen Wörterbuchder deutschen Sprache, Online verfügabar unter: https://www.dwds.de/wb/dwb/aschenbr%C3%B6del (Abgerufen am 7. September 2022)
3. Manager Magazin. Marilyn-Monroe-Porträt für Rekordpreis versteigert. 10. Mai 2022. Online verfügbar unter: https://www.manager-magazin.de/lifestyle/stil/andy-warhol-portraet-von-marilyn-monroe-bei-christie-s-fuer-rekordpreis-versteigert-a-b002d124-27b7-47a6-822f-cac7d8728c8f (Abgerufen am 7. September 2022)
4. Aladin El-Mafaalani. Bildungsaufstieg– (K)eine Frage von Leistung allein? Bundeszentrale für politische Bildung, 22. April 2015. Online verfügbar unter:https://www.bpb.de/themen/bildung/dossier-bildung/205371/bildungsaufstiegk-eine-frage-von-leistung-allein/#node-content-title-(Abgerufen am 7. September 2022)3
5. Adrian Schräder. Jack Harlow: Der coolste Nerd aller Zeiten an der Spitze der Charts. Neue Zürcher Zeitung, 2. Februar 2022
6. Muhammad Ali Center. ⅠRed Bike Moment©. Online verfügbar unter: https://alicenter.org/red-bike-moment/ (Abgerufen am 7. September 2022)
7. YouTube-Kanal Dr.Wlodarek Lifecoaching. Online verfügbar unter: https://www.youtube.com/c/DrWlodarekLifeCoaching?app=desktop (Abgerufen am 7. September 2022)
8. Michelle Obama. Becoming. Goldmann 2018, Seite 27

네 번째 힘: 성공 사다리를 떠받치는 기본 교육

1. My GrandStory. Ugur Sahins GrandStory. Online verfügbar unter: https://mygrandstory.org/ugur-sahin/ (Abgerufen am 7. September 2022)
2. Rainer Zitelmann. Sie wären gerne Millionär? Dann steht vielleicht nur Ihre Persönlichkeit im Weg. Finanzen100, 10. April 2022. Online verfügbar unter: https://www.finanzen100.de/finanznachrichten/boerse/sie-waeren-gerne-millionaer-dannsteht-vielleicht-nur-ihre-persoenlichkeit-im-weg_H1681817225_79563858/(Abgerufen am 7. September 2022)
3. Wikipedia Abiturientenquote. Online verfügbar unter: https://www.google.de/search?q=Abiturientenquote+%E2%80%93+Wikipedia&ie=UTF-8&oe=(Abgerufen am 7. September 2022)
4. Wulf Hopf; Benjamin Edelstein. Chancengleichheit zwischen Anspruch undWirklichkeit. 12. September 2018. Online verfügbar unter: https://www.bpb.de/themen/bildung/dossier-bildung/174634/chancengleichheit-zwischen-anspruch-und-wirklichkeit/ (Abgerufen am 7. September 2022)
5. Karl Lauterbach, Katrin Göring-Eckardt, Prof. Dr. Andreas Pinkwart und Dr. Dietmar Bartsch. Und Ihre Bildungshürde? Die Zeit, Nr. 22/2017, 24. Mai2017. Online verfügbar unter: https://www.zeit.de/2017/22/chancengleichheitbildung-ausbildung-politiker (Abgerufen am 7. September 2022)

6. Annette Bruhns. Was können IQ-Tests leisten? Spiegel Wissenschaft, 18. Januar 2018. Online verfügbar unter: https://www.spiegel.de/spiegelwissen/intelligenzforscher-aljoscha-neubauer-ueber-iq-einflussfaktoren-a-1188104.html (Abgerufen am 7. September 2022)
7. Werner Helsper u. a. Bildungshabitus und Übergangserfahrungen bei Kindern. In: Bildungsentscheidungen: Zeitschrift für Erziehungswissenschaft, Sonderheft 12,2009. 126–152, Seite 128
8. Peter Alheit. Die Exklusionsmacht des universitären Habitus. In: Ricken N., Koller H.C., Keiner E. (eds). Die Idee der Universität – revisited. Springer VS, Wiesbaden, 2013. Online verfügbar unter: https://doi.org/10.1007/978-3-531-19157-7_10 (Abgerufen am 7. September 2022)
9. Kai Maaz, Jürgen Baumert, Cornelia Gresch, Nele McElvany (Hrsg.). Der Übergang von der Grundschule in die weiterführende Schule. Leistungsgerechtigkeit und regionale, soziale und ethnisch-kulturelle Disparitäten. Bildungsforschung Band 34. Bonn 2010. Online verfügbar unter: https://www.nds-zeitschrift.de/fileadmin/user_upload/nds_6-7-2018/PDFs/16_Der_U__bergang_von_der_Grundschule_in_die_weiterfu__hrende_Schule.pdf (Abgerufen am 7. September 2022)
10 Michelle Obama. Becoming. Goldmann 2018, Seite 68
11. Joachim Tiedemann, Elfriede Billmann-Mahecha. Wie erfolgreich sind Gymnasiasten ohne Gymnasialempfehlung? Zeitschrift für Erziehungswissenschaft, 2010/12/01, Seiten 649–660

다섯 번째 힘: 단점을 강점으로 만드는 발상력

1. Helmut Schmidt. Wer Visionen hat, sollte zum Arzt gehen. NDR, 10. November 2020. Online verfügbar unter: https://www.ndr.de/geschichte/koepfe/HelmutSchmidt-Die-besten-Zitate,schmidtzitate102.html (Abgerufen am 7. September 2022)
2. Wie wurde Beyoncé berühmt? – Die Erfolgsgeschichte. Popkultur.de, aktualisiert am 10. Januar 2020. Online verfügbar unter: https://popkultur.de/wie-wurdebeyonce-beruehmt-die-erfolgsgeschichte (Abgerufen am 7. September 2022)
3. Joe Miller, Uğur Şahin, Özlem Türeci. Projekt Lightspeed. Der Weg zum BioNTech-Impfstoff– und zu einer Medizin von morgen. Rowohlt Buchverlag 2021
4. Claudia Pöhlmann, Bettina Hannover, Ulrich Kühnen und Norbert Birkner. Independente und interdependente Selbstkonzepte als Determinanten des Selbstwerts. Zeitschrift für Sozialpsychologie (2002), 33, pp. 111–121. Onlineverfügbar unter: https://doi.org/10.1024//0044-3514.33.2.111 (Abgerufen am 7. September 2022)
5. Aldous Huxley. Two or three graces. Cosimo Classics 1926
6. Stephen Covey. Die 7 Wege zur Effektivität: Prinzipien für persönlichen und beruflichen Erfolg. Gabal, Offenbach 2005
7. Takis Würger. Die arbeitslose Bürokauffrau, die aus Trotz einen Bestseller schrieb. Spiegel, 3/2020. 16. Januar 2020. Online verfügbar unter: https://www.spiegel.de/

kultur/literatur/rita-falk-eine-arbeitslose-buerokauffrau-wird-mit-bestsellernreich-a-00000000-0002-0001-0000-000168892077 (Abgerufen am 7. September 2022)
8. Rita Falk. Der Anfang von meinem ganz persönlichen Märchen. 26 Zeichen – Der dtv Blog. 17. März 2015. Online verfügbar unter: https://blog.dtv.de/hintergrund/rita-falk-teil1/ (Abgerufen am 7. September 2022)

여섯 번째 힘: 쓸모 그 이상을 보는 통찰력
1. Werner Sombart. Liebe, Luxus und Kapitalismus. 2. Auflage, 1922
2. Jules Renard. Ideen, in Tinte getaucht. Aus dem Tagebuch. dtv 1990
3. Lambert Wiesing. Luxus tut gut. Domradio.de, 13. Juni 2016. Online verfügbar unter: https://www.domradio.de/artikel/professor-lambert-wiesing-ueberechte-luxuserfahrungen (Abgerufen am 7. September 2022)

일곱 번째 힘: 교양을 나타내는 겉모습
1. Johann Wolfgang von Goethe. Maximen und Reflexionen. In: Werke; Hamburger Ausgabe; Kunst und Literatur: Schriften zur Kunst, Schriften zur Literatur, Maximen und Reflexionen; Bnd. 12; Deutscher Taschenbuch Verlag 1982, Seite 369.
2. Elena Ferrante. Die Geschichte eines neuen Namens. Suhrkamp 2019, Seite 604f.
3. Wolf-Rüdiger Pfrang. Mai Thi Nyuyen Kim in prominenter Gesellschaft. Penguin Tappers, Juli 2019. Online verfügbar unter: https://www.penguin-tappers.de/wp-content/uploads/Mai-Thi-HJ-Friedrichspreis-2019-1.pdf (Abgerufen am 7. September 2022)
4. Michelle Obama. Becoming. Goldmann 2018, Seite 385
5. Benkí, José; Broome, Jessica; Conrad, Fred; Groves, Robert; Kreuter, Frauke. Effects of Speech Rate, Pitch, and Pausing on Survey Participation Decisions. 2022
6. media.zeit.de. DIE ZEIT Objektprofil. Online verfügbar unter: https://media.zeit.de/wp-content/uploads/2022/02/220125_Print_Praesentation-Buchverlage_2022.pdf (Abgerufen am 7. September 2022)
7. Johann Peter Eckermann. Gespräche mit Goethe in den letzten Jahren seines Lebens 1823–1832. Sonntag, den 12. April 1829. Projekt Gutenberg-DE. Online verfügbar unter: https://www.projekt-gutenberg.org/eckerman/gesprche/gsp2036.html (Abgerufen am 7. September 2022)
8. Laura Weißmüller. MAK-Chefin Lilli Hollein. »Hey, geh rein und schau, was du entdeckst!« Süddeutsche Zeitung, 26. Januar 2022

여덟 번째 힘: 사회적 역할을 감당하는 이중 아비투스
1. Gregory Clark. The Son also Rises. Surnames and the History of Social Mobility. Princeton Univers. Press 2015
2. Peony Hirwani. »My daughters are so much wiser and more sophisticated and gifted than I was

at their age,« says Obama. Independent, 08 June 2021. Online verfügbar unter: https://www.independent.co.uk/life-style/obama-daughters-malia-sasha-cnn-b1861514.html (Abgerufen am 7. September 2022)

3. Büchner, Peter; Brake, Anna. Die Familie als Bildungsort: Strategien der Weitergabe und Aneignung von Bildung und Kultur im Alltag von Mehrgenerationenfamilien. Forschungsbericht über ein abgeschlossenes DFG-Projekt. Zeitschrift für Soziologie der Erziehung und Sozialisation, 27 (2007) 2, Seiten 197–213. Online verfügbar unter: https://www.pedocs.de/volltexte/2012/5611/pdf/ZSE_2007_2_Buechner_Brake_Familie_Bildungsort_D_A.pdf (Abgerufen am 7. September 2022)

4. Olaf Przybilla. Blaibach sollte überall sein. Süddeutsche Zeitung, Nr. 203, 3./4. September 2022, Seite 61

5. Aladin El-Mafaalani. Bildungsaufstieg – (K)eine Frage von Leistung allein? Bundeszentrale für politische Bildung. 22. April 2015. Online verfügbar: https://www.bpb.de/themen/bildung/zukunft-bildung/205371/bildungsaufstieg-keine-frage-von-leistung-allein/ (Abgerufen am 7. September 2022)

6. Daniela Dröscher. Zeige deine Klasse. Die Geschichte meiner sozialen Herkunft. Hoffmann und Campe 2018, Seite 132

7. Alexander Graf. Im Fokus: Aufsteigerkinder. Interview mit Aladin El-Mafaalani. Psychologie heute, 01/2022, Seite 49

8. Didier Eribon. Gesellschaft als Urteil. Klassen, Identitäten, Wege. Suhrkamp 2017, Seite 20

9. V. Pawlik. Umfrage in Deutschland zu wichtigen Lebensaspekten, Zielen und Werten bis 2022. Statista, 19. Juli 2022. Online verfügbar unter: https://de.statista.com/statistik/daten/studie/170820/umfrage/als-besonders-wichtig-erachtete-aspekte-im-leben/ (Abgerufen am 7. September 2022)

10. »check your habitus«. Online verfügbar unter: https://checkyourhabitus.com/(Abgerufen am 7. September 2022)

11. Ivemark B, Ambrose A. Habitus Adaptation and First-Generation University Students' Adjustment to Higher Education: A Life Course Perspective. Sociology of Education. 2021; 94(3), 191–207. doi:10.1177/00380407211017060. Online verfügbar unter: https://journals.sagepub.com/doi/full/10.1177/00380407211017060 (Abgerufen am 7. September 2022)

12. Europäische Kommission. Der Quelle der Diskriminierung auf den Grund gehen. Cordis, Forschungsergebnisse der EU. Online verfügbar unter: https://cordis.europa.eu/article/id/415931-getting-to-the-source-of-discrimination/de (Abgerufen am 7. September 2022)

아홉 번째 힘: 적당한 밀도의 네트워크

1. Sportlexikon. Windschatten beim Radrennen und seine Auswirkungen. 23. April 2022. Online verfügbar unter: https://www.sportlexikon.com/strasse-windschatten#:~:text=Was%20bringt%20

der%20Windschatten%3F,Gegenwind%20h%C3%B6her%20%2D%20ganz%20nach%20situation. (Abgerufen am 7.September 2022)
2. Christian Baron. In der falschen Klasse. Fluter, 14. September 2020. Online verfügbar unter: https://www.fluter.de/studieren-als-arbeiterkind-erfahrungsbericht (Abgerufen am 7. September 2022)
3. Cristin Liekfeldt. Die 10 Eigenschaften erfolgreicher Gründer. Companisto, 21. November 2017. Online verfügbar unter: https://www.companisto.com/de/blog/allgemeines/die-zehn-eigenschaften-erfolgreicher-gruender-198 (Abgerufen am 7. September 2022)
4. Porter Gale. Your Network Is Your Net Worth: Unlock the Hidden Power of Connections for Wealth, Success, and Happiness in the Digital Age. Atria Books, 2013
5. Gabriela Meyer. Modern Life Etikette. Humboldt Verlag, 2020
6. Ruth Hutsteiner. »Erfolgsgesetz«, das nicht immer gilt. science@orf.at, 15. Oktober 2019. Online verfügbar unter: https://science.orf.at/v2/stories/2992635/(Abgerufen am 7. September 2022)

열 번째 힘: 성공을 판단하는 잣대

1. Nele Neuhaus. Wie ich Schriftstellerin wurde. Juni 2015. Online verfügbar unter: https://www.neleneuhaus.de/files/user_upload/Welcomebox/Neuhaus_Essay_A5_DE.pdf (Abgerufen am 7. September 2022)
2. Nele Neuhaus Stiftung. Online verfügbar unter: https://www.nele-neuhausstiftung.de/ (Abgerufen am 7. September 2022)
3. Michael W. Kraus; Nicole M. Stephens. A Road Map for an Emerging Psychology of Social Class. Social and Personality Psychology Compass, 6/9 (2012), 642–656. Online verfügbar unter: https://krauslab.com/Kraus&Stephens.Compass.2012.pdf (Abgerufen am 7. September 2022)
4. John Puthenpurackal. Die Wahrheit hinter meinem Erfolg. Die Krimi-Autorinim BILD.de-Interview, Bild, 13. Mai 2013. Online verfügbar unter: https://www.bild.de/unterhaltung/leute/schriftstellerin/die-krimi-autorin-nele-neuhaus-im-interview-30373458.bild.html (Abgerufen am 7. September 2022)
5. Michelle Obama. Becoming. Goldmann 2018, Seite 183

열한 번째 힘: 타인의 평가에도 단단한 마인드셋

1. Dorothea Siems. Die Deutschen haben ein Problem mit ihren Reichen. Welt, 11. Februar 2019. Online verfügbar unter: https://www.welt.de/wirtschaft/article188559111/Millionaere-Die-Deutschen-koennen-den-Reichtum-der-Anderen-kaum-aushalten.html (Abgerufen am 7. September 2022)
2. Als Maßstab für Reichtum wurde ein Geldvermögen von mindestens einer Million Euro ohne Einbeziehung von Wohneigentum genommen.
3. Sabine Pokorny. Gesundheit und Familie vor Arbeit und Einkommen– Studie zum sozialen

Aufstieg in Deutschland. Konrad Adenauer Stiftung. Ausgabe 247. Mai 2017. Online verfügbar unter: https://www.kas.de/documents/252038/253252/7_do kument_dok_pdf_49017_1.pdf/128ce812-9ea5-2da5-05ec382e33dea53a?version=1.0&t=1539649085975 (Abgerufen am 7. September 2022)
4. Paul Smeets, Ashley Whillans, Rene Bekkers et al. Time Use and Happiness of Millionaires: Evidence From the Netherlands. Social Psychological and Personality Science. Volume 11, issue 3, pages 295–307. Online verfügbar unter:https://journals.sagepub.com/doi/full/10.1177/1948550619854751 (Abgerufenam 7. September 2022)
5. Sabrina Rutter. Sozioanalyse in der pädagogischen Arbeit. Ansätze und Möglichkeiten zur Bearbeitung von Bildungsungleichheit. Springer 2020, Seite 51
6. Kerstin Holzer. Im Gespräch: Karl Lagerfeld: »Ich habe keine Selbstdisziplin«. SZ am Wochenende vom 31. Dezember 2010/1./2. Januar 2011
7. Heike Bruch, Bernd Vogel. Die Philosophie der Nummer eins. Harvard Business Manager, 06/2008. Online verfügbar unter: https://www.manager-magazin.de/harvard/fuehrung/die-philosophie-der-nummer-eins-a-e0039078-0002-0001-0000-000057023072 (Abgerufen am 7. September 2022)
8. Rainer Zitelmann. New Psychological Studies: How the wealthy really are different from everyone else. Forbes, May 8, 2019
9. Leckelt M. et al. (2018): The rich are different: Unraveling the perceived and self-reported personality profiles of high net-worth individuals. British Journal of Psychology. Online verfügbar unter: https://doi.org/10.1111/bjop.12360 (Abgerufen am 7. September 2022)

열두 번째 힘: 흔들리는 감정을 제어하는 신중함
1. Stefan Zweig. Rausch der Verwandlung. Fischer 1982, Seite 104
2. Ebd, Seite 136
3. Ebd, Seite 135
4. Colm Toibin. The Magician, S. 317
5. William Shakespeare. Heinrich IV. Teil 1, Akt V, Szene 4
6. Dagmar v. Taube. Hausbesuch bei Supermodel Claudia Schiffer – »Prüde war ich nie«. Welt, 16. Mai 2010. Online verfügbar unter: https://www.welt.de/vermischtes/article7649807/Claudia-Schiffer-Pruede-war-ich-nie.html (Abgerufen am 7. September 2022)
7. Jeroen Van Rooijen. Die berühmteste Deutsche der Moderne. Bellevue NZZ, 24. August 2017. Online verfügbar unter: https://bellevue.nzz.ch/mode-beauty/30-jahre-supermodel-claudia-schiffer-die-beruehmteste-deutsche-der-moderneld.1312469 (Abgerufen am 7. September 2022)
8. Anke Schipp. Das Model, das kein Model werden wollte. Faz.net, 24. August 2020. Online verfügbar unter: https://www.faz.net/aktuell/stil/mode-design/wie-claudia-schiffer-zum-wichtigsten-deutschen-model-wurde-16915619.html(Abgerufen am 7. September 2022)

9. Claudia Schiffer– von der Kö zur Königin der Modewelt. Stern, 25. August 2020. Online verfügbar unter: https://www.stern.de/lifestyle/leute/claudiaschiffer-wird-50--von-der-koe-zur-koenigin-der-modewelt-7597514.html(Abgerufen am 7. September 2022)
10. Stefan Zweig. Rausch der Verwandlung. Fischer 1982, Seite 115
11. Christina Berndt et al. Mit Herz und Verstand. Süddeutsche Zeitung, Nr. 59, 12./13. März, Seite 35

열세 번째 힘: 품격이 느껴지는 스타일

1. Selbststaendig.de. Statussymbole im Wandel: Damit machen Sie im Business heute Eindruck. Online verfügbar unter: https://www.selbststaendig.de/statussymboleim-wandel-eindruck-im-business (Abgerufen am 7. September 2022)
2. Richard A. Peterson and Roger M. Kern. Changing Highbrow Taste: From Snob to Omnivore. American Sociological Review, Vol. 61, No. 5 (Oct., 1996), pp. 900–907. Online verfügbar unter: https://www.jstor.org/stable/2096460(Abgerufen am 7. September 2022)
3. Heinz Abels, Alexandra König. Pierre Bourdieu: Über Relationen und kulturelles Kapital, die Einverleibung eines Habitus und ein Subjekt in Anführungszeichen. In: Sozialisation. VS-Verlag 2010, Seite 317
4. Sinus-Milieus® einfach erklärt, 07. Januar 2020. Online verfügbar unter: https://www.sinus-institut.de/media-center/videos/sinus-milieus-einfach-erklaert (Abgerufen am 7. September 2022)
5. Jan Kedves, Julia Werner. In aller Bescheidenheit. Süddeutsche Zeitung, 22. April 2021. Online verfügbar unter: https://www.sueddeutsche.de/stil/baerbock-laschet-mode-stil-1.5272128 (Abgerufen am 7. September 2022)
6. Mike Cummings. Yale study shows class bias in hiring based on few seconds of speech. Yale News, October 21, 2019. Online verfügbar unter: https://news.yale.edu/2019/10/21/yale-study-shows-class-bias-hiring-based-few-secondsspeech (Abgerufen am 7. September 2022)
7. Mauss, M. Die Gabe. Die Form und Funktion des Austauschs in archaischen Gesellschaften. Frankfurt am Main: Suhrkamp 1968
8. Ilse Hartmann-Tews, Susanne Eschelbach. Sport für alle– aber mit feinen Unterschieden. Zum Zusammenhang von sozialer Schichtung und Sportpartizipation. 2017, Seite 66. Online verfügbar unter: https://www.researchgate.net/publication/330322458_Sport_fur_alle_-_aber_mit_feinen_Unterschieden_Zum_Zusammenhang_von_sozialer_Schichtung_und_Sportpartizipation (Abgerufen am 7. September 2022)
9. Christopher Schwarz. Am wichtigsten ist Souveränität. WirtschaftsWoche, Interview von 23. Februar 2019. Online verfügbar unter: https://www.wiwo.de/erfolg/beruf/elitenforscher-michael-hartmann-gestus-der-gelassenheit/24027930-2.html (Abgerufen am 7. September 2022)
10. Pierre Bourdieu. Die feinen Unterschiede. Kritik der gesellschaftlichen Urteilskraft. Suhrkamp,

Erschienen 1987, 26. Auflage 2018. S. 388
11. Elena Ferrante. Die Geschichte eines neuen Namens. Suhrkamp 2019, Seite 614
12. Winfried Menninghaus. Schönheit, Eleganz, Anmut und Sexiness im Vergleich. Forschungsbericht 2019 – Max-Planck-Institut für empirische Ästhetik. Online verfügbar unter: https://www.mpg.de/14493770/ae_jb_2019 (Abgerufenam 7. September 2022)
13. Michael L. Thomas. Pro und Contra: Lässt sich über Geschmack streiten? Philosophie InDebate, 25. März 2015. Online verfügbar: https://philosophie-indebate.de/2199/pro-und-contra/ (Abgerufen am 7. September 2022)
14. Elena Ferrante. Die Geschichte eines neuen Namens. Suhrkamp 2019, Seite614

열네 번째 힘: 결핍을 이겨내는 자기인정

1. David Keirsey. Scam Artist. Personology and Relational Science. March 6, 2022. Online verfügbar unter: http://brainsandcareers.com/inventing-anna (Abgerufen am 7. September 2022)
2. Jaruwan Sakulku. The Impostor Phenomenon. The Journal of Behavioral Science, 2011, 6(1), pp. 75–97
3. Rose Leadem. 12 Leaders, Entrepreneurs and Celebrities Who Have Struggled With Imposter Syndrome. November 8, 2017. Online verfügbar unter: https://www.entrepreneur.com/slideshow/304273 (Abgerufen am 7. September 2022)
4. Marc Brown. Michelle Obama tells London school she still has impostor syndrome. The Guardian, Mon 3 Dec 2018. Online verfügbar unter: https://www.theguardian.com/us-news/2018/dec/03/michelle-obama-tells-london-schoolshe-still-has-imposter-syndrome (Abgerufen am 7. September 2022)
5. Nina Jerzy. Tiefstapler sind ganz hervorragende Führungskräfte. Wirtschaftswoche, 23. Februar 2021. Online verfügbar unter: https://www.wiwo.de/erfolg/beruf/karriere-tiefstapler-sind-ganz-hervorragende-fuehrungskraefte/26932884.html (Abgerufen am 7. September 2022)
6. Gabriela Herpell. Ich fand Schreien immer schrecklich. Süddeutsche Zeitung Magazin, Nummer 28, 15. Juli 2022. 10–16, Seite 12
7. Elena Ferrante. Die Geschichte eines neuen Namens. Suhrkamp 2019, Seite601
8. Orth, U., Erol, R. Y., & Luciano, E. C. (2018). Development of self-esteem from age 4 to 94 years: A meta-analysis of longitudinal studies. Psychological Bulletin, 144(10), 1045–1080. Online verfügbar unter: http://dx.doi.org/10.1037/bul0000161 (Abgerufen am 7. September 2022)
9. Thomas Götz, Franzis Preckel. Der »Big-fish-little-pond-Effekt« (»Fischteich effekt«): Eine Untersuchung an der Sir-Karl-Popper-Schule und am Wiedner Gymnasium in Wien. Özbf news & 14 (2006), Seiten 24–26. Onlineverfügbar unter: https://kops.uni-konstanz.de/bitstream/handle/123456789/13758/G%C3%B6tz%26Preckel_2006_%C3%96zbfNewsletter_Fischteicheffekt1.pdf (Abgerufen am 7. September 2022)

10. Nina Jerzy. Tiefstapler sind ganz hervorragende Führungskräfte. Wirtschaftswoche, 20. Juni 2022. Online verfügbar unter: https://www.wiwo.de/erfolg/beruf/karriere-tiefstapler-sind-ganz-hervorragende-fuehrungskraefte/26932884.html(Abgerufen am 7. September 2022)
11. Stephen Johnson. Why it's hard to tell when high-class people are incompetent. The Present, May 23, 2019. Online verfügbar unter: https://bigthink.com/thepresent/overconfidence/ (Abgerufen am 7. September 2022)
12. Nina Jerzy. Tiefstapler sind ganz hervorragende Führungskräfte. Wirtschaftswoche, 20. Juni 2022. Online verfügbar unter: https://www.wiwo.de/my/erfolg/beruf/karriere-tiefstapler-sind-ganz-hervorragende-fuehrungskraefte/26932884.html (Abgerufen am 7. September 2022)
13. Peter Belmi, Margaret A. Neale, David Reiff and Rosemary Ulfe. The Social Advantage of Miscalibrated Individuals: The Relationship Between Social Class and Overconfidence and Its Implications for Class-Based Inequality. Journal of Personality and Social Psychology: Interpersonal Relations and Group Processes. 2020, Vol. 118, No. 2, 254 –282, Seite 258. Online verfügbar unter: https://www.apa.org/pubs/journals/releases/psp-pspi0000187.pdf (Abgerufen am 7. September 2022)
14. Wikipedia. Edward Smith (sea captain). Online verfügbar unter: https://en.wikipedia.org/wiki/Edward_Smith_(sea_captain) (Abgerufen am 7. September 2022)

열다섯 번째 힘: 계층을 넘나드는 마음해방

1. Didier Eribon. Rückkehr nach Reims. Suhrkamp, Berlin 2016
2. Katrin Blum. Einer steigt auf. ZEIT online, 15. Februar 2021. Online verfügbar unter: https://www.zeit.de/arbeit/2021-02/sozialer-aufstieg-klassismus-geschwister-aufstieg-familie-entfremdung (Abgerufen am 7. September 2022)
3. Elena Ferrante. Die Geschichte eines neuen Namens. Suhrkamp 2019, Seiten644–646
4. Ingrid Miethe. Der Mythos von der Fremdheit der Bildungsaufsteiger_innen im Hochschulsystem. Zeitschrift für Pädagogik, 63 (2017) 6, 686–707, Seite 694, 698. Online verfügbar unter: https://www.pedocs.de/volltexte/2020/18822/pdf/ZfPaed_2017_6_Miethe_Der_Mythos_von_der_Fremdheit.pdf (Abgerufen am 7. September 2022)
5. Alfred Lubrano. A Man's Life: An ongoing conversation about what it means tobe a man in the 21st century. Wabash Magazine Online. Online verfügbar unter: https://www.wabash.edu/magazine/index.cfm?news_id=2130 (Abgerufen am 7. September 2022)
6. Robert Emmons, Charles M. Shelton. Gratitude and the Science of Positive Psychology. In: Shane J. Lopez, C. R. Snyder. Handbook of Positive Psychology. Oxford University Press 2002. 459–471, Seite 460. Online verfügbar unter: http://ldysinger.stjohnsem.edu/@books1/Snyder_Hndbk_Positive_Psych/Snyder_Lopez_Handbook_of_Positive_Psychology.pdf (Abgerufen am 7. September 2022)
7. Motoki Tonn. »Narben aus Gold«– Kintsugi als Metapher für unser Leben. 28. September

2020. Finde Zukunft. Online verfügbar unter: https://finde-zukunft.de/blog/narben-aus-gold-nbspkintsugi-als-metapher-fr-unser-leben (Abgerufen am 7. September 2022)
8. Oriel FeldmanHall el al. Stimulus generalization as a mechanism for learning to trust. PNAS (2018). Online verfügbar unter: www.pnas.org/cgi/doi/10.1073/pnas.1715227115 (Abgerufen am 7. September 2022)
9. Stern. Momente der TV-Geschichte. »Die war nie in Paris«– Karl Lagerfeld vernichtet Heidi Klum. 19. Februar 2022 Online verfügbar unter: https://www.stern.de/kultur/tv/karl-lagerfeld-vernichtet-heidi-klum---die-war-nie-in-paris--9389314.html (Abgerufen am 7. September 2022)
10. Steve Quartz. How the rebel, the beatnik and the hipster became their own status symbols. PBS. Sept, 10, 2015. Online verfügbar unter: https://www.pbs.org/newshour/economy/shift-consumerism-1950s-brought-rebel-cool (Abgerufen am 7. September 2022)
11. Inga Michler. Zu laut, zu schräg, zu schnell verdientes Geld. Welt, 15. März 2013. Online verfügbar unter: https://www.welt.de/debatte/kommentare/article114481458/Zu-laut-zu-schraeg-zu-schnell-verdientes-Geld.html (Abgerufen am 7. September 2022)

열여섯 번째 힘: 부와 그 가치를 아는 지혜

1. Website Sascha Lobo. Online verfügbar unter: https://saschalobo.com/vortraege/(Abgerufen am 7. September 2022)
2. Gray, B. & Kish-Gephart, J. Encountering social class differences at work: How »class work« perpetuates inequality. Academy of Management Review, 38, 2013, 670–699, Seite 682
3. Lucas Fichter. Warum Menschen gründen – und was das für ihren Erfolg bedeutet. Gründerszene, 23. April 2021, Seite 517. Online verfügbar unter: https://www.businessinsider.de/gruenderszene/karriere-startup/warum-grunder-grunden-unternehmenserfolg-studie/ (Abgerufen am 7. September 2022)
4. Finanztip Stiftung. Finanzwissen in Deutschland. September 2021, Seite 23. Online verfügbar unter: https://www.finanztip-stiftung.de/finanzwissen-studie/(Abgerufen am 7. September 2022)
5. Statistisches Bundesamt. 46 % der Bevölkerung lebten 2021 von eigener Erwerbstätigkeit. Pressemitteilung Nr. 140 vom 31. März 2022. Online verfügbar unter: https://www.destatis.de/DE/Presse/Pressemitteilungen/2022/03/PD22_140_122.html (Abgerufen am 7. September 2022)
6. Christoph Sackmann. Ober- oder Unterschicht? Neue Studie zeigt, wo Sie mit Ihrem Vermögen stehen. Focus. 29. Oktober 2020. Online verfügbar unter: https://www.focus.de/finanzen/boerse/geldanlage/zahlen-fuer-jede-altersgruppe-ober-oder-unterschicht-studie-zeigt-wo-sie-mit-ihrem-vermoegen-stehen_id_12583735.html (Abgerufen am 7. September 2022)
7. Judith Niehues, Maximilian Stockhausen. IW-Kurzbericht 105/2020 Vermögensgrenzen: große gruppenspezifische Unterschiede. 25. Oktober 2020. Online verfügbar unter: https://www.iwkoeln.de/fileadmin/user_upload/Studien/Kurzberichte/PDF/2020/IW-Kurzbericht_2020_Vermoegensgrenzen.pdf (Abgerufen am 7. September 2022)

8. Carsten Schröder, Charlotte Bartels, Konstantin Göbler, Markus M. Grabka, Johannes König. MillionärInnen unter dem Mikroskop. DIW Wochenbericht, 29 / 2020, S. 511–521. Online verfügbar unter: https://www.diw.de/documents/publikationen/73/diw_01.c.793783.de/20-29.pdf. (Abgerufen am 7. September 2022) Anmerkung: Die Studie lässt außer Acht, dass der Vermögensaufbauund -abbau ein dynamischer, lebenslanger Prozess ist.
9. Lisa Oenning. »Als reich würde ich mich nicht empfinden«: Scholz empört mit Seitenhieb gegen Merz. Handelsblatt, 5. Oktober 2020. Online verfügbar unter: https://www.handelsblatt.com/politik/deutschland/bundesfinanzminister-als-reich-wuerde-ich-mich-nicht-empfinden-scholz-empoert-mit-seitenhieb-gegen-merz/26242912.html (Abgerufen am 7. September 2022)
10. FORBES-LISTE 2022. Das sind die 30 reichsten Deutschen. Stern, 12. April 2022. Online verfügbar unter: https://www.stern.de/wirtschaft/forbes-liste-2022--dassind-die-30-reichsten-deutschen-31775842.html (Abgerufen am 7. September2022)
11. Katie Warren. 11 mind-blowing facts that show just how wealthy Bill Gates really is. Business Insider, May 4, 2021. Online verfügbar unter: https://www.businessinsider.com/how-rich-is-bill-gates-net-worth-mind-blowing-facts2019–5#7-gates-is-so-rich-that-an-average-american-spending-1-is-similar-togates-spending-about-12-million-8 (Abgerufen am 7. September 2022)

열일곱 번째 힘: 두려움을 떨치고 나아가는 리더십

1. Erik Flügge @erik_fluegge. 13. Juli 2022. Online verfügbar unter: https://twitter.com/erik_fluegge/status/1547156644827734018 (Abgerufen am 7. September 2022)
2. Krista M. Soria, Deeqa Hussein, Carolyn Vue. Leadership for Whom? Socioeconomic Factors Predicting Undergraduate Students' Positional Leadership Participation. Journal of Leadership Education, 2014. 14–30. Online verfügbar unter: https://journalofleadershiped.org/wp-content/uploads/2019/02/soria131.pdf (Abgerufen am 7. September 2022)
3. Jobkomm-Redaktion. Leiter oder Spezialist. Jobkomm.de, 2. Mai 2021. Online verfügbar unter: https://jobkomm.de/leiter-oder-spezialist-die-2-karrieremoeglichkeiten-innerhalb-eines-unternehmens/ (Abgerufen am 7. September 2022)
4. David Koji. An Inspiring Discussion With Simon Sinek About Learning Your ‹Why›. Entrepreneur. Online verfügbar unter: https://www.entrepreneur.com/living/an-inspiring-discussion-with-simon-sinek-about-learning/284791 (Abgerufen am 7. September 2022)
5. Suzanne J. Peterson, Robin Abramson, and R.K. Stutman. How to Develop Your Leadership Style. Harvard Business Review, November/December 2020.Online verfügbar unter: https://hbr.org/2020/11/how-to-develop-your-leadership-style (Abgerufen am 7. September 2022)
6. Christopher Schwarz. »Am wichtigsten ist Souveränität«. WirtschaftsWoche, Interview von 23. Februar 2019. Online verfügbar unter: https://www.wiwo.de/erfolg/beruf/elitenforscher-michael-hartmann-gestus-der-gelassenheit/24027930-2.html (Abgerufen am 7. September 2022)
7. Gernot Kramper. Wieso die Millennials die reichste Generation aller Zeiten werden könnten.

Stern, 12. Dezember 2018. Online verfügbar unter: https://www.stern.de/wirtschaft/geld/wieso-die-millennials-die-reichste-generation-aller-zeiten-werden-koennten-8486918.html (Abgerufen am 7. September 2022)

8. Katharina Lehmann. Neue Generationen auf dem Arbeitsmarkt: Zeit, dass Führung sich verändert. Mindset Movers GmbH, 20. Juni 2022. Online verfügbar unter: https://www.mindsetmovers.de/post/neue-generationen-auf-dem-arbeitsmarkt-zeit-dass-f%C3%BChrung-sich-ver%C3%A4ndert (Abgerufen am 7. September 2022)

열여덟 번째 힘: 상류층의 내부자 코드

1. Veil Raiser. Kapitalgesellschaftsrecht. 6. Auflage. 2015, Seite 8
2. Guglielmo Barone, Sauro Mocetti. What's your (sur)name? Intergenerational mobility over six centuries. VOXeu, 17 May 2016. Online verfügbar unter: https://voxeu.org/article/what-s-your-surname-intergenerational-mobility-over-sixcenturies. (Abgerufen am 7. September 2022)
3. Petra Verhasselt. Auf einen Kaffee mit Martina Voss-Tecklenburg. Niederrhein Edition online, 02/2019. Online verfügbar unter: https://niederrhein-edition.de/magazin/artikeldetails/auf-einen-kaffee-mit-martina-voss-tecklenburg (Abgerufen am 7. September 2022)
4. Wolfgang Pfeifer [Leitung]. Etymologisches Wörterbuch des Deutschen. 2. durchgesehene und erweiterte Auflage. Deutscher Taschenbuch Verlag 1993, Stichwort »Dynastie«
5. Paul Smeets, Ashley Whillans, Rene Bekkers et al. Time Use and Happiness of Millionaires: Evidence From the Netherlands. Social Psychological and Personality Science. Volume 11, issue 3, pages 295–307. Online verfügbar unter: https://journals.sagepub.com/doi/full/10.1177/1948550619854751 (Abgerufen am 7. September 2022)
6. Isabell Trommer. Wider die Marktmechanismen. Süddeutsche Zeitung, 26. November 2020. Online verfügbar unter: https://www.sueddeutsche.de/politik/sandelphilosophie-reagan-1.5093180 (Abgerufen am 7. September 2022)
7. Daniel Binswanger. Gegen die Meritokratie. Republik, 6. Februar 2021. Online verfügbar unter: https://www.republik.ch/2021/02/06/gegen-die-meritokratie (Abgerufen am 7. September 2022)
8. Niro Sivanathan, Nathan C. Pettit. Protecting the self through consumption: Status goods as affirmational commodities. Journal of Experimental Social Psychology, Volume 46, Issue 3, 2010, Pages 564–570

열아홉 번째 힘: 비교에 얽매이지 않는 여유

1. Michelle Obama. Becoming. Goldmann 2018, Seite 340 ff.
2. Gray, B. & Kish-Gephart, J. Encountering social class differences at work: How »class work« perpetuates inequality. Academy of Management Review, 38, 2013, 670–699. October 2013, Seite 678 f.
3. Jane Austen. Emma. Penguin Books 2012 (Übersetzt durch die Autorin)

4. Friedrich Wilhelm Nietzsche. Der Wanderer und sein Schatten. Online verfügbar unter: https://www.projekt-gutenberg.org/nietzsch/wanderer/wande009.html (Abgerufen am 7. September 2022)
5. Assig + Echter Topmanagement Ambition, 2019. Online verfügbar unter: https://www.assigundechter.de/newsletter/2019-05-02.htm (Abgerufen am 7. September 2022)
6. Heinz Bude. Interview: Die rieselnde Angst vor dem eigenen Ungeschick. Wirtschaftswoche, 28. September 2014. Online verfügbar unter: https://www.wiwo.de/erfolg/trends/psychologie-die-rieselnde-angst-vor-dem-eigenen-ungeschick/10708374.html (Abgerufen am 7. September 2022)
7. Alain de Botton. StatusAngst. Fischer 2006, Seite 319 f.

스무 번째 힘: 지위를 나타내는 신념

1. Gray, B. & Kish-Gephart, J. Encountering social class differences at work: How »class work« perpetuates inequality. Academy of Management Review, 38, 2013, 670–699. October 2013, Seite 673
2. Angela Göpfert. Wer nicht ins Büro kommt, fliegt raus? Tagesschau, 02. Juni 2022. Online verfügbar unter: https://www.tagesschau.de/wirtschaft/unternehmen/homeoffice-buero-elon-musk-work-life-balance-101.html (Abgerufen am 7. September 2022)
3. Gray, B. & Kish-Gephart, J. Encountering social class differences at work: How »class work« perpetuates inequality. Academy of Management Review, 38, 2013, 670–699. October 2013, Seite 678 f.
4. Hardy Funk. Wie unser Rechtssystem Arme benachteiligt. Bayern 2 Kulturjournal. 18. März 2022. Online verfügbar unter: https://www.br.de/kultur/klassenjustiz-wie-unser-rechtssystem-arme-benachteiligt-100.html (Abgerufen am 7. September 2022)
5. Gray, B. & Kish-Gephart, J. Encountering social class differences at work: How »class work« perpetuates inequality. Academy of Management Review, 38, 2013, 670–699. October 2013, Seite 687.
6. Stéphane Côté, Paul Piff, Robb Willer. For Whom Do the Ends Justify the Means? Social Class and Utilitarian Moral Judgment. Journal of Personality and Social Psychology, 2013. Vol. 104, No. 3, 490–503, Seite 293
7. Pia Rauschenberger, Trang Thu Tran. Psychologie und Privilegien: Die unangenehme Wahrheit sozialer Ungerechtigkeit. Deutschlandfunk Kultur, Zeitfragen, 27. Juni 2019. Online verfügbar unter: https://www.deutschlandfunkkultur.de/psychologie-und-privilegien-die-unangenehme-wahrheit-100.html (Abgerufenam 7. September 2022)
8. Sie finden die Werte der Spitzenliga in den LinkedIn- und Twitter-Posts von Topmanagern und Spitzenpolitikern abgebildet, auf den Webseiten jedes professionell kommunizierenden Unternehmens und in zehn Grundsätzen zusammengefasst auf dem Portal Perspektive

Mittelstand: Cay von Fournier. Zwischen Freiheit und Verantwortung– 10 Grundsätze wirksamer Lebensführung.Perspektive Mittelstand, 08. September 2006. Online verfügbar unter: https://www.perspektive-mittelstand.de/Lebensfuehrung-10-Grundsaetze-erfolgreicher-Lebensfuehrung/management-wissen/597.html (Abgerufen am 7. September 2022)

9. Heiner Thorborg. Belén Garijo: Mit Herz und Härte an die Spitze eines Dax-Konzerns. Handelsblatt, 31. Dezember 2020. Online verfügbar unter: https://www.handelsblatt.com/politik/deutschland/gastbeitrag-zur-aufsteigerin-des-jahresbelen-garijo-mit-herz-und-haerte-an-die-spitze-eines-dax-konzerns/26716474.html (Abgerufen am 7. September 2022)
10. annalena-baerbock.de (Abgerufen am 7. September 2022)
11. Cay von Fournier. Zwischen Freiheit und Verantwortung – 10 Grundsätze wirksamer Lebensführung. Perspektive Mittelstand, 08. September 2006. Online verfügbar unter: https://www.perspektive-mittelstand.de/Lebensfuehrung10-Grundsaetze-erfolgreicher-Lebensfuehrung/management-wissen/597.html(Abgerufen am 7. September 2022)
12. Florian Eichel. Moral als Ware– Die Kapitalisierung der korrekten Haltung. Essaypreis WirtschaftsWoche 2021. Online verfügbar unter: https://www.ghst.de/fileadmin/images/02_Formulare_und_Dokumente/Essaypreis_2021/Florian_Eichel_Moral_als_Ware.pdf (Abgerufen am 7. September 2022)

스물한 번째 힘: 세상을 넓게 보는 프레임

1. Alexander Gerst: Bundesverdienstkreuz für Raumfahre. Tagesspiegel, 13. Januar 2015. Online verfügbar unter: https://www.tagesspiegel.de/gesellschaft/panorama/bundesverdienstkreuz-fur-raumfahrer-3602665.html (Abgerufen am 7.September2022)
2. Anke Stelling. Schäfchen im Trockenen. Btb, 2020, Seite 73
3. Hyunjin J. Koo, Paul K. Piff, Azim F. Shariff. If I Could Do It, So Can They: Amongthe Rich, Those With Humbler Origins are Less Sensitive to the Difficulties of the Poor. Social Psychological and Personality Science, June 27, 2022. Online verfügbar unter: https://journals.sagepub.com/doi/pdf/10.1177/19485506221098921(Abgerufen am 7. September 2022)
4. Gerhard Peters and John T. Woolley. Michelle Obama. Remarks by the First Lady at a Campaign Event in Chapel Hill, North Carolina, The American Presidency Project, October 16, 2012. Online verfügbar unter: https://www.presidency.ucsb.edu/node/320415 (Abgerufen am 7. September 2022)
5. https://aufsteiger.org/
6. Wikipedia, https://de.wikipedia.org/wiki/Giovanni_di_Lorenzo (Abgerufen am 7. September 2022)
7. Zeige deine Klasse heißt der wunderbar doppeldeutige Titel von Daniela Dröschers Memoir über die Geschichte ihrer sozialen Herkunft.
8. König Lear, Akt IV, Szene 2

9. Alle Formulierbeispiele auf dieser Seite haben Dorothea Assig und Dorothee Echter entwickelt. Assig + Echter Topmanagement Ambition. Website: https://www.assigundechter.de/ (Abgerufen am 7. September 2022)
10. V. Pawlik. Anzahl der Personen in Deutschland, die im Leben großen Wert auf sozialen Aufstieg legen, von 2017 bis 2021. Statista, August 2021. Online verfügbar unter: https://de.statista.com/statistik/daten/studie/264181/umfrage/lebenseinstellung-bedeutung-von-sozialem-aufstieg/ und V. Pawlik. Anzahl der Personenin Deutschland, die eine höhere soziale Stellung als ihre Eltern haben, von 2017 bis 2021. Statista 20. August 2021. Online verfügbar unter: https://de.statista.com/statistik/daten/studie/1314038/umfrage/soziale-aufsteiger-in-deutschlandnach-soziooekonomischem-status/ (Abgerufen am 7. September 2022)
11. Elke Heidenreich. Die Ballade von Willy und Horst. Süddeutsche Zeitung, Nr. 170, 26. Juli 2022, Seite 9

옮긴이 **이지윤**

한국 외국어 대학교 영어과를 졸업하고 〈프레시안〉 정치부 기자로 5년간 일했다. 이후 독일 풀다 대학교에서 〈다문화 의사소통〉으로 석사를 받았다. 한 사람의 도약자로, 위로와 응원 받는 심정으로 이 책을 번역했다.

우연히 의뢰받은 책이 삶을 건드릴 때 번역자로서 희열과 감사를 느낀다.《사랑하지 않으면 아프다》,《우리의 밤은 너무 밝다》,《확신은 어떻게 삶을 움직이는가?》 등 15권의 책을 번역했다.

인간의 운명을 바꾸는 아비투스의 힘

초판 1쇄 발행 · 2024년 10월 25일
초판 4쇄 발행 · 2025년 11월 15일

지은이 · 도리스 메르틴
옮긴이 · 이지윤
발행인 · 이종원
발행처 · (주)도서출판 길벗
브랜드 · 더퀘스트
주소 · 서울시 마포구 월드컵로 10길 56(서교동)
대표전화 · 02)332－0931 | **팩스** · 02)322－0586
출판사 등록일 · 1990년 12월 24일
홈페이지 · www.gilbut.co.kr | **이메일** · gilbut@gilbut.co.kr

기획 및 책임편집 · 오수영(cookie@gilbut.co.kr), 유예진, 송은경 | **제작** · 이준호, 손일순, 이진혁
마케팅 · 정경원, 김선영, 정지연, 이지원, 이지현 | **유통혁신** · 한준희
영업관리 · 김명자 | **독자지원** · 윤정아

디자인 · 김희림 | **교정교열** · 김순영 | **CTP 출력 및 인쇄** · 예림인쇄 | **제본** · 경문제책

- 더퀘스트는 길벗출판사의 인문교양 · 비즈니스 단행본 브랜드입니다.
- 이 책은 저작권법에 따라 보호받는 저작물이므로 무단전재와 무단복제를 금합니다. 이 책의 전부 또는 일부를 이용하려면 반드시 사전에 저작권자와 길벗출판사의 서면 동의를 받아야 합니다.
- 잘못 만든 책은 구입한 서점에서 바꿔 드립니다.

ISBN 979-11-407-1127-7 (03300)
(길벗 도서번호 090248)

정가 21,000원

독자의 1초까지 아껴주는 길벗출판사

(주)도서출판 길벗 | IT교육서, IT단행본, 경제경영서, 어학&실용서, 인문교양서, 자녀교육서 www.gilbut.co.kr
길벗스쿨 | 국어학습, 수학학습, 어린이교양, 주니어 어학학습, 학습단행본 www.gilbutschool.co.kr